高等职业教育经典系列教材·财务会计类

智慧化税费申报与管理

主 编 陈 璐 张 威 王 伟

副主编 蔡 丽 王 秀 周 莞

彭 珊 章 龙

北京理工大学出版社

BEIJING INSTITUTE OF TECHNOLOGY PRESS

内 容 简 介

本书是湖南省精品在线开放课程"税费计算与申报"的配套教材，通过税种拟人化将税法的理论和各税种的特点生动展现，以新的税收法律、法规为依据，分为7个项目44个任务，包括项目1"走近税收"、项目2"税收中的'扛把子'——增值税"、项目3"阻止消费小帮手——消费税"、项目4"国际关系体温计——关税"、项目5"经济政策晴雨表——企业所得税"、项目6"可甜可咸小王子——个人所得税"、项目7"肉少也是菜——小税种之家"。本书以工作过程为导向，所有项目均来源于企业的典型案例，每个项目均由以下部分构成：项目导图、项目引入、具体任务、项目实施和项目评价。

本书可作为职业技术院校经管类专业教学用书，也可供相关技术人员、财会人员参考、学习、培训之用。

图书在版编目（ＣＩＰ）数据

智慧化税费申报与管理 / 陈璐，张威，王伟主编
. -- 北京：北京理工大学出版社，2023.6（2023.8 重印）
ISBN 978 - 7 - 5763 - 2456 - 3

Ⅰ. ①智… Ⅱ. ①陈… ②张… ③王… Ⅲ. ①税费 –
计算 – 高等学校 – 教材②纳税 – 税收管理 – 中国 – 高等学
校 – 教材③税收筹划 – 中国 – 高等学校 – 教材 Ⅳ.
①F810. 423②F812. 423

中国国家版本馆 CIP 数据核字（2023）第 105910 号

出版发行 / 北京理工大学出版社有限责任公司
社　　　址 / 北京市海淀区中关村南大街 5 号
邮　　　编 / 100081
电　　　话 / （010）68914775（总编室）
　　　　　　（010）82562903（教材售后服务热线）
　　　　　　（010）68944723（其他图书服务热线）
网　　　址 / http://www.bitpress.com.cn
经　　　销 / 全国各地新华书店
印　　　刷 / 唐山富达印务有限公司
开　　　本 / 787 毫米 × 1092 毫米　1/16
印　　　张 / 20　　　　　　　　　　　　　　　　责任编辑 / 钟　博
字　　　数 / 518 千字　　　　　　　　　　　　　文案编辑 / 钟　博
版　　　次 / 2023 年 6 月第 1 版　2023 年 8 月第 2 次印刷　　责任校对 / 周瑞红
定　　　价 / 59.00 元　　　　　　　　　　　　　责任印制 / 施胜娟

前　言

本书是湖南省精品在线开放课程"税费计算与申报"（2021 年）的配套教材，该课程是在整合"税法"和"税务申报"两门课程的基础上形成的一门理论知识与实践技能结合、课程内容与工作过程相结合的系统化课程。本书采用拟人化标题帮助学生理解税法规定，实操内容直接对应企业财会部门的办税员业务岗位，教学过程就是指导学生完成工作任务的过程，将税收相关的理论知识分解嵌入各个办税项目。本书具有以下特点。

（1）拟人化标题帮助学生理解税制内容。全书建立体系化拟人标题来概括各税种的特色和成因，将书面的税法内容以生动活泼的形式展现出来，有助于学生理解税法知识，在精品在线开放课程和线下教学过程中都取得了良好的学习效果。

（2）立体化教学内容体现"互联网＋教育"的智慧学习理念。本书的编写依托 2021 年湖南省精品在线开放课程"税费计算与申报"的建设成果，建成集纸质教材、教学微课、演示文稿、拓展案例、优秀学生作品展示、习题与税收历史知识等于一体的立体化教材。本书内容与精品在线开放课程共享资源相对应，学生学习书中某一模块时，很容易根据教材指引在网上找到该部分内容的教学资源。

（3）实时更新税收政策变化，体现教材的时效性。本书根据最新财经法律、法规编写而成，同时考虑到我国财税体制改革已进入攻坚阶段，各项准则、制度、财税新政频出，为此，本书特别加入"扫我看变化"二维码，及时反映最新财税法规的变化及教材勘误信息，以方便教学使用。

（4）立足高等职业教育特色，简化教学内容。在内容安排上，本书立足高等职业院校的学生素质特点，删减不常见的业务类型，以够用为度，满足学生就业和初级会计师资格考试的需要。

为进一步贯彻党的二十大关于职业教育科教融汇、产教融合的新时代要求，本书依托省级精品在线开放课程，由湖南有色金属职业技术学院"税费计算与申报"课程教学团队集体编写。陈璐副教授、张威教授、王伟副教授任主编，蔡丽、王秀、周莞、彭珊、章龙任副主编，湖南荣信税务师事务所罗隽等人对本书的编写提出了许多宝贵建议，并提供了企业的纳税资料。全书共 7 个项目，具体编写分工如下：陈璐编写项目 1，张威编写项目 2，王伟编写项目 3，王秀编写项目 4，章龙编写项目 5，周莞编写项目 6，蔡丽编写项目 7。对于本书的不足之处，恳请读者批评指正（电子邮箱：caishuichenlu@ sina. com）。

本书得以付梓，要特别感谢湖南有色金属职业技术学院经济管理系主任王威然教授，更要感谢刘英女士，他们的帮助给了编者完成任务和追求创新的动力。

陈　璐

目　录

项目 3　阻止消费小帮手——消费税

项目 4　国际关系体温计——关税

项目 5　经济政策晴雨表——企业所得税

项目6　可甜可咸小王子——个人所得税

项目 1

走近税收

项目导图

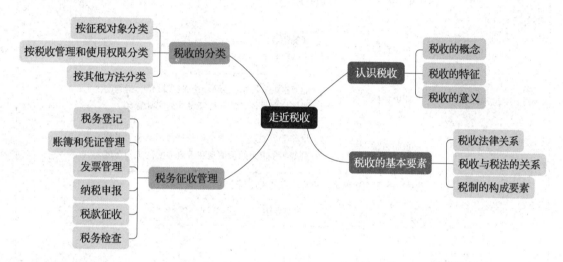

项目引入

2022 年 3 月 13 日，长沙特利讯科技有限公司经长沙市工商局批准注册成立，在中国银行长沙分行开户，账号为 2034766 **** 1（纳税账户）；在中国建设银行长沙分行开户，账号为 1098980 **** 7。该公司经营光纤电缆、HDMI 数据线的生产和销售。该公司的注册地址和经营地址为长沙县黄兴镇建设路 22 号。该公司注册资本为 200 万元，其中自然人陈刚投资 100 万元，占 51%；深圳市圣地高科技有限公司投资 100 万元，占 49%。该公司低值易耗品摊销方法采用五五摊销法，固定资产折旧方式采用平均年限法。法人代表为陈刚，身份证号为 4301841974 **** 0527。该公司安排财务部办税员张梓航办理以下涉税事宜。

（1）涉税信息补充采集。

（2）税种认定登记。

任务 1.1　大家庭合影——认识税收

▓ 工作任务单及思维导图

工作任务	认识税收		教学模式	任务驱动
建议学时	1		教学地点	一体化实训室
任务描述	假设你是税务局普法人员，你去你所在辖区的房地产企业进行税收普法讲座，房地产企业负责人问你："房子是我自己花钱建的，是我的员工销售出去的，国家为什么要收税？收的税用来做什么？"你该如何回答？			
学习目标	知识目标	1. 理解税收的基本概念； 2. 了解税收的特性和职能		
	能力目标	1. 能够根据实际情况分辨出税收和国债、捐款的区别； 2. 能够根据具体条款分析某税种的实际意义		
	思政目标	1. 培养学生通过日常细小事务进行总结和思考的能力； 2. 具备实事求是的价值观和求真务实的工作态度		
KPI 指标	税收的作用表述准确、税收的意义阐述到位			
思维导图				

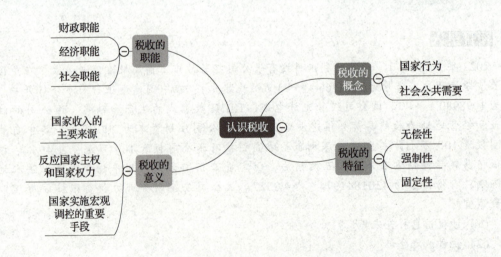

▓ 任务实施

◈ 想一想

　　2020 年年初，一场突如其来的新型冠状病毒肺炎疫情打乱了全国人民的生活节奏，也给本应热闹喜庆的春节浇了一盆冷水，使之迅速降温。

随后，疫情扩展到全国，形势严峻，为了更好地进行疫情防控工作，各大企业延迟复工，各大院校延迟开学，人们也被迫过起了"宅男""宅女"的生活。疫情得到有效控制后，国家在第一时间支持企业复工复产，推行多项税收优惠政策，为小微企业纾困解难，通过医保基金滚存结余和财政共同负担全民接种新冠疫苗费用，实行动态清零防疫政策等。

这些举措里，你看到了哪些税收的作用？

_____

_____

_____

马克思指出："赋税是政府机器的经济基础，而不是其他任何东西。""国家存在的经济体现就是捐税，工人存在的经济体现就是工资。""税收是喂养政府的奶娘。"著名经济学家劳德·布兰威尔说："税收如母亲，经常被误解，但很少被遗忘。"19 世纪美国大法官霍尔姆斯说："税收是我们为文明社会付出的代价。"这些都说明了税收对国家经济和个人生活的重要作用。

1.1.1 税收的概念

税收是国家为满足社会公共需要，凭借公共权力，按照法律所规定的标准和程序，参与国民收入分配，强制地、无偿地取得财政收入的一种方式。

知识讲解：大家庭合影——认识税收

首先，税收是由国家制定的，这一点毋庸置疑。任何时候个人或各级政府都没有资格，也没有权限制定税收。国家也不能无节制地收税，每一项税收在确立之初都经过了深思熟虑，经法律系统反复考量才颁布实施。

其次，税收是用来满足社会成员获得公共产品的需要的。公共需要是全社会人民的共同需要。

关于税收的概念，可总结如下。

（1）国家征税的目的是满足社会成员获得公共产品的需要。

（2）国家征税凭借的是公共权力（政治权力）。税收的主体只能是代表社会全体成员行使公共权力的政府，其他任何社会组织或个人是无权征税的。与公共权力相对应的必然是政府管理社会和为民众提供公共产品的义务。

（3）税收是国家筹集财政收入的主要方式。

（4）税收必须借助法律形式进行。

1.1.2 税收的特征

税收作为政府筹集财政收入的一种规范形式，具有区别于其他财政收入形式的特点。税收的特征可以概括为强制性、无偿性和固定性。

（1）税收的强制性。税收的强制性是指国家凭借其公共权力以法律、法令的形式对税收征纳双方的权利（权力）与义务进行制约，既不是由纳税主体按照个人意志自愿缴纳，也不是按照征税主体随意征税，而是依据法律进行征税。

（2）税收的无偿性。税收的无偿性是指国家征税后，税款一律纳入国家财政预算，由财政统一分配，而不直接向具体纳税人返还或支付报酬。税收的无偿性是对个体纳税人而言的，其享有的公共利益与其缴纳的税款并非一对一的对等，但就纳税人整体而言则是对等的，政府使用税款的目的是向社会全体成员（包括具体纳税人）提供社会需要的公共产品和公共服务。因此，税收的无偿性表现为个体的无偿性、整体的有偿性。

（3）税收的固定性。税收的固定性是指国家征税预先规定了统一的征税标准，包括纳税人、课税对象、税率、纳税期限和纳税地点等。这些标准一经确定，在一定时间内是相对稳定的。

1.1.3　税收的意义

自古以来，对政府为什么征税，人民为什么有义务纳税，即政府征税和人民纳税的根据是什么的问题，人们从不同的角度出发形成了多种不同的看法。

（1）税收是补偿公共产品价值来源的基本途径。

政府作为公共部门，需要提供满足社会共同需要的公共产品，如国防、治安、城市交通、卫生防疫以及博物馆、公园、街道路灯等。国家财政支出维持了这些商品或劳务的成本，虽然收入途径很多，但税收是最基本的途径。从这个意义上说，政府和税收的关系不是因为有了政府（或国家），政府就必须征税，而是因为政府作为公共部门提供了公共产品，就必须以税收作为公共产品成本的价值补偿。

（2）税收是实现经济稳定协调发展的重要调节手段。

在社会主义市场经济条件下，市场在资源的配置中是起决定作用的，但是市场在一定程度上还存在盲目性，这时税收就可以从国家层面调节市场。

（3）税收是调节居民收入分配，实现共同富裕的重要保证。

市场是公平的，但是市场分配的结果是不公平的。在市场经济中，初次分配结果存在社会不公平问题是不可避免的，这必然导致收入分配的差距。税收可以通过高低不同的税率对不同的纳税人进行调节，这是保证社会稳定的一个重要因素。

（4）税收是在国际经济交往中维护国家权益的重要工具。

在全球国际化的推进过程中，贸易保护主义始终像一个幽灵不时地反扑过来。在国际交往过程中，每个国家都会利用税收手段来维护本国的权益。对于与本国友好往来的双方互惠国，采取优惠待遇；对于抵制本国产品出口的国家，对其产品也采用同样的不优惠政策，在各种贸易争端中，税收更是各国行使国家主权，实行对外经济政策的一个重要经济杠杆。

任务实训

一、理论知识训练

1. 单项选择题

（1）富兰克林曾经说过："世界上唯有（　　）与死亡不可避免。"

A. 税收　　　　　　B. 金钱　　　　　　C. 欲望　　　　　　D. 渴望

（2）税收是由（　　）发起的。

A. 国家　　　　　　B. 战争　　　　　　C. 政府　　　　　　D. 民众

2. 多项选择题

（1）税收的特征有（　　　　）。

A. 强制性　　　　　B. 无偿性　　　　　C. 固定性　　　　　D. 义务性

（2）下列哪些属于公共产品？（　　　　）

A. 军队　　　　　B. 治安　　　　　C. 防疫　　　　　D. 公园

（3）国家财政收入的来源有（　　　　）。

A. 税收　　　　　B. 国债　　　　　C. 罚款　　　　　D. 借贷

二、综合能力训练

1. 用思维导图软件，画出国家征税必要性关系图。

2. 以税务员的口吻回答房地产企业负责人的问题。

三、思政园地

扫描二维码并阅读《疫情冲击下各地面临较大收支平衡压力，地方财政收支矛盾如何化解？》一文，思考在财政收支"紧平衡"的环境下国家为什么要进一步减税降赋。

阅读材料：疫情冲击下各地面临较大收支平衡压力，地方财政收支矛盾如何化解？

任务评价

评价类目	评价内容及标准	分值	自己评分	小组评分	教师评分
学习态度	✓ 全勤（5分）	10			
	✓ 遵守课堂纪律（5分）				
学习过程	➤ 能说出本任务的学习目标（5分）	40			
	➤ 上课积极发言，积极回答"想一想"中的问题（5分）				
	➤ 掌握税收的定义（10分）				
	➤ 了解税收的特征（10分）				
	➤ 能够描述税收、罚款和国债的区别（10分）				
学习结果	◆ "理论知识训练"考评（2分×5＝10分）	50			
	◆ "综合能力训练"考评（10分×2＝20分）				
	◆ "思政园地"考评（20分）				
合计		100			
所占比例/%		100	30	30	40
综合评分					

任务1.2　你有我有全都有——税制的基本要素

工作任务单及思维导图

工作任务	税收的基本要素	教学模式	任务驱动
建议学时	1	教学地点	一体化实训室
任务描述	假设你是税务局普法人员，你去你所在辖区的房地产企业进行税收普法讲座，该企业财务处出纳称你为"大老爷"。你如何看待征纳税双方的法律关系？如何对该出纳进行普法宣传？		
学习目标	知识目标	1. 认识税收制度； 2. 分辨税收的基本要素	
	能力目标	1. 能够正确分辨具体税种的纳税客体； 2. 能够抓住税收的核心要素并进行分析	
	思政目标	1. 培养学生遵守法律规定的底线思维； 2. 培养学生诚信、务实、严谨的职业素养	
KPI指标	税收法律关系表述准确、税制基本要素辨别到位		
思维导图			

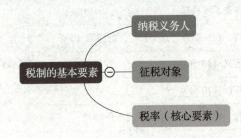

任务实施

※ 想一想

　　纳税人作为缴纳税收的单位和个人，在征税过程中往往是被动的。

　　税务主管机关享有税收管理权、税款征收权、税务检查权、税务行政处罚权等；其义务主要有依法征税、依法减免税、为纳税人服务、保守秘密、依法回避、依法进行税务检查等。税务主管机关在征税过程中往往是主动的。

　　你如何看待征税方与纳税方在法律上的关系？

_____

_____

_____

1.2.1 税收法律关系

税收法律关系是由税收法律规范确认和调整的、国家和纳税人之间发生的具有权利和义务内容的社会关系。税收法律关系由主体、内容和客体三部分组成。

知识讲解：你有我有全都有——税制的基本要素

1. 税收法律关系的主体

税收法律关系的主体也称为税法主体，是指在税收法律关系中享有权利和承担义务的当事人。税收法律关系的主体分为征税主体和纳税主体。

（1）征税主体。征税主体是指在税收法律关系中代表国家享有征税权的一方当事人，即税务主管机关，包括各级税务机关和海关等。

（2）纳税主体。纳税主体是指在税收法律关系中负有纳税义务的一方当事人，即通常所说的纳税人，包括自然人、法人和其他组织。

在税收法律关系中，双方当事人虽然是行政管理者和被管理者的关系，但其法律地位是平等的。

2. 税收法律关系的内容

税收法律关系的内容是指税收法律关系主体所享有的权利和所承担的义务，主要包括纳税人、扣缴义务人的权利和义务以及税务机关的权利和义务。

（1）纳税人、扣缴义务人的权利和义务。纳税人、扣缴义务人享有的权利包括知情权、要求秘密权、享受减税免税和出口退税权、陈述与申辩权、行政复议和诉讼权等。其承担的义务包括按期办理税务登记、按规定设置账簿、按期办理纳税申报、按期缴纳或解缴税款、接受税务机关依法实行的检查等。

（2）税务机关的权利和义务。税务机关享有的权利包括法规起草拟定权、税务管理权、税款征收权、税务检查权和行政处罚权等。其承担的义务包括宣传税法，辅导纳税人依法纳税；为纳税人、扣缴义务人的情况保守秘密；进行回避；受理减、免、退税及延期缴纳税款申请，受理税务行政复议等。

3. 税收法律关系的客体

税收法律关系的客体是指税收法律关系主体的权利和义务所指向的对象，主要包括货币、实物和行为。

1.2.2 税收与税法的关系

税收与税法密不可分，税法是税收的法律表现形式，税收则是税法所确定的具体内容。有税必有法，无法不成税。

从二者的联系上看，它们是辩证统一、互为因果的关系。具体地说，税收与税法都是以国家为前提，与财政收入密切相关；国家对税收的需要决定了税法的存在，而税法的存在决定了税收的分配关系；税法是税收内容的具体规范和权力保障；税收是税法的执行结果，同时税收又是衡量税法的科学性、合理性的重要标准。

1.2.3 税制的构成要素

税制的构成要素是指税收法律制度的构成要素，一般包括总则、纳税义务人、征税对象、税目、税率、计税依据、纳税环节、纳税期限、纳税地点、税收优惠、罚则、附则等项目。

（1）总则。总则主要包括立法依据、立法目的、适用原则等。

（2）纳税义务人。纳税义务人即纳税主体，主要是指一切履行纳税义务的法人、自然人及其他组织。

与纳税义务人相联系的另一个概念是扣缴义务人。扣缴义务人是税法规定的，在其经营活动中负有代扣税款并向国库缴纳义务的单位。扣缴义务人必须按照税法规定代扣税款，并在规定期限缴入国库。

（3）征税对象。征税对象即纳税客体，主要是指税收法律关系中征纳双方权利、义务所指向的物或行为。这是区分不同税种的主要标志，我国现行税收法律、法规都有自己特定的征税对象。例如，增值税的征税对象就是商品或劳务在生产和流通过程中的增值额。

（4）税目。税目是各个税种所规定的具体征税项目。它是征税对象的具体化。例如，消费税具体规定了烟、酒等15个税目。

（5）税率。税率是对征税对象的征收比例或征收额度。税率是计算税额的尺度，也是衡量税负轻重与否的重要标志。税率是税收法律制度中的核心要素。我国现行使用的税率主要有比例税率、超额累进税率、定额税率、超率累进税率。适用超额累进税率的税种主要是个人所得税，适用超率累进税率的税种是土地增值税。

（6）计税依据。计税依据是指计算应纳税额的依据或标准，即根据什么来计算纳税人应缴纳的税额。计税依据一般有从价计征和从量计征两种。从价计征，是以计税金额为计税依据，计税 金额是指征税对象的数量乘以计税价格的数额。从量计征，是以征税对象的质量、体积、数 量等为计税依据。

（7）纳税环节。纳税环节主要指税法规定的征税对象在从生产到消费的流转过程中应当缴纳税款的环节。例如，流转税在生产和流通环节纳税，所得税在分配环节纳税等。

（8）纳税期限。纳税期限是指纳税人按照税法规定缴纳税款的期限。例如，增值税的纳税期限分别为1日、3日、5日、10日、15日、1个月或1个季度。

（9）纳税地点。纳税地点主要是指根据各个税种纳税对象的纳税环节和有利于对税款的源泉控制而规定的纳税人（包括代征、代扣、代缴义务人）的具体纳税地点。

（10）税收优惠。税收优惠是指国家对某些纳税人和征税对象给予鼓励和照顾的一种特殊规定。制定这种特殊规定，一方面是为了鼓励和支持某些行业或项目的发展，另一方面是为了照顾某些纳税人的特殊困难。税收优惠主要包括以下内容。

①减税和免税。减税是指对应征税款减少征收部分税款。免税是指对按规定应征收的税款给予免除。减税和免税具体分两种情况，一种是税法直接规定的长期减免税项目，另一 种是依法给予的一定期限内的减免税措施，期满之后仍依规定纳税。

②起征点。起征点也称为"征税起点"，是指对征税对象开始征税的数额界限。征税对象的数额没有达到规定起征点的不征税；达到或超过起征点的，就其全部数额征税。

③免征额。免征额是指对征税对象总额中免予征收的数额，即对纳税对象中的部分给予减免，只就减除后的剩余部分计征税款。

（11）罚则。罚则主要是指对纳税人违反税法的行为采取的处罚措施。

（12）附则。附则一般规定与该法紧密相关的内容，如该法的解释权、生效时间等。

任务实训

一、理论知识训练

1. 单项选择题

（1）在税收法律关系中，征税主体和纳税主体在法律关系上是（　　）的关系。

A. 主动　　　　　　　B. 被动　　　　　　　C. 平等　　　　　　D. 不平等

（2）税收法律制度的核心要素是（　　　　）。

A. 纳税义务人　　　　B. 征税对象　　　　　C. 税率　　　　　　D. 计税依据

2. 多项选择题

（1）下列各项中，属于纳税人权利的是（　　　　）。

A. 知情权　　　　　　B. 税务检查权　　　　C. 申辩权　　　　　D. 行政复议权

（2）征税主体包括（　　　　）。

A. 税务主管机关　　　B. 海关　　　　　　　C. 财政局　　　　　D. 国家税务总局

（3）我国现行使用的税率主要有（　　　　）。

A. 比例税率　　　　　B. 超额累进税率　　　C. 超率累进税率　　D. 定额税率

二、综合能力训练

1. 用思维导图软件，画出征税主体和纳税主体的权利义务关系图。

2. 以税务员的口吻向房地产企业出纳进行普法宣传。

三、思政园地

扫描二维码并阅读《黄州市亿宝发展公司诉黄冈市黄州区国家税务局、团风县国家税务局税务强制措施并行政赔偿案始末》一文，思考纳税主体在税收法律关系中如何行使自身权力。双主体的平等法律关系如何体现。

阅读材料：黄州市亿宝发展公司诉黄冈市黄州区国家税务局、团风县国家税务局税务强制措施并行政赔偿案始末

任务评价

评价类目	评价内容及标准		分值	自己评分	小组评分	教师评分
学习态度	√ 全勤（5分）		10			
	√ 遵守课堂纪律（5分）					
学习过程	➢ 能说出本任务的学习目标（5分）		40			
	➢ 上课积极发言，积极回答"想一想"中的问题（5分）					
	➢ 掌握双主体的定义（10分）					
	➢ 知道税收法律关系的内容，能解释双主体的平等性（10分）					
	➢ 掌握税收法律制度的基本要素和核心要素（10分）					
学习结果	◆ "理论知识训练"考评（2分×5＝10分）		50			
	◆ "综合能力训练"考评（10分×2＝20分）					
	◆ "思政园地"考评（20分）					
合计			100			
所占比例/%			100	30	30	40
综合评分						

任务1.3　分班合照——税收的分类

工作任务单及思维导图

工作任务	税收的分类		教学模式	任务驱动
建议学时	1		教学地点	一体化实训室
任务描述	假设你是税务局普法人员，你去你所在辖区的小微企业进行税收普法讲座，如何向他们介绍增值税的重要性？			
学习目标	知识目标	1. 认识税收的种类； 2. 了解各税种的基本类别		
	能力目标	1. 培养学生抓取重点的能力； 2. 掌握各税种的核心特点		
	思政目标	1. 引导学生思考税收和国力之间的关系； 2. 培养学生诚信、务实、严谨的职业素养		
KPI指标	税收特性掌握准确、各税种的经济作用理解到位			
思维导图				

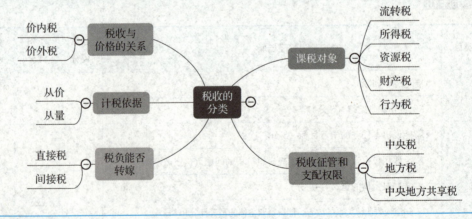

任务实施

❖ 想一想

　　2022年，李克强总理在政府工作报告中提出"小规模纳税人阶段性免征增值税，时间阶段为2022年4月1日—12月31日"。此举是为了进一步为广大小微企业纾困解难，放水养鱼盘活经济，激活市场活力。事实上，这已经不是国家第一次利用增值税进行减税降费了：2021年4月1日—2022年12月31日，小规模纳税人起征点由月销售额10万元或季销售额30万元调整为月销售额15万或季销售额45万元；2020年1月1日—2021年12月31日，小规模纳税人征收率由3%调整为1%……

国家减税降费，放水养鱼盘活经济的政策为什么经常由增值税的减税来体现？

_____

_____

_____

我国现行税制体系的基本框架是 1994 年为适应实行分税制财政体制的需要而建立的，在执行过程中又经过了多次局部的调整。现行税制体系按照不同的划分方法可以分别归纳如下。

1.3.1 按征税对象分类

按征税对象的不同来划分税收，是税收分类最主要方式。按照这种方法，我国目前开征的税收大体可以分为 5 类。

知识讲解：分班合照——
税收分类

1. 对商品和劳务的征税

对商品和劳务的征税简称商品劳务税，俗称流转税，它是对商品和劳务交易征收的一类税。对商品和劳务的征税是与商品和劳务的流转紧密联系在一起的。商品和劳务无处不在，又处于不断流动之中，这就决定了对商品和劳务的征税范围十分广泛。流转税一般采用比例税率或定额税率，计算简便，易于征收。其形式上由商品生产者或销售者缴纳，但其税款常附着于卖价，易转嫁给消费者负担，而消费者却不会直接感到税负的压力。由于以上这些原因，流转税一直是我国的主体税种。这一方面体现在它的收入在全部税收收入中所占的比重一直较大；另一方面体现在它的调节面比较广泛，对经济的调节作用一直比较显著。

我国当前开征的商品劳务税主要有：增值税、消费税和关税。

2. 对所得的征税

对所得的征税简称所得税，它是对纳税人在一定时期的合法收入总额减除成本费用和法定允许扣除的其他各项支出后的余额（即应纳税所得额）征收的税。所得税按照纳税人负担能力（即所得）的大小和有无来确定税收负担，遵循"所得多的多征，所得少的少征，无所得的不征"的原则。因此，它对调节国民收入分配，缩小纳税人之间的收入差距有着特殊的作用。所得税长期以来一直是西方发达国家的主体税种。在我国，随着经济的发展、居民所得的逐步增加，所得税已成为近年来收入增长较快的一类税。

我国当前开征的所得税主要有：企业所得税、个人所得税。

3. 对资源的征税

对资源的征税是对开发、利用和占有国有自然资源的单位和个人征收的一类税收。征收这类税有两个目的：一是取得资源消耗的补偿基金，保护国有资源的合理开发利用；二是调节资源级差收入，以利于企业在平等的基础上开展竞争。

我国目前对资源的征税主要有：资源税、耕地占用税、城镇土地使用税和土地增值税、环境保护税。

4. 对财产的征税

对财产的征税是对纳税人所拥有或属其支配的财产数量或价值额征收的税，包括对财产的直接征收和对财产转移的征收。开征这类税在为国家取得财政收入的同时，对提高财产的利用效率、限制财产不必要的占有量也有一定的作用。

我国目前对财产的征税主要有：房产税、契税、车辆购置税和车船税。

5. 对行为的征税

对行为的征税也称为行为税，它一般是指针对某些特定行为或为达到特定目的而征收的一类税收。征收这类税，或是为了对某些特定行为进行限制、调节，或只是为了开辟地方财源，达到特定的目的。这类税的设置比较灵活，其中有些税种具有临时税的性质。

我国目前对行为的征税主要有：印花税、城市维护建设税、船舶吨税和烟叶税。

1.3.2　按税收管理和使用权限分类

按税收管理和使用权限，我国税收可分为中央税、地方税、中央与地方共享税。这种分类方法可以使各级财政有相应的收入来源和一定范围的税收管理权限，从而有利于调动各级财政组织收入的积极性，更好地完成一级财政的任务。一般的做法是，将税源集中、收入大、涉及面广，并由全国统一立法和统一管理的税种，划作中央税。将一些与地方经济联系紧密、税源比较分散的税种，列为地方税。将一些既能兼顾中央和地方经济利益，又有利于调动地方组织收入积极性的税种，列为中央与地方共享税。

我国中央政府固定收入包括关税、船舶吨税、消费税、车辆购置税和海关代征的增值税；地方政府固定收入包括房产税、城镇土地使用税、耕地占用税、契税、土地增值税、车船税、烟叶税和环境保护税；中央与地方共享收入主要包括增值税、企业所得税、个人所得税、资源税等。中央与地方共享税收的分配比例如表1-1所示。

表1-1　中央与地方共享税收分配比例

税种	中央	地方
增值税（进口环节海关代征的除外）	50%	50%
企业所得税（中国铁路总公司、银行总行、海洋石油企业除外）	60%	40%
个人所得税	60%	40%
资源税	海洋石油企业缴纳部分，水资源费的10%	其余部分
城市维护建设税	中国铁路总公司、银行总行、保险总公司缴纳部分	其余部分
印花税	证券交易印花税	其他印花税收入

由于税收的归属级别不同，我国税收征收管理机构包括国家税务局、地方税务局和海关。其中2018年国务院机构改革将省级和省级以下国税、地税机构合并为税务局，具体承担所辖区域内各项税收、非税收入及各项社会保险费的征管，省及省级税务局实行以国家税务总局为主与省（自治区、直辖市）政府双重领导管理体制。

海关系统负责征收和管理的项目有：关税，船舶吨税，代征进口环节的增值税、消费税。

1.3.3　按其他方法分类

1. 按税负能否转嫁分类

税负转嫁是指税法上规定的纳税人将自己所缴纳的税款转移给他人负担的过程。按税负能否转嫁可以将各税种划分为直接税和间接税。直接税是指由纳税人直接负担、不易转嫁的税种。直接税的纳税人，不仅在形式上有纳税义务，而且实际上也是税收承担者，即纳税人与负税人一致。如所得税、财产税均属于直接税。间接税是指纳税人能将税负转嫁给他人负担的税种。间接税的纳税人，虽然形式上负有纳税义务，但是实际上已将自己的税款用提高价格或提高收费标准等方法转嫁给消费者负担，即纳税人与负税人不一致。如商品劳务税就是由商品和劳务的购买者即消费者最终负担的。

2. 按税收与价格的关系分类

按税收与价格的关系，税收可以分为价内税和价外税。凡在征税对象的计税价格之中包含税款的税，都称为价内税，如我国现行的消费税。这类税的计税销售额是包含该税款的销售额。凡在征税对象的计税价格之中不包含税款的税，都称为价外税，如我国现行的增值税、关税，其计税销售额是不含该税款的销售额。

3. 按税收的计税标准分类

税收按其计税标准的不同，可分为从价税和从量税。从价税是以征税对象的价值量为标准计算征收的税收。其税额会随着价格的变动而相应增减。从量税是以征税对象的质量、件数、容积、面积等为标准，采用固定税额征收的税收。从量税具有计算简便的优点，但税收收入不能随价格高低而相应增减。

任务实训

一、理论知识训练

1. 单项选择题
(1) 下列哪个是所得税？（   ）
A. 增值税　　　　　　B. 消费税　　　　　　C. 企业所得税　　　　D. 印花税
(2) 下列哪个不属于流转税？（   ）
A. 个人所得税　　　　B. 增值税　　　　　　C. 消费税　　　　　　D. 关税
2. 多项选择题
(1) 增值税是（   ）。
A. 流转税　　　　　　B. 所得税　　　　　　C. 间接税　　　　　　D. 中央税
(2) 消费税是（   ）。
A. 中央地方共享税　　B. 价内税　　　　　　C. 直接税　　　　　　D. 流转税
(3) 下列哪些是资源税？（   ）
A. 资源税　　　　　　B. 耕地占用税　　　　C. 城镇土地使用税　　D. 土地增值税

二、综合能力训练

1. 用思维导图软件，画出流转税的分类关系图。
2. 用税务局普法人员的口吻，向小微企业工作人员介绍增值税的重要性。

三、创新创业项目训练

扫描二维码并阅读《2022年小微企业税收优惠政策汇总》一文，思考国家为什么针对小微企业出台一系列减税降费、纾困解难的税收减免政策，小微企业在我国经济中占有怎样的地位。

■ 任务评价

评价类目	评价内容及标准	分值	自己评分	小组评分	教师评分
学习态度	√ 全勤（5分）	10			
	√ 遵守课堂纪律（5分）				
学习过程	➤ 能说出本任务的学习目标（5分）	40			
	➤ 上课积极发言，积极回答"想一想"中的问题（5分）				
	➤ 掌握税收的分类（10分）				
	➤ 知道具体分类方式的区别（10分）				
	➤ 能够描述按征税对象如何对各税种进行分类（10分）				
学习结果	◆ "理论知识训练"考评（2分×5＝10分）	50			
	◆ "综合能力训练"考评（10分×2＝20分）				
	◆ "创新创业项目训练"考评（20分）				
合计		100			
所占比例/%		100	30	30	40
综合评分					

任务1.4　入学登记——税收征收管理

■ 工作任务单及参考流程图

工作任务	制作税收征收管理流程图	教学模式	任务驱动
建议学时	4	教学地点	一体化实训室
任务描述	假设你是税务局普法人员，你去你所在辖区的小微企业进行税收普法讲座前，需要制作一批税收征收管理工作手册		
学习目标	知识目标	1. 了解"五证合一"国家政策； 2. 掌握税收征收管理流程	
	能力目标	1. 熟练掌握税务登记补充信息表的填写 2. 能够制作税收征收管理工作手册	
	思政目标	1. 树立学生的底线思维和红线意识； 2. 培养学生诚信、务实、严谨的职业素养	
KPI指标	精简、高效性、快速将税收政策传达到位。		

续表

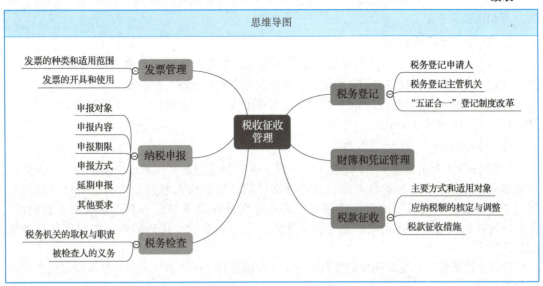

思维导图

任务实施

※ 想一想

王航刚入职某企业，发现该企业的账目很奇怪。该企业已经成立了半年之久，还没有办理税务补充登记，营业执照副本也被老板锁在保险柜里。

如果老板迟迟不办理税务补充登记，王航该如何说服他？

_____

_____

税收征收管理的一般程序包括税务登记、账簿和凭证管理、发票管理、纳税申报、税款征收、税务检查等环节。《中华人民共和国税收征收管理法》对税务机关和纳税人在各环节的权利、义务进行了规范，并明确了不履行义务的行政或法律责任。

知识讲解：入学登记——
税收征收管理

1.4.1　税务登记

税务登记是税务机关对纳税人的基本情况及生产经营项目进行登记管理的一项基本制度，是税务机关对纳税人实施管理、了解和掌握税源情况的基础，也是纳税人为履行纳税义务就有关纳税事宜依法向税务机关办理登记的一种法定手续。

税务登记是整个税收征收管理的起点。税务登记的作用在于掌握纳税人的基本情况和税源分布情况。从税务登记开始，纳税人的身份及征纳双方的法律关系即得到确认。

1. 税务登记申请人

企业，企业在外地设立的分支机构和从事生产、经营的场所，个体工商户和从事生产、经营的事业单位，都应当办理税务登记（统称从事生产、经营的纳税人）。

前述规定以外的纳税人，除国家机关、个人和无固定生产经营场所的流动性农村小商贩外，也应当办理税务登记（统称非从事生产、经营但依照规定负有纳税义务的单位和个人）。

根据税收法律、行政法规的规定，负有扣缴税款义务的扣缴义务人（国家机关除外），应当办理扣缴税款登记。

2. 税务登记主管机关

县以上（含本级，下同）税务机关是税务登记的主管机关，负责税务登记的设立登记、变更登记、注销登记和税务登记证验证、换证以及非正常户处理、报验登记等有关事项。

国家税务机关按照国务院规定的税收征收管理范围，实施属地管理，采取联合登记或者分别登记的方式办理税务登记。

3. "五证合一"登记制度改革

自 2015 年 5 月 1 日起，"三证合一、一照一码"的登记制度改革在全国推行。新设立的企业和农民专业合作社领取由工商行政管理部门核发加载法人和其他组织统一社会信用代码（以下简称统一代码）的营业执照后，无须再次进行税务登记，不再领取税务登记证。企业办理涉税事宜时，在完成补充信息采集后，可凭加载统一代码的营业执照代替税务登记证使用。

除以上情形外，其他税务登记按照原有法律制度执行。改革前核发的原税务登记证在过渡期仍然有效。

工商登记"一个窗口"统一受理申请后，申请材料和登记信息在部门间共享，各部门进行数据互换、档案互认。各级税务机关应加强与登记机关的沟通协调，确保登记信息采集准确、完整。对于工商登记已采集的信息，税务机关不再重复采集；其他必要涉税的基础信息，可由新设立企业和农民专业合作社直接向税务机关申请变更，税务机关及时更新税务系统中的企业信息。

已实行"三证合一、一照一码"登记模式的新设立企业和农民专业合作社办理注销登记，须先向税务主管机关申报清税，填写"清税申报表"。

2016 年 6 月 30 日，国务院办公厅发布《关于加快推进"五证合一、一照一码"登记制度改革的通知》（国办发〔2016〕53 号），在全面实施工商营业执照、组织机构代码证、税务登记证"三证合一"登记制度改革的基础上，再整合社会保险登记证和统计登记证。

1.4.2　账簿和凭证管理

账簿是纳税人、扣缴义务人连续记录其各种经济业务的账册和簿籍。凭证是纳税人用来记录其各种经济业务，明确经济责任，并据以登记账簿的书面证明。税务部门按照税收法律、行政法规和财务会计制度的规定，对纳税人的会计账簿、凭证等实行管理和监督，这是税收征收管理的重要环节。

（1）账簿设置的时限。从事生产经营的纳税人，应当自领取营业执照或者发生纳税义务之日起 15 日内，按照国家有关规定设置账簿。纳税人使用计算机记账的，应当在使用前将会计电算化系统的会计核算软件、使用说明书及有关资料报送主管税务机关备案。

扣缴义务人应当自税收法律、行政法规规定的扣缴义务发生之日起 10 日内，按照所代扣、代收的税种，分别设置代扣代缴、代收代缴税款账簿。

（2）账簿设置的种类。纳税人应按要求设置总账、明细账、日记账以及其他辅助性账簿。总账、日记账应当采用订本式。

（3）账簿、会计凭证和报表使用文字要求。账簿、会计凭证和报表应当使用中文。民族自治地区可以同时使用当地通用的一种民族文字。外商投资企业和外国企业可以同时使用一种外国文字。

（4）税控装置使用要求。纳税人应当按照税务机关的要求安装、使用税控装置，并按照税务机关的规定报送有关数据和资料。

（5）账簿及凭证保管要求。账簿、记账凭证、报表、完税凭证、发票、出口凭证以及其他有关涉税资料应当合法、真实、完整。账簿、记账凭证、报表、完税凭证、发票、出口凭证以及其他有关涉税资料应当保存10年，法律、行政法规另有规定的除外。

1.4.3　发票管理

发票是在购销商品、提供和接受服务以及从事其他经营活动中，开具、收取的收付款凭证。发票是确定经济收支行为发生的法定凭证，是会计核算的原始依据。

1. 发票的种类和适用范围

1）发票的种类

全国范围内全面推行"营改增"试点后，发票主要包括增值税专用发票和增值税普通发票，还有在特定范围内继续使用的其他发票。

（1）增值税专用发票，包括增值税专用发票和机动车销售统一发票。

（2）增值税普通发票，包括增值税普通发票、增值税电子普通发票和增值税普通发票（卷票）。

（3）其他发票，包括农产品收购发票、农产品销售发票、门票、过路（过桥）费发票、定额发票、客运发票和二手车销售统一发票等。

2）发票的适用范围

（1）增值税一般纳税人销售货物、提供应税劳务和发生应税行为，使用增值税发票管理新系统开具增值税专用发票、增值税普通发票、机动车销售统一发票、增值税电子普通发票。

（2）增值税小规模纳税人销售货物、提供加工修理修配劳务月销售额超过3万元（按季纳税9万元），或者销售服务、无形资产月销售额超过3万元（按季纳税9万元），使用增值税发票管理新系统开具增值税普通发票、机动车销售统一发票、增值税电子普通发票。

（3）从2017年1月1日起启用增值税普通发票（卷票）。增值税普通发票（卷票）由纳税人自愿选择使用，重点在生活性服务业纳税人中推广。纳税人可依法以书面形式向税务机关要求使用印有本单位名称的增值税普通发票（卷票），国家税务机关按规定确认印有该单位名称发票的种类和数量。纳税人通过增值税发票管理新系统开具印有本单位名称的增值税普通发票（卷票）。

（4）门票、过路（过桥）费发票、定额发票、客运发票和二手车销售统一发票继续使用。

（5）餐饮行业增值税一般纳税人购进农业生产者自产农产品，可以使用国家税务机关监制的农产品收购发票，按照现行规定计算抵扣进项税额。

（6）采取汇总纳税的金融机构，省、自治区所辖地市以下分支机构可以使用从地市级机构统一领取的增值税专用发票、增值税普通发票、增值税电子普通发票；直辖市、计划单列市所辖区县及以下分支机构可以使用从直辖市、计划单列市机构统一领取的增值税专用发票、增值税普通发票、增值税电子普通发票。

（7）税务机关使用增值税发票管理新系统代开增值税专用发票和增值税普通发票。

2. 发票的开具和使用

1）发票的开具

销售商品、提供服务以及从事其他经营活动的单位和个人，对外发生经营业务收取款项时，收款方应当向付款方开具发票；在特殊情况下，由付款方向收款方开具发票。特殊情况是指收购单位和扣缴义务人支付个人款项时、国家税务总局认为其他需要由付款方向收款方开具发票的情况。

所有单位和从事生产、经营活动的个人在购买商品、接受服务以及从事其他经营活动支付款项时，应当向收款方取得发票。取得发票时，不得要求变更品名和金额。

开具发票应当按照规定的时限、顺序、栏目，全部联次一次性如实开具，并加盖发票专用章。不符合规定的发票，不得作为财务报销凭证，任何单位和个人有权拒收。

任何单位和个人不得有下列虚开发票行为：为他人、为自己开具与实际经营业务情况不符的发票；让他人为自己开具与实际经营业务情况不符的发票；介绍他人开具与实际经营业务情况不符的发票。

2）发票的使用和保管

任何单位和个人应当按照发票管理规定使用发票，不得有下列行为：①转借、转让、介绍他人转让发票、发票监制章和发票防伪专用品；②知道或者应当知道是私自印制、伪造、变造、非法取得或者废止的发票而受让、开具、存放、携带、邮寄、运输；③拆本使用发票；④扩大发票使用范围；⑤以其他凭证代替发票使用。

开具发票的单位和个人应当建立发票使用登记制度，设置发票登记簿，并定期向主管税务机关报告发票使用情况。开具发票的单位和个人应当在办理变更或者注销税务登记的同时，办理发票和发票领购簿的变更、缴销手续。开具发票的单位和个人应当按照税务机关的规定存放和保管发票，不得擅自损毁。已经开具的发票存根联和发票登记簿应当保存 5 年。保存期满，报经税务机关查验后销毁。

3）增值税发票开具和使用的特别规定

（1）国家税务总局编写了《商品和服务税收分类与编码（试行）》，并在增值税发票管理新系统中增加了编码相关功能。增值税纳税人应使用增值税发票管理新系统选择相应的编码开具增值税发票。

（2）自 2017 年 7 月 1 日起，购买方为企业（包括公司、非公司制企业法人、企业分支机构、个人独资企业、合伙企业和其他企业）的，索取增值税普通发票时，应向销售方提供纳税人识别号或统一社会信用代码；销售方为其开具增值税普通发票时，应在"购买方纳税人识别号"栏填写购买方的纳税人识别号或统一社会信用代码。不符合规定的发票，不得作为税收凭证。

（3）销售方开具增值税发票时，发票内容应按照实际销售情况如实开具，不得根据购买方要求填开与实际交易不符的内容。销售方开具发票时，通过销售平台系统与增值税发票税控系统后台对接，导入相关信息开票的，系统导入的开票数据内容应与实际交易相符；如不相符，应及时修改完善销售平台系统。

4）发票的检查

税务机关在发票管理中有权进行下列检查。

（1）检查印制、领购、开具、取得、保管和缴销发票的情况。

（2）调出发票查验。

（3）查阅、复制与发票有关的凭证、资料。

（4）向当事各方询问与发票有关的问题和情况。

（5）在查处发票案件时，对与案件有关的情况和资料，可以记录、录音、录像、照相和复制。

印制、使用发票的单位和个人，必须依法接受税务机关的检查，如实反映情况，提供有关资料，不得拒绝、隐瞒。税务人员进行检查时，应当出示税务检查证。

税务机关需要将已开具的发票调出查验时，应当向被查验的单位和个人开具发票换票证。发票换票证与所调出查验的发票有同等的效力。被调出查验发票的单位和个人不得拒绝接受。税务机关需要将空白发票调出查验时，应当开具收据；经查无问题的，应当及时返还。

1.4.4　纳税申报

纳税申报是纳税人按照税法规定的期限和内容，向税务机关提交有关纳税事项书面报告的法律行为，是纳税人履行纳税义务、承担法律责任的主要依据，是税务机关税收管理信息的主要来源和税务管理的一项重要制度。

1. 申报对象

纳税人或者扣缴义务人无论本期有无应缴纳或者解缴的税款，都必须按税法规定的申报期限、申报内容如实向主管税务机关办理纳税申报。

2. 申报内容

纳税申报的内容主要体现在纳税申报表或代扣代缴、代收代缴税款报告表中，主要项目包括：税种，税目，应纳税项目或者应代扣代缴、代收代缴税款项目，计税依据，扣除项目及标准，适用税率或者单位税额，应退税项目及税额，应减免税项目及税额，应纳税额或者应代扣代缴、代收代缴税额，税款所属期限，延期缴纳税款、欠税、滞纳金等。

纳税人办理纳税申报时，除如实填写纳税申报表外，还要根据情况报送有关证件、资料。

3. 申报期限

纳税人、扣缴义务人要依照法律、行政法规或者税务机关依法确定的申报期限如实办理纳税申报，报送纳税申报表，财务会计报表或者代扣代缴、代收代缴税款报告表以及税务机关要求报送的其他纳税资料。

4. 申报方式

（1）直接申报（自行申报）。直接申报是指纳税人和扣缴义务人自行到税务机关办理纳税申报或者报送代扣代缴、代收代缴报告表的申报方式。

（2）邮寄申报。邮寄申报是指经税务机关批准的纳税人、扣缴义务人使用统一规定的纳税申报特快专递专用信封，通过邮政部门办理交寄手续，并向邮政部门索取收据作为申报凭据的方式。邮寄申报以寄出的邮戳日期为实际申报日期。

（3）数据电文方式。数据电文方式是指经税务机关批准的纳税人，通过电话语音、电子数据交换和网络传输等方式办理纳税申报的一种方式。纳税人采用电子方式办理纳税申报的，要按照税务机关规定的期限和要求保存有关资料，并定期书面报送主管税务机关。

（4）其他方式。实行定期定额缴纳税款的纳税人，可以实行简易申报、简并征期等方式申报纳税。

5. 延期申报

纳税人、扣缴义务人按照规定的期限办理纳税申报或者报送代扣代缴、代收代缴税款报告表确有困难，需要延期的，应当在规定的期限内向税务机关提出书面延期申请，经税务机关核准，在核准的期限内办理。

纳税人、扣缴义务人因不可抗力，不能按期办理纳税申报或者报送代扣代缴、代收代缴税款报告表的，可以延期办理；但是，应当在不可抗力情形消除后立即向税务机关报告。税务机关应当查明事实，予以核准。

6. 纳税申报的其他要求

（1）纳税人在纳税期内没有应纳税款的，也应当按照规定办理纳税申报。

（2）纳税人享受减税、免税待遇的，在减税、免税期间应当按照规定办理纳税申报。

1.4.5　税款征收

税款征收是指税务机关依据国家税收法律、行政法规确定的标准和范围，通过法定程序将纳税人应纳税款组织征收入库的一系列活动。税款征收是税收征收管理活动的中心环节，也是纳税人履行纳税义务的体现。

1. 税款征收的主要方式和适用对象

（1）查账征收。查账征收，是指针对财务会计制度健全的纳税人，税务机关依据其报送的纳税申报表、财务会计报表和其他有关纳税资料，依照适用税率，计算其应缴纳税款的税款征收方式。这种征收方式较为规范，符合税法规定的基本原则，适用于财务会计制度健全，能够如实核算和提供生产经营情况，并能正确计算应纳税款和如实履行纳税义务的纳税人。

（2）查定征收。查定征收，是指针对账务不全，但能控制其材料、产量或进销货物的纳税单位或个人，税务机关依据正常条件下的生产能力对其生产的应税产品查定产量、销售额并据以确定其应缴纳税款的税款征收方式。这种税款征收方式适用于生产经营规模较小、产品零星、税源分散、会计账册不健全，但能控制原材料或进销货的小型厂矿和作坊。

（3）查验征收。查验征收，是指税务机关对纳税人的应税商品、产品，通过查验数量，按市场一般销售单价计算其销售收入，并据以计算其应缴纳税款的税款征收方式。这种税款征收方式适用于纳税人财务制度不健全、生产经营不固定、零星分散、流动性大的税源。

（4）定期定额征收。定期定额征收，是指税务机关对小型个体工商户在一定经营地点、一定经营时期、一定经营范围内的应纳税经营额（包括经营数量）或所得额进行核定，并以此为计税依据，确定其应缴纳税额的一种税款征收方式。这种税款征收方式适用于经主管税务机关认定和县以上税务机关批准的生产、经营规模小，达不到《个体工商户建账管理暂行办法》规定设置账簿标准，难以查账征收，不能准确计算计税依据的个体工商户（包括个人独资企业，简称定期定额户）。

2. 应纳税额的核定与调整

（1）纳税人有下列情形之一的，税务机关有权核定其应纳税额。

①依照法律、行政法规的规定可以不设置账簿的。

②依照法律、行政法规的规定应当设置账簿但未设置的。

③擅自销毁账簿或者拒不提供纳税资料的。

④虽设置账簿，但账目混乱或者成本资料、收入凭证、费用凭证残缺不全，难以查账的。

⑤发生纳税义务，但未按照规定的期限办理纳税申报，经税务机关责令限期申报，逾期仍不申报的。

⑥纳税人申报的计税依据明显偏低，又无正当理由的。

（2）核定应纳税额的方法。

为了减少核定应纳税额的随意性，使核定的税额更接近纳税人的实际情况和法定负担水平，税务机关有权采用下列任何一种方法核定其应纳税额。

①参照当地同类行业或者类似行业中经营规模和收入水平相近的纳税人的税负水平核定。

②按照营业收入或者成本加合理的费用和利润的方法核定。

③按照耗用的原材料、燃料、动力等推算或者测算核定。

④按照其他合理方法核定。

当其中一种方法不足以正确核定应纳税额时，可以同时采用两种以上的方法核定。

纳税人对税务机关采取上述方法核定的应纳税额有异议的，应当提供相关证据，经税务机关认定后，调整应纳税额。

3. 税款征收措施

为了保证税款征收的顺利进行，《中华人民共和国税收征收管理法》及其实施细则赋予了税务机关在税款征收过程中针对不同情况可以采取相应征收措施的职权。

1）责令缴纳

（1）纳税人未按照规定期限缴纳税款的，扣缴义务人未按照规定期限解缴税款的，税务机关可责令限期缴纳，并从滞纳税款之日起，按日加收滞纳税款万分之五的滞纳金。逾期仍未缴纳的税款，税务机关可以采取税收强制执行措施。加收滞纳金的起止时间，为法律、行政法规规定或者税务机关依照法律、行政法规的规定确定的税款缴纳期限届满次日起至纳税人、扣缴义务人实际缴纳或者解缴税款之日止。

（2）对未按照规定办理税务登记的从事生产、经营的纳税人，以及临时从事经营的纳税人，税务机关核定其应纳税额，责令其缴纳应纳税款。纳税人不缴纳应纳税款的，税务机关可以扣押其价值相当于应纳税款的商品、货物。扣押后缴纳应纳税款的，税务机关必须立即解除扣押，并归还所扣押的商品、货物；扣押后仍不缴纳应纳税款的，经县以上税务局（分局）局长批准，依法拍卖或者变卖所扣押的商品、货物，以拍卖或者变卖所得抵缴税款。

（3）税务机关有根据认为从事生产、经营的纳税人有逃避纳税义务行为时，可在规定的纳税期限之前责令其限期缴纳应纳税款。逾期仍未缴纳应纳税款的，税务机关有权采取其他税款征收措施。

（4）纳税担保人未按照规定的期限缴纳所担保的税款的，税务机关可责令其限期缴纳应纳税款。逾期仍未缴纳应纳税款的，税务机关有权采取其他税款征收措施。

2）责令提供纳税担保

纳税担保，是指经税务机关同意或确认，纳税人或其他自然人、法人、经济组织以保证、抵押、质押的方式，为纳税人应当缴纳的税款及滞纳金提供担保的行为，包括经税务机关认可的有纳税担保能力的保证人为纳税人提供的纳税保证，以及纳税人或者第三人以其未设置或者未全部设置担保物权的财产提供的担保。

（1）适用纳税担保的情形。

①税务机关有根据认为从事生产、经营的纳税人有逃避纳税义务行为，在规定的纳税期限之前经责令其限期缴纳应纳税款，在限期内发现纳税人有明显的转移、隐匿其应纳税的商品、货物，以及其他财产或者应纳税收入的迹象，责成纳税人提供纳税担保的。

②欠缴税款、滞纳金的纳税人或者其法定代表人需要出境的。

③纳税人同税务机关在纳税上发生争议而未缴清税款，需要申请行政复议的。

④税收法律、行政法规规定可以提供纳税担保的其他情形。

（2）纳税担保的范围。

纳税担保的范围包括税款，滞纳金和实现税款、滞纳金的费用。费用包括抵押、质押登记费用，质押保管费用，以及保管、拍卖、变卖担保财产等相关费用支出。

用于纳税担保的财产、权利的价值不得低于应当缴纳的税款、滞纳金，并考虑相关的费用。纳税担保的财产价值不足以抵缴税款、滞纳金的，税务机关应当向提供担保的纳税人或纳税担保人继续追缴。用于纳税担保的财产、权利的价格估算，除法律、行政法规另有规定外，参照同类商品的市场价、出厂价或者评估价格估算。

3）采取税收保全措施

税务机关责令具有税法规定情形的纳税人提供纳税担保而纳税人拒绝提供纳税担保或无力提供纳税担保的，经县以上税务局（分局）局长批准，税务机关可以采取下列税收保全措施。

（1）书面通知纳税人开户银行或者其他金融机构冻结纳税人的金额相当于应纳税款的存款。

（2）扣押、查封纳税人的价值相当于应纳税款的商品、货物或者其他财产。其他财产包括纳税人的房地产、现金、有价证券等不动产和动产。

需要注意的是，个人及其所抚养家属维持生活必需的住房和用品，不在税收保全措施的范围之内。税务机关对单价在5 000元以下的其他生活用品，不采取税收保全措施。

4）采取强制执行措施

从事生产、经营的纳税人、扣缴义务人未按照规定的期限缴纳或者解缴税款，纳税担保人未按照规定的期限缴纳所担保的税款，由税务机关责令限期缴纳；逾期仍未缴纳的，经县以上税务局（分局）局长批准，税务机关可以采取下列强制执行措施。

（1）强制扣款，即书面通知其开户银行或者其他金融机构从其存款中扣缴税款。

（2）拍卖变卖，即扣押、查封、依法拍卖或者变卖其价值相当于应纳税款的商品、货物或者其他财产，以拍卖或者变卖所得抵缴税款。

税务机关采取强制执行措施时，对上述纳税人、扣缴义务人、纳税担保人未缴纳的滞纳金同时强制执行。个人及其所抚养家属维持生活必需的住房和用品，不在强制执行措施的范围之内。税务机关对单价在5 000元以下的其他生活用品，不采取强制执行措施。

5）阻止出境

欠缴税款的纳税人或者其法定代表人在出境前未按规定结清应纳税款、滞纳金或者提供纳税担保的，税务机关可以通知出境管理机关阻止其出境。

1.4.6　税务检查

税务检查又称为纳税检查，是指税务机关依照国家有关税收法律、行政法规的规定，对纳税人、代扣代缴义务人履行纳税义务、扣缴义务情况进行审查监督的一种行政检查。税务检查是确保国家财政收入稳定和税收法律、行政法规、规章贯彻落实的重要手段，是国家经济监督体系中不可缺少的组成部分。

1. 税务机关在税务检查中的职权与职责

（1）税务机关有权进行下列税务检查。

①检查纳税人的账簿、记账凭证、报表和有关资料，检查扣缴义务人代扣代缴、代收代缴税款账簿、记账凭证和有关资料。

②到纳税人的生产、经营场所和货物存放地检查纳税人应纳税的商品、货物或者其他财产，检查扣缴义务人与代扣代缴、代收代缴税款有关的经营情况。

③责成纳税人、扣缴义务人提供与纳税或者代扣代缴、代收代缴税款有关的文件、证明材料和有关资料。

④询问纳税人、扣缴义务人与纳税或者代扣代缴、代收代缴税款有关的问题和情况。

⑤到车站、码头、机场、邮政企业及其分支机构检查纳税人托运、邮寄应纳税商品、货物

或者其他财产的有关单据、凭证和有关资料。

⑥经县以上税务局（分局）局长批准，凭全国统一格式的检查存款账户许可证明，查询从事生产、经营的纳税人、扣缴义务人在银行或者其他金融机构的存款账户。税务机关在调查税收违法案件时，经设区的市、自治州以上税务局（分局）局长批准，可以查询案件涉嫌人员的储蓄存款。税务机关查询所获得的资料，不得用于税收以外的用途。

（2）税务机关对从事生产、经营的纳税人以前纳税期的纳税情况依法进行税务检查时，发现纳税人有逃避纳税义务行为，并有明显的转移、隐匿其应纳税的商品、货物以及其他财产或者应纳税的收入的迹象的，可以按照税法规定的批准权限采取税收保全措施或者强制执行措施。

（3）税务机关依法进行税务检查时，有权向有关单位和个人调查纳税人、扣缴义务人和其他当事人与纳税或者代扣代缴、代收代缴税款有关的情况，有关单位和个人有义务向税务机关如实提供有关资料及证明材料。

（4）税务机关调查税务违法案件时，对与案件有关的情况和资料，可以记录、录音、录像、照相和复制。

（5）税务机关派出的人员进行税务检查时，应当出示税务检查证和税务检查通知书，并有责任为被检查人保守秘密；未出示税务检查证和税务检查通知书的，被检查人有权拒绝检查。

2. 被检查人的义务

（1）纳税人、扣缴义务人必须接受税务机关依法进行的税务检查，如实反映情况，提供有关资料，不得拒绝、隐瞒。

（2）税务机关依法进行税务检查时，有权向有关单位和个人调查纳税人、扣缴义务人和其他当事人与纳税或者代扣代缴、代收代缴税款有关的情况，有关单位和个人有义务向税务机关如实提供有关资料及证明材料。

任务实训

一、理论知识训练

1. 单项选择题

（1）根据税收法律制度的规定，对于生产不固定、账册不健全的单位，但能控制进货销货的纳税人，适用的税款征收方式是（　　　）。

A. 查账征收　　　　B. 查定征收　　　　C. 定期定额征收　　　　D. 查验征收

（2）根据税收征收管理法律制度的规定，从事生产、经营的纳税人应当自领取营业执照之日起的一定期限内，按照国家有关规定开设账簿。这里的"一定期限内"是指（　　　）。

A. 7 日　　　　B. 15 日　　　　C. 30 日　　　　D. 45 日

2. 多项选择题

（1）下列情形中，纳税人应当办理税务登记的有（　　　　　）。

A. 纳税人变更法定代表人

B. 纳税人变更经营范围

C. 实行定期定额征收方式的个体工商户停业

D. 纳税人到外县进行临时生产经营活动

（2）下列情形中，税务机关有权核定纳税人应纳税额的有（　　　　　）。

A. 有偷税、骗税前科的

B. 拒不提供纳税资料的

C. 按规定应设账簿而未设置的

D. 虽设置账簿，但账目混乱，难以查账的

（3）税务机关在实施税务检查时，可以采取的措施有（　　　　　）。

A. 检查纳税人会计资料

B. 检查纳税人货物存放地的应纳税商品

C. 检查纳税人托运、邮寄应纳税商品的单据、凭证

D. 经法定程序批准，查询纳税人在银行的存款账户

二、综合能力训练

1. 用思维导图软件，画出税收征收管理流程图。

2. 用税务局普法人员的身份，制作税收征收管理工作手册。

三、思政园地

扫描二维码并阅读《金税三期和金税四期有什么不同》一文，思考国家为什么要不断完善税收制度，金税四期的实施对税制的改革有什么作用。

任务评价

评价类目	评价内容及标准		分值	自己评分	小组评分	教师评分
学习态度	√ 全勤（5分）		10			
	√ 遵守课堂纪律（5分）					
学习过程	➢ 能说出本任务的学习目标（5分）		40			
	➢ 上课积极发言，积极回答"想一想"中的问题（5分）					
	➢ 掌握税务征收管理流程（10分）					
	➢ 知道具体业务流程细节（10分）					
	➢ 能够描述和总结税务征收管理过程（10分）					
学习结果	◆ "理论知识训练"考评（2分×5＝10分）		50			
	◆ "综合能力训练"考评（10分×2＝20分）					
	◆ "思政园地"考评（20分）					
合计			100			
所占比例/%			100	30	30	40
综合评分						

项目实施

1. 办理涉税信息补充采集

要依法办理企业开业阶段的涉税手续，王航需要首先了解我国的商事登记模式。我国目前全面推行"五证合一、一证一码"的商事登记模式，即将企业设立时由工商行政管理机关、质量技术监督机关、税务部门、社会保险经办机构和统计机构五个部门分别核发不同证照的登记模式，改由工商行政管理部门核发加载法人和其他机构统一社会信用代码的营业执照。因此，王航应当到专门机构填写"纳税人首次办税补充信息登记表"进行必要涉税信息的补充采集，在完成补充信息采集后，凭加载统一社会信用代码的营业执照可代替税务登记证使用。

1）办理涉税信息补充采集的时间

王航应在企业领取加载了统一社会信用代码的营业执照后，首次办理涉税事项时，填写"纳税人首次办税补充信息登记表"进行涉税信息的补充采集。

2）办理涉税信息补充采集的程序

（1）纳税人提出涉税信息补充采集申请。

纳税人首次办理涉税事宜时，应当如实填写"纳税人首次办税补充信息登记表"。

（2）纳税人提供有关证件、资料。

纳税人办理涉税信息补充采集时，应当按照主管税务机关的要求提供有关证件、资料，包括以下几个方面。

①工商营业执照副本及复印件。

②社保登记表。

③生产、经营地址证明。如为自有房产，需提供产权证或买卖契约等合法的产权证明原件及复印件和购房发票等房产原值或评估值证明复印件；如为租赁的场所，需提供租赁协议原件及复印件、租赁发票复印件、出租人房产证复印件等。

④经办人身份证原件及复印件。

3）税务机关受理补充采集申请并审核

税务机关根据纳税人提供的资料和信息，在系统中录入补充信息。补充信息全部采集完毕后，打印补充信息，缴纳税人签章确认。纳税人无法当场签章确认的，将打印的补充信息交纳税人，提示纳税人在下次办理涉税事宜时返还已签章确认的补充信息（表1-2）。

表1-2 纳税人首次办税补充信息登记表

统一社会信用代码	91220735＊＊＊＊JF508W		纳税人名称	长沙特利讯科技有限公司		
核算方式	请选择对应项目打"√" ☑独立核算□非独立核算		从业人数	_20_ 其中外籍人数 _0_		
适用会计制度	请选择对应项目打"√" ☑企业会计制度 ☑企业会计准则□小企业会计准则□行政事业单位会计制度					
生产经营地	长沙县黄兴镇建设路22号					
办税人员	身份证件种类	身份证件号码		固定电话	移动电话	电子邮箱
张梓航	身份证	略		略	略	略

续表

财务负责人	身份证件种类	身份证件号码	固定电话	移动电话	电子邮箱
陈红	身份证	略	略	略	略
税务代理人信息					
纳税人识别号	名称		联系电话	电子信箱	
代扣代缴、代收代缴税款业务情况					
代扣代缴、代收代缴税种			代扣代缴、代收代缴税款业务内容		
经办人签章：___年___月___日			纳税人公章：___年___月___日		
国标行业（主）			主行业明细行业		
国标行业（附）			国标行业（附）明细行业		
纳税人所处街（乡）			隶属关系	国地管户类型	
主管税务局			主管税务所（科、分局）		
经办人			信息采集日期		

填表说明如下。

（1）本表在已办理"一照一码"纳税人在首次办理涉税事项时，或者纳税人本表相关内容发生变更时使用，由税务机关根据纳税人提供资料填写，并打印交纳税人确认。当纳税人本表相关内容发生变化时，仅填报变化栏目即可。

（2）"生产经营地""财务负责人"栏仅在纳税人信息发生变化时填写。

（3）"统一社会信用代码"栏填写纳税人办理"一照一码"证照时工商机关赋予的社会信用代码。

（4）"纳税人名称"栏填写纳税人办理"一照一码"证照时的名称。

（5）"核算方式"栏选择纳税人会计核算方式，分为独立核算、非独立核算。

（6）"适用会计制度"栏选择纳税人适用的会计制度，在企业会计制度、企业会计准则、小企业会计准则、行政事业单位会计制度中选择其一。

（7）"国标行业（主）""主行业明细行业""国标行业（附）""国标行业（附）明细行业"栏根据国民经济行业分类标准（GB/T 4754—2011）填写。

（8）本表一式一份，税务机关留存；纳税人如需留存，请自行复印。

2. 办理税种认定登记

王航在办理涉税信息补充采集之后，到税务机关的征收管理科申请税种认定登记，填写"纳税人税种登记表"（表1-3）。增值税一般纳税人认定登记这里不做阐述。

表1-3　纳税人税种登记表

统一社会信用代码：91220735＊＊＊＊JF508W

微机编码：

纳税人名称：长沙市特利讯科技有限公司

一、增值税				
类别	销售货物(√) 加工　(√) 修理修配( ) 其他　( )	货物或 项目名称	主营	电缆、HDMI数据线生产和销售
			兼营	
纳税人认定情况	1. 增值税一般纳税人( )　2. 小规模纳税人(√)　3. 暂认定增值税一般纳税人( )			
经营方式	1. 境内经营货物(√)　2. 境内加工修理(√)　3. 自营出口( ) 4. 间接出口( )　5. 收购出口( )　6. 加工出口( )			
备注：				

二、消费税		
类别	1. 生产　( ) 2. 委托加工( ) 3. 零售　( )	应税消费品名称
	1. 烟( )　2. 酒( )　3. 化妆品( ) 4. 贵重首饰及珠宝玉石( )　5. 鞭炮、烟火( ) 6. 成品油( )　7. 摩托车( )　8. 小汽车( ) 9. 高尔夫球及球具( )　10. 高档手表( )	
备注：		

三、个人所得税	
类别	1. 工资薪金所得(√)　2. 个体工商户生产经营所得( )　3. 企事业单位承包经营所得( ) 4. 劳务报酬所得( )　5. 稿酬所得( )　6. 特许权使用费所得( ) 7. 利息、股息、红利所得( )　8. 财产转让所得( )　9. 财产租赁所得( ) 10. 偶然所得( )　11. 其他所得( )
是否扣缴个人所得税	1. 扣缴个人所得税(√)　2. 不扣缴个人所得税( )
备注：	

四、企业所得税	
法定或申请纳税方式	1. 按实纳税(√)　2. 核定利润率计算纳税( )　3. 按经费支出换算收入计算纳税( ) 4. 按佣金率换算收入纳税( )　5. 航空、海运企业纳税方式( ) 6. 其他纳税方式( )

续表

非生产性收入占总收入的比例（%）	

备注：季度预缴方式 1. 按上年度1/4（ ） 2. 按每季度实际所得（ V ）

五、资源税

计税依据	1. 原油（ ） 2. 天然气（ ） 3. 煤炭（ ） 4. 其他非金属矿原矿（ ） 5. 黑色金属矿原矿（ ） 6. 有色金属矿原矿（ ） 7. 固体盐（ ） 8. 液体盐（ ）

备注：

六、土地增值税

七、房产税

计税类别	1. 自有房产（ ） 2. 出租房产（ ）

1. 自有房产原值　　　　　　元； 2. 免税房产原值　　　　　　元；
3. 新增减房产原值　　　　　元； 4. 出租房屋租金（月、年）　　　元

备注：

八、车船税

车船类别	计税标准 （辆、座位、吨位）	数量	免税车船数量

备注：

九、城镇土地使用税

税额类别	1. 大城市（ ） 2. 中等城市（ ） 3. 小城市（ ） 4. 县城、建制镇、工矿区（ ）

备注：

十、城市维护建设税：1. 市区（ V ） 2. 县城镇（ ） 3. 其他（ ）

十一、印花税

计税类别	1. 购销合同（√） 2. 加工承揽合同（√） 3. 建安工程承包合同（ ） 4. 建安工程勘察设计合同（ ） 5. 财产租赁合同（√） 6. 货物运输合同（√） 7. 仓储保管合同（ ） 8. 借款合同（ ） 9. 财产保险合同（ ） 10. 技术合同（√） 11. 产权转移书据（ ） 12. 营业账簿（√） 13. 权利许可证照（ ）

备注：

十二、教育费附加：3%

十三、地方教育费附加：2%

十四、文化事业建设费：

续表

十五、基金:	
十六、矿区使用费:	
原油（　）	不超过100万吨（　）　　100万~150万吨（　）　　150万~200万吨（　） 200万~300万吨（　）　　300万~400万吨（　）　　400万吨以上（　）
天然气（　）	不超过20亿立方米（　）　　20亿~35亿立方米（　）　　35亿~50亿立方米（　） 50亿立方米以上（　）
预缴方式	分次（　）　分期（　）
十七、其他税:	
十八、其他费、基金:	

以上内容纳税人必须如实填写，如内容发生变化，应及时办理变更登记。

▊ 项目评价

评价类目	评价内容及标准	分值	自己评分	小组评分	教师评分
实训态度	遵守实训要求（5分）	10			
	认真对待实训任务（5分）				
实训过程	➤ 能针对项目进行工作分配（5分）	20			
	➤ 能够遵守实训小组的分配决定（5分）				
	➤ 小组分工合作，配合默契（5分）				
	➤ 小组按时完成实训任务（5分）				
实训成果	◆ 顺利按时完成实训任务（20分）	70			
	◆ 实训成果符合实际要求（30分）				
	◆ 实训反思切合实训内容并真实反映实训过程（20分）				
合计		100			
所占比例/%		100	30	30	40
综合评分					

项目 2

税收中的"扛把子"——增值税

项目导图

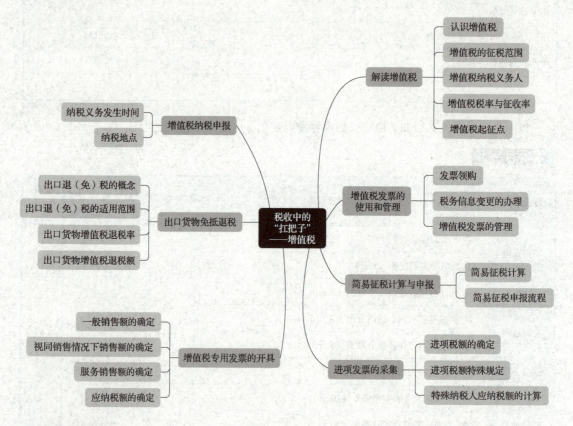

项目引入

  某大型石油公司为增值税一般纳税人，主营成品油、化工产品仓储及销售，成品油零售（仅限加油站经营），汽车修理及维护、车辆清洗服务，货物进出口。该公司拥有一座大型油库和若干座加油站，在 2021 年 3 月发生下列经济业务。

  (1) 3 月 1 日，收到 A 公司 3 月油库储油罐仓储服务费 31.8 万元（含税），开具增值税专用发票。

  (2) 3 月 1 日，某工地挖机加 0#柴油 20 万元，开具增值税普通发票，款项未收，约定 10 日内付款优惠 4%，20 日内付款优惠 2%。

  (3) 3 月 2 日，从中石化购进 92#汽油 200 吨，加油站已验收入库，取得增值税专用发票，专票上注明金额为 160 万元，税额为 20.8 万元，随同价款收取装卸费 2 260 元。

（4）3 月 2 日，收到 B 公司 200 吨 92#汽油运输费增值税专用发票，专票注明金额为 20 000 元，税额为 1 800 元。

（5）3 月 2 日，进口 50 套化妆品，在国外的买价为 10 万元，化妆品运抵我国海关前发生的包装费、运输费、保险费等共计 1 万元，保管后取得了海关开具的完税凭证。该化妆品进口关税税率为 5%。

（6）3 月 3 日，收到 C 公司 3 月 B 加油站租赁费 21 万元，开具增值税普通发票，该加油站是在 2015 年取得的。

（7）3 月 4 日，从中石油购进 0#柴油 300 吨，加油站已验收入库，取得增值税专用发票，专票上注明金额为 225 万元，税额为 29.25 万元，随同价款收取装卸费 3 390 元。

（8）3 月 4 日，收到某个体户开具的 300 吨 0#柴油运输费增值税普通发票 30 000 元。

（9）3 月 5 日，购进铁桶 100 个，用于罐装润滑油，取得增值税专用发票，专票上注明金额为 1 万元，税额为 1 300 元。

（10）3 月 5 日，购进一批润滑油，取得增值税专用发票，专票上注明金额为 120 万元，税额为 15.6 万元。

（11）3 月 6 日，销售给某物流公司（J 公司）润滑油 20 桶，收取价外包装物押金 4 000 元，开具增值税专用发票，专票上注明金额为 40 万元，税额为 5.2 万元。

（12）3 月 8 日，收到 D 公司 3 月 A 加油站租赁费 21.8 万元（含税），开具增值税专用发票，该加油站是在 2017 年取得的。

（13）3 月 8 日，因此前（2020 年 2 月 28 日）向 F 公司销售一批润滑油，收取价外包装物押金 2 000 元，期限已逾期 1 年，所以押金不再返还。

（14）3 月 8 日，公司将 20 套进口的化妆品作为"三八"妇女节福利发放给公司女员工，化妆品入账成本为 46 200 元。

（15）3 月 10 日，销售给 G 公司 30 桶润滑油，开具增值税专用发票，专票上注明金额为 60 万元，税额为 7.8 万元，包装物铁桶费用为 6 000 元。

（16）3 月 11 日，从 E 公司购入邻二甲苯，取得增值税专用发票，专票上注明金额为 200 万元，税额为 26 万元。

（17）3 月 12 日，将邻二甲苯报关出口，离岸价格为 30 万美元，此笔出口已收汇并做销售处理（美元与人民币比价为 1∶7，退税率为 13%）。

（18）3 月 13 日，销售部李明报销差旅费 5 000 元，其中注明旅客身份信息的高铁票 654 元、高速公路通行费 103 元、住宿费（增值税专用发票）954 元。

（19）3 月 14 日，因产品质量未达标，收到 F 公司退回的燃料油 20 吨，该燃料油上月已开增值税专用发票，专票上注明金额为 14 万元，税额为 1.82 万元，现做冲红处理。

（20）3 月 15 日，收到某工地挖机油款 18 万元。

（21）3 月 15 日，因部分润滑油存在质量问题，J 公司提出退货，经双方协商，不予退货，给予 5%的销售折让。

（22）3 月 18 日，出售所持有的 K 公司债券，售价为 100 万元，当时的买入价为 90 万元。

（23）3 月 20 日，开展扶贫活动，从农户手中购入鸡蛋，取得农产品收购发票，注明买价为 5 万元。

（24）3 月 21 日，收到中国建设银行贷款利息发票，金额为 20 万元。

（25）3 月 22 日，处置一台使用过的加油设备，开具增值税专用发票，收取含税价款 22.6

万元，该设备在 2017 年购进时收取了增值税专用发票，注明价款为 35 万元，已抵扣进项税额。

（26）3 月 28 日，收到个人消费者加油卡充值款 20 万元，开具增值税普通发票。

（27）3 月 29 日，公司自有车辆在加油站加 92#汽油 1 000 元，入账成本为 810 元（包含运输成本 10 元）。

（28）3 月 29 日，购进红酒一批，取得增值税专用发票，专票上注明金额为 10 000 元，税额为 1 300 元，该批红酒用于公司招待。

（29）3 月 30 日，与 G 公司结算 0#柴油加油款，3 月实际加油金额为 30 万元（含税），因加油量较大，给予 5% 的折扣，并开具增值税专用发票，折扣额在同一张发票上注明。

（30）3 月 31 日，盘点时，发现 92#汽油盘亏 10 吨，经查是由于加油站工作人员失误导致油品泄漏，该批存货入账成本为 81 100 元（包括运输成本 1 000 元）。

（31）3 月加油站销售鸡蛋取得收入 6 万元，选择享受免征增值税优惠。

（32）截至 3 月 31 日，销售 92#汽油 180 吨，含税收入为 180 万元，其中开具增值税专用发票 80 万元、增值税普通发票 70 万元，30 万元未开票。

（33）截至 3 月 31 日，销售 0#柴油 280 吨，含税收入为 250 万元，其中开具增值税专用发票 150 万元 ［包含业务（29）开具的增值税专用发票］、增值税普通发票 80 万元 ［包含业务（2）开具的增值税普通发票］，50 万元未开票。

任务：（1）计算当期应缴纳的增值税。

（2）完成增值税纳税申报。

任务 2.1　解读增值税

■ 工作任务单及思维导图

工作任务	解读增值税		教学模式	任务驱动
建议学时	1		教学地点	一体化实训室
任务描述	你作为企业财务部门负责人，在为企业销售部门员工讲解增值税相关知识时，有几个销售人员在听讲的过程中陷入苦思——为什么增值税有这么多的税率和种类？国家怎么对企业征收这么重的增值税？如果把增值税去掉，企业的利润肯定会大增，企业的负担也会减轻不少。你是怎样理解的呢？			
学习目标	知识目标	1. 理解增值税的基本概念； 2. 识别增值税纳税义务人		
	能力目标	1. 能够根据实际情况分辨增值税纳税义务人； 2. 能够根据具体业务识别增值税税率		
	思政目标	1. 培养学生通过日常细小事务进行总结和思考的能力； 2. 具备实事求是的价值观和求真务实的工作态度		
KPI 指标	正确认识和理解增值税			

续表

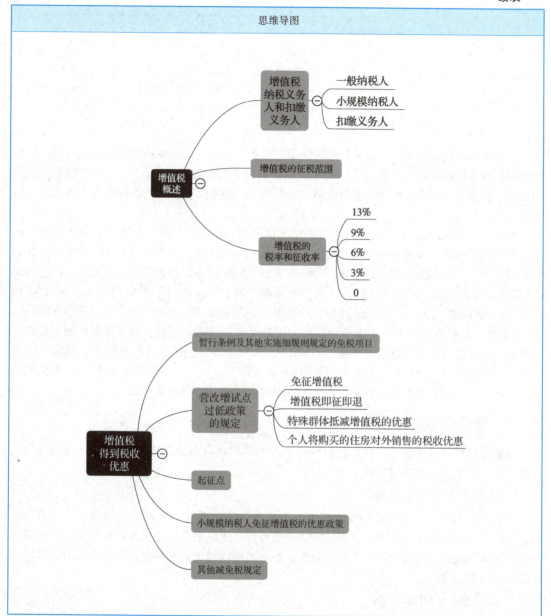

思维导图

任务实施

◇ **想一想**

近年来，随着国家税收政策的调整，营业税改征增值税顺利完成，企业在一定程度上避免了重复缴税，增值税税率也在不断降低，从17%到16%再到13%，充分体现了国家减税降费、扶持企业发展的力度之大，在一定程度上促进了各行各业的健康有序发展，壮大了企业发展的实力，提升了企业发展的后劲。你还能列举近年来国家在增值税方面的税收优惠政策吗？

2.1.1　认识增值税

增值税是对在商品生产与流通过程中或提供劳务服务时实现的增值额征收的一种税。增值税是我国现阶段税收收入规模最大的税种，因此被称为税收界的"扛把子"。"扛把子"是湖南方言，指团队中的力量担当和承重主体，也被称为"舵把子"，意为掌舵的人，也就是团队的核心。

1984 年 9 月 18 日，国务院发布了《中华人民共和国增值税条例（草案）》，标志着增值税作为一个法定的独立税种在我国正式建立。1993 年 12 月 13 日，国务院令第 134 号发布；2017 年 11 月 19 日，国务院令第 691 号第二次修订《中华人民共和国增值税暂行条例》（以下简称《增值税暂行条例》）；2008 年 12 月 15 日，财政部、国家税务总局令第 50 号发布；2011 年 10 月 28 日，财政部、国家税务总局令第 65 号修正《中华人民共和国增值税暂行条例实施细则》（以下简称《增值税暂行条例实施细则》）。为了进一步完善增值税制，消除重复征税，促进经济结构优化，经国务院常务会议决定，自 2012 年 1 月 1 日起，在上海市开展营业税改征增值税试点。2016 年 3 月 24 日，财政部、国家税务总局印发《关于全面推开营业税改征增值税试点的通知》，自 2016 年 5 月 1 日起，在全国范围内全面推开"营改增"试点。

2.1.2　增值税的征税范围

增值税的征税范围非常广泛，包括在中华人民共和国境内销售货物或者劳务，销售服务、无形资产、不动产以及进口货物。

1. 在我国境内销售货物

货物是指除土地、房屋和其他建筑物等不动产以外的各种有形动产，包括水、电力、热力、气体在内。销售货物是指有偿转让货物的所有权，也就是以从购买方取得货币、货物或其他经济利益等为条件转让货物所有权的行为。在我国境内销售货物是指销售的货物的起运地或所在地在我国境内。

2. 在我国境内销售劳务

销售劳务，是指有偿提供加工、修理修配劳务。单位或者个体工商户聘用的员工为本单位或者雇主提供加工、修理修配劳务不包括在内。

3. 进口货物

进口货物是指申报进入我国海关境内的货物。确定一项货物是否属于进口货物，必须看其是否办理了进口报关手续。通常境外产品要输入境内，必须向我国海关申报进口，并办理有关报关手续。只要是进口报关的应税货物，均属于增值税征税范围，在进口环节缴纳增值税。

4. 销售服务

销售服务是指提供交通运输服务、邮政服务、电信服务、建筑服务、金融服务、现代服务以及生活服务。

1) 交通运输服务

交通运输服务，是指利用运输工具将货物或者旅客送达目的地，使其空间位置得到转移的业务活动，包括陆路运输服务、水路运输服务、航空运输服务和管道运输服务。

（1）陆路运输服务，是指通过陆路（地上或者地下）运送货物或者旅客的运输业务活动，包括铁路运输服务和其他陆路运输服务。

出租车公司向使用本公司自有出租车的出租车司机收取的管理费用，按照陆路运输服务缴纳增值税。无运输工具承运业务，按照交通运输服务缴纳增值税。无运输工具承运业务，是指经营者以承运人的身份与托运人签订运输服务合同，收取运费并承担承运人责任，然后委托实际承运人完成运输服务的经营活动。

（2）水路运输服务，是指通过江、河、湖、川等天然、人工水道或者海洋航道运送货物或者旅客的运输业务活动。水路运输的程租、期租业务，属于水路运输服务。

（3）航空运输服务，是指通过空中航线运送货物或者旅客的运输业务活动。

航空运输的湿租业务，属于航空运输服务。湿租业务是指航空运输企业将配备有机组人员的飞机承租给他人使用一定期限，承租期内听候承租方调遣，不论是否经营，均按一定标准向承租方收取租赁费，发生的固定费用均由承租方承担的业务。

航天运输服务按照航空运输服务缴纳增值税。航天运输服务是指利用火箭等载体将卫星、空间探测器等空间飞行器发射到空间轨道的业务活动。

（4）管道运输服务，是指通过管道设施输送气体、液体、固体物质的运输业务活动。

无运输工具承运业务，是指经营者以承运人的身份与托运人签订运输服务合同，收取运费并承担承运人责任，然后委托实际承运人完成运输服务的经营活动，其按照交通运输服务缴纳增值税。

2) 邮政服务

邮政服务，是指中国邮政集团公司及其所属邮政企业提供邮件寄递、邮政汇兑和机要通信等邮政基本服务的业务活动，包括邮政普遍服务、邮政特殊服务和其他邮政服务。

（1）邮政普遍服务，是指函件、包裹等邮件寄递，以及邮票发行、报刊发行和邮政汇兑等业务活动。

（2）邮政特殊服务，是指义务兵平常信函、机要通信、盲人读物和革命烈士遗物的寄递等业务活动。

（3）其他邮政服务，是指纪念册等邮品销售、邮政代理等业务活动。

中国邮政集团公司及其所属邮政企业提供的邮政普遍服务和邮政特殊服务免征增值税。

3) 电信服务

电信服务，是指利用有线、无线的电磁系统或者光电系统等各种通信网络资源，提供语音通话服务，传送、发射、接收或者应用图像、短信等电子数据和信息的业务活动，包括基础电信服务和增值电信服务。

（1）基础电信服务，是指利用固网、移动网、卫星、互联网提供语音通话服务的业务活动，以及出租或者出售带宽、波长等网络元素的业务活动。

（2）增值电信服务，是指利用固网、移动网、卫星、互联网、有线电视网提供短信和彩信服务、电子数据和信息的传输及应用服务、互联网接入服务等的业务活动。

（3）卫星电视信号落地转接服务，按照增值电信服务缴纳增值税。

4) 建筑服务

建筑服务，是指各类建筑物、构筑物及其附属设施的建造、修缮、装饰，线路、管道、设备、设施等的安装以及其他工程作业的业务活动，包括工程服务、安装服务、修缮服务、装饰服务和其他建筑服务。

（1）工程服务，是指新建、改建各种建筑物、构筑物的工程作业，包括与建筑物相连的各种设备或者支柱、操作平台的安装或者装设工程作业，以及各种窑炉和金属结构工程作业。

（2）安装服务，是指生产设备、动力设备、起重设备、运输设备、传动设备、医疗实验设备以及其他各种设备、设施的装配、安置工程作业，包括与被安装设备相连的工作台、梯子、栏杆的装设工程作业，以及被安装设备的绝缘、防腐、保温、油漆等工程作业。

固定电话、有线电视、宽带、水、电、燃气、暖气等经营者向用户收取的安装费、初装费、开户费、扩容费以及类似收费，按照安装服务缴纳增值税。

（3）修缮服务，是指对建筑物、构筑物进行修补、加固、养护、改善，使之恢复原来的使用价值或者延长其使用期限的工程作业。

（4）装饰服务，是指对建筑物、构筑物进行修饰装修，使之美观或者具有特定用途的工程作业。

（5）其他建筑服务，是指上列工程作业之外的各种工程作业，如钻井（打井）、拆除建筑物或者构筑物、平整土地、园林绿化、疏浚（不包括航道疏浚）、建筑物平移、脚手架搭设、爆破、矿山穿孔、表面附着物（包括岩层、土层、沙层等）剥离和清理等工程作业。

5）金融服务

金融服务，是指经营金融保险的业务活动，包括贷款服务、直接收费金融服务、保险服务和金融商品转让。

（1）贷款服务。贷款，是指将资金贷与他人使用而取得利息收入的业务活动。

各种占用、拆借资金取得的收入，包括金融商品持有期间（含到期）利息（保本收益、报酬、资金占用费、补偿金等）收入、信用卡透支利息收入、买入返售金融商品利息收入、融资融券收取的利息收入，以及融资性售后回租、押汇、罚息、票据贴现、转贷等业务取得的利息及利息性质的收入，按照贷款服务缴纳增值税。

融资性售后回租，是指承租方以融资为目的，将资产出售给从事融资性售后回租业务的企业后，从事融资性售后回租业务的企业将该资产出租给承租方的业务活动。

以货币资金投资收取的固定利润或者保底利润，按照贷款服务缴纳增值税。

（2）直接收费金融服务，是指为货币资金融通及其他金融业务提供相关服务并且收取费用的业务活动，包括提供货币兑换、账户管理、电子银行、信用卡、信用证、财务担保、资产管理、信托管理、基金管理、金融交易场所（平台）管理、资金结算、资金清算、金融支付等服务。

（3）保险服务，是指投保人根据合同约定，向保险人支付保险费，保险人对于合同约定的可能发生的事故因其发生所造成的财产损失承担赔偿保险金责任，或者当被保险人死亡、伤残、疾病或者达到合同约定的年龄、期限等条件时承担给付保险金责任的商业保险行为，包括人身保险服务和财产保险服务。

（4）金融商品转让，是指转让外汇、有价证券、非货物期货和其他金融商品所有权的业务活动。其他金融商品转让包括基金、信托、理财产品等各类资产管理产品和各种金融衍生品的转让。纳税人购入基金、信托、理财产品等各类资产管理产品持有至到期，不属于金融商品转让。

6）现代服务

现代服务，是指围绕制造业、文化产业、现代物流产业等提供技术性、知识性服务的业务活动，包括研发和技术服务、信息技术服务、文化创意服务、物流辅助服务、租赁服务、鉴证咨询服务、广播影视服务、商务辅助服务和其他现代服务。

（1）研发和技术服务，包括研发服务、合同能源管理服务、工程勘察勘探服务、专业技术服务。

（2）信息技术服务，是指利用计算机、通信网络等技术对信息进行生产、收集、处理、加工、存储、运输、检索和利用，并提供信息服务的业务活动，包括软件服务、电路设计及测试服务、信息系统服务、业务流程管理服务和信息系统增值服务。

（3）文化创意服务，包括设计服务、知识产权服务、广告服务和会议展览服务。

（4）物流辅助服务，包括航空服务、港口码头服务、货运客运场站服务、打捞救助服务、装卸搬运服务、仓储服务和收派服务。

（5）租赁服务，包括融资租赁服务和经营租赁服务。

融资性售后回租不按照本税目缴纳增值税。

将建筑物、构筑物等不动产或者飞机、车辆等有形动产的广告位出租给其他单位或者个人用于发布广告，按照经营租赁服务缴纳增值税。

车辆停放服务、道路通行服务（包括过路费、过桥费、过闸费等）等按照不动产经营租赁服务缴纳增值税。

（6）鉴证咨询服务，包括认证服务、鉴证服务和咨询服务。翻译服务和市场调查服务按照咨询服务缴纳增值税。

（7）广播影视服务，包括广播影视节目（作品）的制作服务、发行服务和播映（含放映）服务。

（8）商务辅助服务，包括企业管理服务、经纪代理服务、人力资源服务、安全保护服务。

（9）其他现代服务，是指除研发和技术服务、信息技术服务、文化创意服务、物流辅助服务、租赁服务、鉴证咨询服务、广播影视服务和商务辅助服务以外的现代服务。

7）生活服务

生活服务，是指为满足城乡居民日常生活需求提供的各类服务活动，包括文化体育服务、教育医疗服务、旅游娱乐服务、餐饮住宿服务、居民日常服务和其他生活服务。

（1）文化体育服务，包括文化服务和体育服务。

（2）教育医疗服务，包括教育服务和医疗服务。

（3）旅游娱乐服务，包括旅游服务和娱乐服务。

（4）餐饮住宿服务，包括餐饮服务和住宿服务。

（5）居民日常服务，是指主要为满足居民个人及其家庭日常生活需求提供的服务，包括市容市政管理、家政、婚庆、养老、殡葬、照料和护理、救助救济、美容美发、按摩、桑拿、氧吧、足疗、沐浴、洗染、摄影扩印等服务。

（6）其他生活服务，是指除文化体育服务、教育医疗服务、旅游娱乐服务、餐饮住宿服务和居民日常服务之外的生活服务。

5. 销售无形资产

销售无形资产，是指转让无形资产所有权或者使用权的业务活动。无形资产，是指不具有实物形态，但能带来经济利益的资产，包括技术、商标、著作权、商誉、自然资源使用权和其他权益性无形资产。

（1）技术，包括专利技术和非专利技术。

（2）自然资源使用权，包括土地使用权、海域使用权、探矿权、采矿权、取水权和其他自然资源使用权。

（3）其他权益性无形资产，包括基础设施资产经营权、公共事业特许权、配额、经营权

（包括特许经营权、连锁经营权、其他经营权）、经销权、分销权、代理权、会员权、席位权、网络游戏虚拟道具、域名、名称权、肖像权、冠名权、转会费等。

6. 销售不动产

销售不动产，是指转让不动产所有权的业务活动。不动产，是指不能移动或者移动后会引起性质、形状改变的财产，包括建筑物、构筑物等。

（1）建筑物，包括住宅、商业营业用房、办公楼等可供居住、工作或者进行其他活动的建造物。

（2）构筑物，包括道路、桥梁、隧道、水坝等建造物。

（3）转让建筑物有限产权或者永久使用权的，转让在建的建筑物或者构筑物所有权的，以及在转让建筑物或者构筑物时一并转让其所占土地的使用权的，按照销售不动产缴纳增值税。

7. 视同销售

视同销售是指在税收上需要确认为应税收入并予以计税，而在会计上并不核算其销售收入的商品或劳务的转移行为。

（1）单位或者个体工商户的下列行为，视同销售货物，征收增值税。

①货物交付其他单位或者个人代销。

②销售代销货物。

③设有两个以上机构并实行统一核算的纳税人，将货物从一个机构移送其他机构用于销售，但相关机构设在同一县（市）的除外。

④将自产或者委托加工的货物用于免税项目、简易计税项目。

⑤将自产、委托加工的货物用于集体福利或者个人消费。

⑥将自产、委托加工或者购进的货物作为投资，提供给其他单位或者个体工商户。

⑦将自产、委托加工或者购进的货物分配给股东或者投资者。

⑧将自产、委托加工或者购进的货物无偿赠送其他单位或者个人。

（2）单位或者个人的下列情形视同销售服务、无形资产或者不动产，征收增值税。

①单位或者个体工商户向其他单位或者个人无偿提供服务，但用于公益事业或者以社会公众为对象的除外。

②单位或者个人向其他单位或个人无偿转让无形资产或者不动产，但用于公益事业或者以社会公众为对象的除外。

③财政部和国家税务总局规定的其他情形。

8. 混合销售

一项销售行为如果既涉及货物又涉及服务，为混合销售。从事货物的生产、批发或者零售的单位和个体工商户的混合销售行为，按照销售货物缴纳增值税；其他单位和个体工商户的混合销售行为，按照销售服务缴纳增值税。

上述从事货物的生产、批发或者零售的单位和个体工商户，包括以从事货物的生产、批发或者零售为主，并兼营销售服务的单位和个体工商户在内。

9. 兼营行为

兼营，是指纳税人的经营行为中包括销售货物、劳务以及销售服务、无形资产和不动产的行为。

纳税人发生兼营行为，应当分别核算适用不同税率或征收率的销售额，未分别核算销售额的，按照以下办法适用税率或征收率。

（1）兼有不同税率的销售货物、劳务、服务、无形资产或者不动产，从高适用税率。

（2）兼有不同征收率的销售货物、劳务、服务、无形资产或者不动产，从高适用征收率。

（3）兼有不同税率和征收率的销售货物、劳务、服务、无形资产或者不动产，从高适用税率。

10. 不征收增值税的情况

（1）用于公益事业或者以社会公众为对象的无偿提供的服务、无偿转让的无形资产或者不动产。

（2）根据国家指令无偿提供的铁路运输服务、航空运输服务，主要用于公益事业的服务。

（3）存款利息。存款利息是指按照《中华人民共和国商业银行法》的规定，经国务院银行业监督管理机构审查批准，具有吸收公众存款业务的金融机构支付的存款利息。非金融企业之间、企业和个人之间借贷涉及的利息，不包括在不征税的范围之内。

（4）被保险人获得的保险赔付。

（5）房地产主管部门或者其指定机构、公积金管理中心、开发企业以及物业管理单位代收的住宅专项维修资金。

（6）在资产重组过程中，通过合并、分立、出售、置换等方式，将全部或者部分实物资产以及与其相关联的债权、负债和劳动力一并转让给其他单位和个人，其中涉及的不动产、土地使用权转让行为。

2.1.3 增值税纳税义务人的概念和分类

1. 增值税纳税义务人的概念

凡在我国境内销售货物、服务、无形资产或者不动产，提供加工、修理修配劳务，以及进口货物的单位和个人，都是增值税的纳税人。这里所称单位，是指企业、行政单位、事业单位、军事单位、社会团体及其他单位；所称个人，是指个体工商户和其他个人。

单位以承包、承租、挂靠方式经营的，承包人、承租人、挂靠人（以下统称承包人）以发包人、出租人、被挂靠人（以下统称发包人）名义对外经营并由发包人承担相关法律责任的，以该发包人为纳税人。否则，以承包人为纳税人，即同时满足以下两个条件的，以发包人为纳税人，不同时满足以下两个条件的，以承包人为纳税人。

（1）以发包人名义对外经营。

（2）由发包人承担相关法律责任。

境外的单位或者个人在境内发生应税行为，在境内未设有经营机构的，以购买方为增值税扣缴义务人。财政部和国家税务总局另有规定的除外。

两个或者两个以上的纳税人，经财政部和国家税务总局批准可以视为一个纳税人合并纳税。具体办法由财政部和国家税务总局另行制定。

2. 增税纳税义务人的分类

为了方便征管，按经营规模大小及会计核算是否齐全，我国将增值税纳税义务人分为小规模纳税人和一般纳税人。

1）小规模纳税人

（1）小规模纳税人标准。

小规模纳税人是指年应税销售额在500万元以下（含500万元），并且会计核算不健全，不能按规定报送有关税务资料的增值税纳税人。

年应税销售额，是指纳税人在连续不超过12个月的经营期内累计应征增值税销售额，含减免税销售额、发生境外应税行为销售额以及按规定已从销售额中差额扣除的部分。如果该销售额为含税的，则应按照适用税率或征收率换算为不含税的销售额。

（2）小规模纳税人管理。

小规模纳税人销售货物或者提供应税劳务的，目前部分小规模纳税人（住宿业，鉴证咨询业，建筑业及工业以及信息传输、软件和信息技术服务业，租赁业，商务服务业，科学研究和技术服务业以及居民服务、修理和其他服务业等小规模纳税人）能开具增值税专用发票，其他纳税人目前只能自行开具增值税普通发票、增值税电子普通发票，若客户需要增值税专用发票，需要向税务机关申请代开。税务机关接到申请后，应先对企业申请内容进行审核，符合规定要求的，才准予代开增值税专用发票。代开增值税专用发票除加盖纳税人财务专用章或发票专用章外，必须同时加盖税务机关代开增值税专用发票专用章，凡未加盖上述专用章的，购货方一律不得作为扣税凭证。

小规模纳税人会计核算健全，能够提供准确税务资料的，可以向税务机关申请登记为一般纳税人，不再作为小规模纳税人。会计核算健全，是指能够按照国家统一的会计制度规定设置账簿，根据合法、有效凭证核算。为持续推进放管服（即简政放权、放管结合、优化服务的简称）改革，全面推行小规模纳税人自行开具增值税专用发票。小规模纳税人（其他个人除外）发生增值税应税行为，需要开具增值税专用发票的，可以自愿使用增值税发票管理系统自行开具。

2）一般纳税人

（1）一般纳税人标准。

一般纳税人，是指年应税销售额超过财政部、国家税务总局规定的小规模纳税人标准的企业和企业性单位。

一般纳税人实行登记制，除另有规定外，应当向税务机关办理登记手续。

下列纳税人不办理一般纳税人登记。

①按照政策规定，选择按照小规模纳税人纳税的。

②年应税销售额超过规定标准的其他个人。

纳税人自一般纳税人生效之日起，按照增值税一般计税方法计算应纳税额，并可以按照规定领用增值税专用发票，财政部、国家税务总局另有规定的除外。

纳税人登记为一般纳税人后，不得转为小规模纳税人，国家税务总局另有规定的除外。

（2）一般纳税人登记管理。

符合一般纳税人条件的纳税人应当向主管税务机关申请资格登记，未申请办理一般纳税人资格登记手续的，应按销售额依照增值税税率计算应纳税额，不得抵扣进项税额，也不得使用增值税专用发票（含税控机动车销售统一发票）。

除国家税务总局另有规定外，一经登记为一般纳税人，不得转为小规模纳税人。

纳税人年应税销售额超过规定标准的，须在申报期结束后20个工作日内，向主管税务机关办理一般纳税人资格登记，或向主管税务机关提交书面说明按小规模纳税人纳税。未在规定时限办理的，主管税务机关会在规定期限结束后10个工作日内制作税务事项通知书，通知纳税人在10个工作日内向主管税务机关办理相关手续。

2.1.4　增值税税率与征收率

1. 增值税税率

我国增值税适用税率目前分为13%、9%、6%和零税率4种。

一般纳税人销售或者进口货物，提供加工、修理修配劳务，提供有形动产租赁服务，除适用低税率、零税率和征收率范围外，税率均为13%。

1）低税率

纳税人销售交通运输、邮政、基础电信、建筑、不动产租赁服务，销售不动产，转让土地使用权，销售或者进口下列货物，税率为9%。

（1）粮食等农产品、食用植物油、食用盐。

（2）自来水、暖气、冷气、热水、煤气、石油液化气、天然气、二甲醚、沼气、居民用煤炭制品。

（3）图书、报纸、杂志、音像制品、电子出版物。

（4）饲料、化肥、农药、农机、农膜。

（5）国务院规定的其他货物。

提供交通运输服务、邮政服务、基础电信服务、建筑服务、不动产租赁服务，销售不动产，转让土地使用权，税率为9%。需要注意的是车辆停放服务、道路通行服务（包括过路费、过桥费、过闸费等）等按照不动产经营租赁服务缴纳增值税，适用9%的税率，而非交通运输服务。

提供现代服务业（租赁服务除外）、增值电信服务、金融服务、生活服务、销售无形资产（转让土地使用权除外），税率为6%。

2）零税率

（1）纳税人出口货物，税率为零；但是，国务院另有规定的除外。

（2）境内单位和个人跨境销售国务院规定范围内的服务、无形资产，税率为零，包括：国际运输服务、航天运输服务、向境外单位提供的完全在境外消费的服务［研发服务、合同能源管理服务、设计服务、广播影视节目（作品）的制作和发行服务、软件服务、电路设计及测试服务、信息系统服务、业务流程管理服务、离岸服务外包业务、转让技术］及国务院规定的其他服务。

2. 增值税征收率

1）征收率一般规定

小规模纳税人以及一般纳税人选择简易办法计税的，征收率为3%，另有规定的除外。

（1）一般纳税人销售自己使用过的属于《增值税暂行条例》第十条规定，不得抵扣且未抵扣进项税额的固定资产，按简易办法依照3%征收率减按2%征收增值税，可以放弃减免，按照简易办法依照3%征收率缴纳增值税，并可以开具增值税专用发票。

（2）一般纳税人销售自己使用过的其他固定资产应区分不同情形征收增值税。

①销售自己使用过的2009年1月1日以后购进或者自制的固定资产，按照适用税率征收增值税。

②2008年12月31日以前未纳入扩大增值税抵扣范围试点的纳税人，销售自己使用过的2008年12月31日以前购进或者自制的固定资产，按照简易办法依照3%征收率减按2%征收增值税。

③2008年12月31日以前已纳入扩大增值税抵扣范围试点的纳税人，销售自己使用过的在本地区扩大增值税抵扣范围试点以前购进或者自制的固定资产，按照简易办法依照3%征收率减按2%征收增值税；销售自己使用过的在本地区扩大增值税抵扣范围试点以后购进或者自制的固定资产，按照适用税率征收增值税。

（3）一般纳税人销售自己使用过的除固定资产以外的物品，应当按照适用税率征收增值税。

（4）小规模纳税人（除其他个人外，下同）销售自己使用过的固定资产，减按2%征收率征收增值税，可以放弃减免，依照3%征收率缴纳增值税，并可以开具增值税专用发票。

小规模纳税人销售自己使用过的除固定资产以外的物品，应按3%的征收率征收增值税。

（5）纳税人销售旧货，按照简易办法依照3%征收率减按2%征收增值税。

旧货，是指进入二次流通的具有部分使用价值的货物（含旧汽车、旧摩托车和旧游艇），但不包括自己使用过的物品。

2020年5月1日—2023年12月31日，从事二手车经销业务的纳税人销售其收购的二手车，由原按照简易办法依3%征收率减按2%征收增值税，改为减按0.5%征收增值税。

（6）一般纳税人销售自产的下列货物，可选择按照简易办法依照3%的征收率计算缴纳增值税，选择简易办法计算缴纳增值税后，36个月内不得变更，具体适用范围如下。

①县级及县级以下小型水力发电单位生产的电力。小型水力发电单位，是指各类投资主体建设的装机容量为5万千瓦以下（含5万千瓦）的小型水力发电单位。

②建筑用和生产建筑材料所用的砂、土、石料。

③以自己采掘的砂、土、石料或其他矿物连续生产的砖、瓦、石灰（不含黏土实心砖、瓦）。

④用微生物、微生物代谢产物、动物毒素、人或动物的血液或组织制成的生物制品。

⑤自来水（对属于一般纳税人的自来水公司销售自来水按简易办法依照3%的征收率征收增值税，不得抵扣其购进自来水取得增值税扣税凭证上注明的增值税税款）。

⑥商品混凝土（仅限于以水泥为原料生产的水泥混凝土）。

（7）一般纳税人销售货物属于下列情形之一的，暂按简易办法依照3%的征收率计算缴纳增值税。

①寄售商店代销寄售物品（包括居民个人寄售的物品在内）。

②典当业销售死当物品。

（8）建筑企业一般纳税人提供建筑服务属于老项目的，可以选择简易办法依照3%的征收率征收增值税。

（9）2021年4月1日—12月31日，增值税小规模纳税人适用3%征收率的应税销售收入，减按1%征收率征收增值税；适用3%预征率的预缴增值税项目，减按1%预征率预缴增值税。

2）征收率特殊规定

（1）小规模纳税人转让其取得的不动产，按照5%的征收率征收增值税。

（2）一般纳税人转让其2016年4月30日前取得的不动产，选择简易计税方法计税的，按照5%的征收率征收增值税。

（3）小规模纳税人出租其取得的不动产（不含个人出租住房），按照5%的征收率征收增值税。

（4）一般纳税人出租其2016年4月30日前取得的不动产，选择简易计税方法计税的，按照5%的征收率征收增值税。

（5）房地产开发企业（一般纳税人）销售自行开发的房地产老项目，选择简易计税方法计税的，按照5%的征收率征收增值税。

（6）房地产开发企业（小规模纳税人）销售自行开发的房地产项目，按照5%的征收率征收增值税。

（7）一般纳税人提供劳务派遣服务，可以按照《财政部 国家税务总局关于全面推开营业税改征增值税试点的通知》（财税〔2016〕36号）的有关规定，以取得的全部价款和价外费用为销售额，按照一般计税方法计算缴纳增值税；也可以选择差额纳税，以取得的全部价款和价外费用，扣除代用工单位支付给劳务派遣员工的工资、福利和为其办理社会保险及住房公积金后的余额为销售额，按照简易计税方法依5%的征收率计算缴纳增值税。

（8）自2021年10月1日起，住房租赁企业中的增值税一般纳税人向个人出租住房取得的全部出租收入，可以选择适用简易计税方法，按照5%的征收率减按1.5%计算缴纳增值税，或适用一般计税方法计算缴纳增值税。住房租赁企业中的增值税小规模纳税人向个人出租住房，按照5%的征收率减按1.5%计算缴纳增值税。

3. 增值税税收优惠

1）免征增值税

（1）农业生产者销售的自产农产品。

（2）避孕药品和用具。

（3）古旧图书。古旧图书，是指向社会收购的古书和旧书。

（4）直接用于科学研究、科学试验和教学的进口仪器、设备。

（5）外国政府、国际组织无偿援助的进口物资和设备。

（6）由残疾人组织直接进口供残疾人专用的物品。

（7）销售自己使用过的物品。自己使用过的物品，是指其他个人自己使用过的物品。

2）营业税改征增值税试点免征增值税

（1）托儿所、幼儿园提供的保育和教育服务。

托儿所、幼儿园，是指经县级以上教育部门审批成立、取得办园许可证的设施。3～6岁学前教育的机构，包括公办和民办的托儿所、幼儿园、学前班、幼儿班、保育院、幼儿园。

公办托儿所、幼儿园免征增值税的收入是指，在省级财政部门和价格主管部门审核报省级人民政府批准的收费标准以内收取的教育费、保育费。

民办托儿所、幼儿园免征增值税的收入是指，在报经当地有关部门备案并公示的收费标准范围内收取的教育费、保育费。

超过规定收费标准的收费，以开办实验班、特色班和兴趣班等为由另外收取的费用以及与幼儿入园挂钩的赞助费、支教费等超过规定范围的收入，不属于免征增值税的收入。

（2）养老机构提供的养老服务。

养老机构，是指依照民政部《养老机构设立许可办法》（民政部令第48号）设立并依法办理登记的为老年人提供集中居住和照料服务的各类养老机构；养老服务，是指上述养老机构按照民政部《养老机构管理办法》（民政部令第49号）的规定，为收住的老年人提供的生活照料、康复护理、精神慰藉、文化娱乐等服务。

（3）残疾人福利机构提供的育养服务。

（4）婚姻介绍服务。

（5）殡葬服务。

（6）残疾人员本人为社会提供的服务。

（7）医疗机构提供的医疗服务。

医疗机构，是指依据国务院《医疗机构管理条例》（国务院令第149号）及卫生部《医疗机构管理条例实施细则》（原卫生部令第35号）的规定，经登记取得《医疗机构执业许可证》的机构，以及军队、武警部队各级各类医疗机构。具体包括：各级各类医院、门诊部（所）、社区卫生服务中心（站）、急救中心（站）、城乡卫生院、护理院（所）、疗养院、临床检验中心、各级政府及有关部门举办的卫生防疫站（疾病控制中心）、各种专科疾病防治站（所），各级政府举办的妇幼保健所（站）、母婴保健机构、儿童保健机构，各级政府举办的血站（血液中心）等医疗机构。

本项所称的医疗服务，是指医疗机构按照不高于地（市）级以上价格主管部门会同同级卫生主管部门及其他相关部门制定的医疗服务指导价格（包括政府指导价和按照规定由供需双方协商确定的价格等）为就医者提供《全国医疗服务价格项目规范》所列的各项服务，以及医疗机构向社会提供卫生防疫、卫生检疫的服务。

（8）从事学历教育的学校提供的教育服务。

①学历教育，是指受教育者经过国家教育考试或者国家规定的其他入学方式，进入国家有关部门批准的学校或者其他教育机构学习，获得国家承认的学历证书的教育形式。具体如下。

a. 初等教育：普通小学、成人小学。

b. 初级中等教育：普通初中、职业初中、成人初中。

c. 高级中等教育：普通高中、成人高中和中等职业学校（包括普通中专、成人中专、职业高中、技工学校）。

d. 高等教育：普通本专科、成人本专科、网络本专科、研究生（博士、硕士）、高等教育自学考试、高等教育学历文凭考试。

②从事学历教育的学校具体如下。

a. 经地（市）级以上人民政府或者同级政府的教育行政部门批准成立、国家承认其学员学历的各类学校。

b. 经省级及以上人力资源社会保障行政部门批准成立的技工学校、高级技工学校。

c. 经省级人民政府批准成立的技师学院。

上述学校均包括符合规定的从事学历教育的民办学校，但不包括职业培训机构等国家不承认学历的教育机构。

③提供教育服务免征增值税的收入，是指对列入规定招生计划的在籍学生提供学历教育服务取得的收入，具体包括：经有关部门审核批准并按规定标准收取的学费、住宿费、课本费、作业本费、考试报名费收入，以及学校食堂提供餐饮服务取得的伙食费收入。除此之外的收入，包括学校以各种名义收取的赞助费、择校费等，不属于免征增值税的范围。

学校食堂是指依照《学校食堂与学生集体用餐卫生管理规定》（教育部令第14号）管理的学校食堂。

（9）学生勤工俭学提供的服务。

（10）农业机耕、排灌、病虫害防治、植物保护、农牧保险以及相关技术培训业务，家禽、牲畜、水生动物的配种和疾病防治。

农业机耕，是指在农业、林业、牧业中使用农业机械进行耕作（包括耕耘、种植、收割、脱粒、植物保护等）的业务；排灌，是指对农田进行灌溉或者排涝的业务；病虫害防治，是指从事农业、林业、牧业、渔业的病虫害测报和防治的业务；农牧保险，是指为种植业、养殖业、牧业种植和饲养的动植物提供保险的业务；相关技术培训，是指与农业机耕、排灌、病虫害防治、植物保护业务相关以及为使农民获得农牧保险知识所进行的技术培训业务；家禽、牲畜、水生动物的配种和疾病防治业务的免税范围，包括与该项服务有关的提供药品和医疗用具的业务。

（11）纪念馆、博物馆、文化馆、文物保护单位管理机构、美术馆、展览馆、书画院、图书馆在自己的场所提供文化体育服务取得的第一道门票收入。

（12）寺院、宫观、清真寺和教堂举办文化、宗教活动的门票收入。

（13）行政单位之外的其他单位收取的符合《营业税改征增值税试点实施办法》第十条规定条件的政府性基金和行政事业性收费。

（14）个人转让著作权。

（15）个人销售自建自用住房。

（16）台湾航运公司、航空公司从事海峡两岸海上直航、空中直航业务在大陆取得的运输收入。

（17）纳税人提供的直接或者间接国际货物运输代理服务。

（18）符合规定条件的贷款、债券利息收入。

（19）被撤销金融机构以货物、不动产、无形资产、有价证券、票据等财产清偿债务。

（20）保险公司开办的一年期以上人身保险产品取得的保费收入。

（21）符合规定条件的金融商品转让收入。

（22）金融同业往来利息收入。

（23）同时符合规定条件的担保机构从事中小企业信用担保或者再担保业务取得的收入（不含信用评级、咨询、培训等收入）3年内免征增值税。

（24）国家商品储备管理单位及其直属企业承担商品储备任务，从中央或者地方财政取得的利息补贴收入和价差补贴收入。

（25）纳税人提供技术转让、技术开发和与之相关的技术咨询、技术服务。

（26）同时符合规定条件的合同能源管理服务。

（27）政府举办的从事学历教育的高等、中等和初等学校（不含下属单位），举办进修班、培训班取得的全部归该学校所有的收入。

（28）政府举办的职业学校设立的主要为在校学生提供实习场所并由学校出资自办、由学校负责经营管理、经营收入归学校所有的企业，从事《销售服务、无形资产或者不动产注释》中"现代服务"（不含融资租赁服务、广告服务和其他现代服务）、"生活服务"（不含文化体育服务、其他生活服务和桑拿、氧吧）业务活动取得的收入。

（29）家政服务企业由员工制家政服务员提供家政服务取得的收入。

（30）福利彩票、体育彩票的发行收入。

（31）军队空余房产租赁收入。

（32）为了配合国家住房制度改革，企业、行政事业单位按房改成本价、标准价出售住房取得的收入。

（33）将土地使用权转让给农业生产者用于农业生产。

（34）涉及家庭财产分割的个人无偿转让不动产、土地使用权。

（35）土地所有者出让土地使用权和土地使用者将土地使用权归还给土地所有者。

（36）县级以上地方人民政府或自然资源行政主管部门出让、转让或收回自然资源使用权（不含土地使用权）。

（37）随军家属就业。

（38）军队转业干部就业。

（39）提供社区养老、托育、家政等服务取得的收入。

4. 增值税即征即退

（1）一般纳税人提供管道运输服务，对其增值税实际税负超过3%的部分实行增值税即征即退政策。

（2）经人民银行、银（保）监会或者商务部批准从事融资租赁业务的试点纳税人中的一般纳税人，提供有形动产融资租赁服务和有形动产融资性售后回租服务，对其增值税实际税负超过3%的部分实行增值税即征即退政策。

（3）增值税实际税负，是指纳税人当期提供应税服务实际缴纳的增值税额占纳税人当期提供应税服务取得的全部价款和价外费用的比例。

5. 扣减增值税

1）退役士兵创业就业

自主就业退役士兵从事个体经营的，自办理个体工商户登记当月起，在 3 年（36 个月，下同）内按每户每年 12 000 元为限额依次扣减其当年实际应缴纳的增值税、城市维护建设税、教育费附加、地方教育附加和个人所得税。限额标准最高可上浮 20%，各省、自治区、直辖市人民政府可根据本地区实际情况在此幅度内确定具体限额标准。

纳税人年度应缴纳税款小于上述扣减限额的，减免税额以其实际缴纳的税款为限；大于上述扣减限额的，以上述扣减限额为限。纳税人的实际经营期不足 1 年的，应当按月换算其减免税限额。

换算公式为：

$$减免税限额 = （年度减免税限额/12）\times 实际经营月数$$

城市维护建设税、教育费附加、地方教育附加的计税依据是享受本项税收优惠政策前的增值税应纳税额。

企业招用自主就业退役士兵，与其签订 1 年以上期限劳动合同并依法缴纳社会保险费的，自签订劳动合同并缴纳社会保险费当月起，在 3 年内按实际招用人数予以定额依次扣减增值税、城市维护建设税、教育费附加、地方教育附加和企业所得税优惠。定额标准为每人每年 6 000 元，最高可上浮 50%，各省、自治区、直辖市人民政府可根据本地区实际情况在此幅度内确定具体定额标准。

企业按招用人数和签订的劳动合同时间核算企业减免税总额，在核算减免税税总额内每月依次扣减增值税、城市维护建设税、教育费附加和地方教育附加。企业实际应缴纳的增值税、城市维护建设税、教育费附加和地方教育附加小于核算减免税总额的，以实际应缴纳的增值税、城市维护建设税、教育费附加和地方教育附加为限；实际应缴纳的增值税、城市维护建设税、教育费附加和地方教育附加大于核算减免税总额的，以核算减免税总额为限。

纳税年度终了，如果企业实际减免的增值税、城市维护建设税、教育费附加和地方教育附加小于核算减免税总额，企业在企业所得税汇算清缴时以差额部分扣减企业所得税。当年扣减不完的，不再结转以后年度扣减。

自主就业退役士兵在企业工作不满 1 年的，应当按月换算减免税限额。

计算公式为：

企业核算减免税总额 = （每名自主就业退役士兵本年度在本单位工作月份/12）× 具体定额标准

城市维护建设税、教育费附加、地方教育附加的计税依据是享受本项税收优惠政策前的增值税应纳税额。

2）重点群体创业就业

建档立卡贫困人口、持《就业创业证》（注明"自主创业税收政策"或"毕业年度内自主创业税收政策"）或《就业失业登记证》（注明"自主创业税收政策"）的人员，从事个体经营的，自办理个体工商户登记当月起，在 3 年内按每户每年 12 000 元为限额依次扣减其当年实际应缴纳的增值税、城市维护建设税、教育费附加、地方教育附加和个人所得税。限额标准最高可上浮 20%，各省、自治区、直辖市人民政府可根据本地区实际情况在此幅度内确定具体限额标准。

企业招用建档立卡贫困人口，以及在人力资源社会保障部门公共就业服务机构登记失业半年以上且持《就业创业证》或《就业失业登记证》（注明"企业吸纳税收政策"）的人员，与其签订 1 年以上期限劳动合同并依法缴纳社会保险费的，自签订劳动合同并缴纳社会保险费当月起，在3年内按实际招用人数予以定额依次扣减增值税、城市维护建设税、教育费附加、地方教育附加和企业所得税优惠。定额标准为每人每年6 000元，最高可上浮30%，各省、自治区、直辖市人民政府可根据本地区实际情况在此幅度内确定具体定额标准。城市维护建设税、教育费附加、地方教育附加的计税依据是享受本项税收优惠政策前的增值税应纳税额。

3）金融企业发放贷款利息税收优惠

金融企业发放贷款后，自结息日起90日内发生的应收未收利息按现行规定缴纳增值税，自结息日起90日后发生的应收未收利息暂不缴纳增值税，待实际收到利息时按规定缴纳增值税。

4）个人销售住房税收优惠

北京市、上海市、广州市和深圳市之外的地区，个人将购买不足2年的住房对外销售的，按照5%的征收率全额缴纳增值税；个人将购买2年以上（含2年）的住房对外销售的，免征增值税。

北京市、上海市、广州市和深圳市的个人将购买不足2年的住房对外销售的，按照5%的征收率全额缴纳增值税；个人将购买2年以上（含2年）的非普通住房对外销售的，以销售收入减去购买住房价款后的差额按照5%的征收率缴纳增值税；个人将购买2年以上（含2年）的普通住房对外销售的，免征增值税。

深圳市自2020年7月15日起、上海市自2021年1月22日起、广州市9个区自2021年4月21日起，将个人住房转让增值税征免年限由2年调整到5年。

6. 跨境行为免征增值税的政策规定

（1）境内的单位和个人销售的下列服务和无形资产免征增值税，但财政部和国家税务总局规定适用增值税零税率的除外。

①工程项目在境外的建筑服务。

②工程项目在境外的工程监理服务。

③工程、矿产资源在境外的工程勘察勘探服务。

④会议展览地点在境外的会议展览服务。

⑤储存地点在境外的仓储服务。

⑥标的物在境外使用的有形动产租赁服务。

⑦在境外提供的广播影视节目（作品）的播映服务。

⑧在境外提供的文化体育服务、教育医疗服务、旅游服务。

（2）为出口货物提供的邮政服务、收派服务、保险服务。为出口货物提供的保险服务，包括出口货物保险和出口信用保险。

（3）向境外单位提供的完全在境外消费的下列服务和无形资产。

①电信服务。

②知识产权服务。

③物流辅助服务（仓储服务、收派服务除外）。

④鉴证咨询服务。

⑤专业技术服务。

⑥商务辅助服务。

⑦广告投放地在境外的广告服务。

⑧无形资产。

（4）以无运输工具承运方式提供的国际运输服务。

（5）为境外单位之间的货币资金融通及其他金融业务提供的直接收费金融服务，且该服务与境内的货物、无形资产和不动产无关。

（6）财政部和国家税务总局规定的其他服务。

7. 小规模纳税人免税规定

（1）2021 年 4 月 1 日—2022 年 12 月 31 日，增值税小规模纳税人发生增值税应税销售行为，合计月销售额未超过 15 万元的，免征增值税。其中，以 1 个季度为纳税期限的增值税小规模纳税人，季度销售额未超过 45 万元的，免征增值税。

小规模纳税人发生增值税应税销售行为，合计月销售额超过 15 万元，但扣除本期发生的销售不动产的销售额后未超过 15 万元的，其销售货物、劳务、服务、无形资产取得的销售额免征增值税。

（2）其他个人采取一次性收取租金形式出租不动产所取得的租金收入，可在租金对应的租赁期内平均分摊，分摊后的月租金收入不超过 15 万元的，免征增值税。

（3）按照现行规定应当预缴增值税税款的小规模纳税人，凡在预缴地实现的月销售额未超过 15 万元的，当期无须预缴税款。

8. 其他减免税规定

（1）纳税人兼营免税、减税项目的，应当分别核算免税、减税项目的销售额；未分别核算销售额的，不得免税、减税。

（2）纳税人发生应税销售行为适用免税规定的，可以放弃免税，依照《增值税暂行条例》或者《营业税改征增值税试点实施办法》的规定缴纳增值税。放弃免税后，36 个月内不得再申请免税。

（3）纳税人发生应税销售行为同时适用免税和零税率规定的，纳税人可以选择适用免税或者零税率。

2.1.5　增值税起征点

纳税人发生应税销售行为的销售额未达到增值税起征点的，免征增值税；达到增值税起征点的，全额计算缴纳增值税。

增值税起征点的适用范围限于个人，且不适用于登记为一般纳税人的个体工商户。增值税起征点的幅度规定如下。

（1）按期纳税的，为月销售额 5 000～20 000 元（含本数）。

（2）按次纳税的，为每次（日）销售额 300～500 元（含本数）。

增值税起征点的调整由财政部和国家税务总局规定。省、自治区、直辖市财政厅（局）和税务局应当在规定的幅度内，根据实际情况确定本地区适用的增值税起征点，并报财政部和国家税务总局备案。

■ 任务实训

一、理论知识训练

1. 单项选择题

（1）下列行为中，适用 6% 增值税税率的是（　　）。

A. 销售货物　　　　　B. 提供劳务　　　　　C. 转让非专利技术　　　D. 销售图书

（2）某企业出售一批煤炭制品，该产品适用的增值税率为（　　）。

A. 13%　　　　　　　B. 9%　　　　　　　　C. 6%　　　　　　　　　D. 5%

（3）下列无形资产中，不属于自然资源使用权的有（　　）。

A. 取水权　　　　　B. 海域使用权　　　　C. 探矿权　　　　D. 特许经营权

2. 多项选择题

（1）下列各项中，属于增值税征税范围的有（　　）。

A. 销售商品　　　　　　　　　　　　B. 将企业资产用于发放职工福利

C. 金银首饰加工　　　　　　　　　　D. 交通运输

（2）一般纳税人下列行为适用13%增值税税率的是（　　）。

A. 销售农产品　　　B. 销售产品　　　C. 提供劳务　　　D. 销售不动产

（3）下列行为中属于视同销售的有（　　）。

A. 将自产产品发放给股东　　　　　　B. 对外捐赠产品

C. 将委托加工货物发放给职工　　　　D. 将购进货物无偿发放给个人

二、综合能力训练

1. 用思维导图软件，画出增值税税率关系图。

2. 简单回答"想一想"中的问题。

三、思政园地

扫描二维码并阅读《营改增为结构性改革再添动力》一文，思考国家在"营改增"改革方面的初心。

阅读材料：营改增为结构性
改革再添动力

任务评价

评价类目	评价内容及标准	分值	自己评分	小组评分	教师评分
学习态度	√ 全勤（5分）	10			
	√ 遵守课堂纪律（5分）				
学习过程	➢ 能说出本任务的学习目标（5分）	40			
	➢ 上课积极发言，积极回答"想一想"中的问题（5分）				
	➢ 掌握增值税的定义（10分）				
	➢ 知道一般纳税人与小规模纳税人的区别（10分）				
	➢ 能够说出增值税的各种税率（10分）				
学习结果	◆ "理论知识训练"考评（3分×6＝18分）	50			
	◆ "综合能力训练"考评（10分×2＝20分）				
	◆ "思政园地"考评（12分）				
合计		100			
所占比例/%		100	30	30	40
综合评分					

任务2.2 扛把子的小手绢——增值税发票的使用和管理

工作任务单及思维导图

工作任务	增值税发票的使用和管理	教学模式	任务驱动
建议学时	1	教学地点	一体化实训室
任务描述	你是办税大厅的资深办税人员，有一位公司财务人员来申领增值税发票，该员工属于新进员工，在增值税申领与使用方面存在一定的问题，你如何用最简单的方法处理好这个问题？		
学习目标	知识目标	1. 熟知增值税普通发票与一般发票的区别； 2. 熟知增值税发票管理细则	
	能力目标	1. 能够通过增值税开票系统申领发票； 2. 能够识别假发票	
	思政目标	1. 树立底线思维和红线意识 2. 提升职业归属感和社会责任感	
KPI 指标	税收法律关系表述准确、税制基本要素辨别到位		
思维导图			

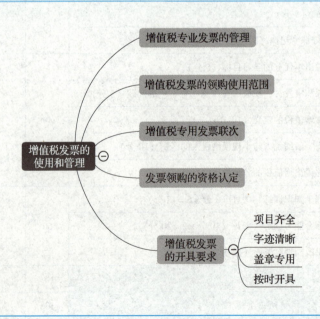

任务实施

❖ 想一想

《中华人民共和国刑法》第二百零五条规定：虚开增值税专用发票或者虚开用于骗取出口退税、抵扣税款的其他发票的，处三年以下有期徒刑或者拘役，并处二万元以上二十万元以下罚金；虚开的税款数额较大或者有其他严重情节的，处三年以上十年以下有期徒刑，并处五万元以上五十万元以下罚金；虚开的税款数额巨大或者有其他特别严重情节的，处十年以上有期徒刑或者无期徒刑，并处五万元以上五十万元以下罚金或者没收财产。

虚开增值税发票扰乱国家正常经济运行，损害国家利益，是经济违法中重点严厉惩治的犯罪行为。你能正确区分真、假增值税发票吗？请简单陈述如何区分真、假增值税发票。

_____

_____

_____

2.2.1 发票领购

1. 一般主体领购发票

1）发票领购种类

发票是指在购销商品、提供或者接受服务以及从事其他经营活动中，开具或收取的收付款凭证。它是明确交易双方完成交易的经济责任的一种证书，是企业进行会计核算的原始凭证，也是计缴税款的原始依据。

营改增以后，发票的种类随之发生了变化。目前一般将发票分为税控发票和通用机打发票，其中，税控发票包括增值税专用发票、增值税普通发票、机动车销售统一发票、增值税电子普通发票等。

2）申请领购发票

单位和个人向主管税务机关提出购票申请时，应填写纳税人领购发票票种核定申请表，并按要求提供加载统一社会信用代码的营业执照或者税务登记证件、经办人身份证明，以及发票专用章的印模。

3）领取发票购领簿

税务机关对纳税人提交的证件、资料进行审核后，符合规定的，即可核发发票领购簿。发票领购簿的内容一般包括用票单位和个人的名称、所属行业、经济类型、购票方式、核准购票种类、发票名称、领购日期、准购数量、起止号码、违章记录、领购人签字（盖章）、核发税务机关（章）等内容。

4）领购发票

纳税人应当根据发票领购簿核定的发票种类、数量以及购票方式，向主管税务机关领购发票。购票者在领购发票时应当根据主管税务机关的要求提供发票领购簿、税控IC卡（增值税一般纳税人使用）、发票专用章。

2. 特殊主体的发票领购规定

依法不需要办理税务登记的单位，如某些机关、团体、部队、学校和不从事生产、经营的事业单位，需要领购发票的，可以依照法律规定直接向主管税务机关申请领购。

临时到本省、自治区、直辖市以外从事经营活动的单位或者个人，应当持在机构所在地税务机关填报的"跨区域涉税事项报告表"向经营地税务机关申请领购或者填开经营地发票，并提供保证人或者根据所领购发票的票面限额及数量交纳不超过 1 万元的发票保证金，并限期缴销发票。按期缴销发票的，解除保证人的担保义务或者退还保证金；未按期缴销发票的，由保证人承担法律责任或者收缴保证金。

2.2.2　税务信息变更登记的办理

1. 税务信息变更登记条件

已领取"一照一码"营业执照的企业，如果生产经营地址、财务负责人、核算方式、从业人数、办税人等登记信息发生变化的，应向主管税务机关办理税务信息变更登记。除上述信息以外的其他登记信息发生变化的，应向工商部门办理税务信息变更登记。

2. 税务信息变更登记办理程序

1）纳税人提出变更申请

纳税人生产经营地址、财务负责人、核算方式、从业人数、办税人等登记信息发生变更时，应当向税务机关提出变更信息申请，填写"多证合一"登记信息确认表中涉及的变更项目，并按照主管税务机关的要求提供有关变更信息的资料或证明材料及其复印件。

2）税务机关受理并审核变更申请

税务机关应当对纳税人提交的各项资料进行审核，资料审核无误的，由税务机关在系统中录入有关变更信息并打印，交纳税人签章确认。

3. 纳税人办理停业、复业登记申请

1）申请对象的规定

实行定期定额征收方式的个体工商户，在营业执照核准的经营期限内需要停业的，应当在停业前向主管税务机关申报办理停业登记，并在恢复生产、经营之前，向税务机关申报办理复业登记。

2）办理停业登记程序

（1）提出申请。

纳税人应当在停业前向主管税务机关申报办理停业登记，并如实填写停业登记表，说明停业的理由、期限，停业前的纳税情况和发票的领、用、存情况。

（2）税务机关审核办理停业登记。

经税务机关审核（必要时可以进行实地审查），纳税人可以办理停业登记。在办理停业登记时，税务机关应当责成申请停业的纳税人结清税款，并收回发票领购簿和发票，办理停业登记。对不便收回的发票，税务机关应当就地予以封存。

4. 办理复业登记程序

1）提出申请

纳税人应当于恢复生产、经营之前，向税务机关申报办理复业登记，并如实填写停业、复业（提前复业）报告书。

2）税务机关审核办理复业登记

经税务机关确认，纳税人可以办理复业登记，领回或启用发票领购簿及发票，纳入正常管理。

2.2.3　增值税专用发票的管理

1. 增值税专用发票开具要求

（1）字迹清楚，不得涂改。如填写有误，应另行开具增值税专用发票，并在误填的增值税专用发票上注明"误填作废"四字，如增值税专用发票开具后因购货不索取而成为废票，也应按填写有误办理。

（2）项目填写齐全。

（3）票、物相符，票面金额与实际收取的金额相符。

（4）各项目内容正确无误。

2. 增值税专用发票联次

《增值税专用发票使用规定》中规定，增值税专用发票由基本联次或者基本联次附加其他联次构成，基本联次为三联：发票联、抵扣联和记账联。

发票联，作为购买方核算采购成本和增值税进项税额的记账凭证；抵扣联，作为购买方报送主管税务机关认证和留存备查的凭证；记账联，作为销售方核算销售收入和增值税销项税额的记账凭证。其他联次用途，由一般纳税人自行确定。

3. 增值税专用发票的领购

一般纳税人有下列情形之一者，不得领购使用增值税专用发票。

（1）会计核算不健全，不能按会计制度和税务机关的规定准确核算增值税销项税额、进项税额和应纳税额者。

（2）不能向税务机关准确提供增值税销项税额、进项税额、应纳税额数据及其他有关增值税税务资料者。

（3）有以下行为，经税务机关责令限期改正而仍未改正者。

①私自印制增值税专用发票。

②向个人或税务机关以外的单位购买增值税专用发票。

③借用他人的增值税专用发票。

④向他人提供增值税专用发票。

⑤未按规定开具增值税专用发票。

⑥未按规定保管增值税专用发票。

⑦未按规定申报增值税专用发票的购、用、存情况。

⑧未按规定接受税务机关检查。

（4）销售的货物全部属于免税项目者。

有上述情形的一般纳税人如已领购使用增值税专用发票，税务机关应收缴其结存的增值税专用发票。另外，国家税务总局还规定，纳税人当月购买增值税专用发票而未申报纳税的，税务机关不得向其发售增值税专用发票。

4. 增值税专用发票的管理

（1）对违反规定发生被盗、丢失增值税专用发票的纳税人，处1万元以下的罚款。纳税人丢失增值税专用发票后，必须按规定程序向当地主管税务机关、公安机关报失。

（2）对代开、虚开增值税专用发票的，按票面所列货物的适用税率全额征补税款，并按偷税给予处罚。

（3）购货方与销售方存在真实的交易，销售方使用的是其所在省（自治区、直辖市和计划单列市）的增值税专用发票，增值税专用发票上注明的销售方名称、印章、货物数量、金额及税额等全部内容与实际相符，且没有证据表明购货方知道销售方提供的增值税专用发票是以非法手段获得的，对购货方不以偷税或者骗取出口退税论处，但应按有关规定不予抵扣进项税款或者不予出口退税。

■ 任务实训

一、理论知识训练

1. 单项选择题

（1）增值专用发票的联次为（　　）。

A. 单联次　　　　　　　　　　　　B. 一式两联

C. 一式三联　　　　　　　　　　　D. 一式四联

（2）向税务机关申购增值税发票，不需要提供（　　）。

A. 申请书　　　　　　　　　　　　B. 税务行政许可申请表

C. 经办人身份证　　　　　　　　　D. 法人身份证

2. 多项选择题

（1）下列各项中，属于增值税专用发票"发票联"用途的有（　　　　）。

A. 购买方核算采购成本的记账凭证

B. 购买方报送税务机关认证和留存备查的扣税凭证

C. 购买方核算增值税进项税额的记账凭证

D. 销售方核算销售收入和增值税销项税额的记账凭证

（2）虚开增值税发票的行为包括（　　　　）

A. 为他人开具与实际经营业务情况不符的增值税发票

B. 让他人开具与实际经营业务情况不符的增值税发票

C. 介绍他人开具与实际经营业务情况不符的增值税发票

D. 为自己开具与实际经营业务情况不符的增值税发票

（3）增值税专用发票的联次包括（　　　　）。

A. 发票联　　　　　　　　　　　　B. 记账联

C. 抵扣联　　　　　　　　　　　　D. 领购联

二、综合能力训练

1. 用思维导图软件，画出发票领购示意图。

2. 陈述辨别真伪发票的方法。

三、思政园地

扫描二维码并阅读《浅谈假发票的危害与鉴别》一文，思考虚假发票对社会造成的危害以及国家铁腕治理虚假发票的初心。

阅读材料：
浅谈假发票的
危害与鉴别

■ 任务评价

评价类目	评价内容及标准	分值	自己评分	小组评分	教师评分
学习态度	√ 全勤（5分） √ 遵守课堂纪律（5分）	10			
学习过程	➤ 能说出本任务的学习目标（5分） ➤ 上课积极发言，积极回答"想一想"中的问题（5分） ➤ 掌握普通发票与专用发票的区别（10分） ➤ 掌握发票的申领过程，并能够熟练叙述（10分） ➤ 能够识别虚假发票（10分）	40			
学习结果	◆ "理论知识训练"考评（2分×5＝10分） ◆ "综合能力训练"考评（10分×2＝20分） ◆ "思政园地"考评（20分）	50			
合计		100			
所占比例/%		100	30	30	40
综合评分					

任务2.3　EASY模式——简易征税计算与申报

■ 工作任务单及思维导图

工作任务	简易征税计算与申报		教学模式	任务驱动
建议学时	1		教学地点	一体化实训室
任务描述	小张是一家小规模纳税企业的财务人员，企业销售产品时，可以开具增值税普通发票，如果对方强烈要求开具增值税专用发票，小张应该怎样做呢？			
学习目标	知识目标	1. 掌握增值税普通发票的基本特征； 2. 熟记简易计税的税率及优惠政策		
	能力目标	1. 能够正确开具增值税普通发票； 2. 能够掌握简易征税模式下企业增值税申报流程		
	思政目标	1. 积极探索社会主义制度下税收的服务特性； 2. 提升职业归属感和社会责任感		
KPI指标	准确计算简易计税税额			

续表

思维导图
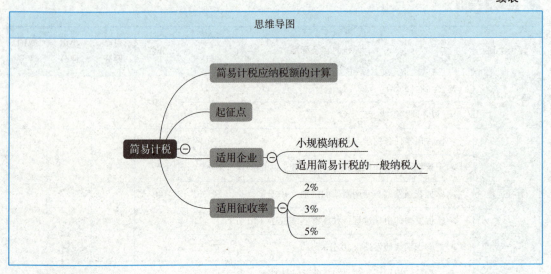

任务实施

※ 想一想

二十大报告指出，"加大税收、社会保障、转移支付等的调节力度。完善个人所得税制度，规范收入分配秩序，规范财富积累机制，保护合法收入，调节过高收入，取缔非法收入"。请思考个人所得税如何承担以上职责，应该调整哪些税种来实现加大税收调节力度的目标。

_____

_____

_____

2.3.1　简易征税计算

1. 小规模纳税人简易计税的计算

小规模纳税人发生应税销售行为采用简易计税方法计税，应按照销售额和征收率计算应纳增值税税额，不得抵扣进项税额。其计算公式为：

$$应纳税额 = 销售额 \times 征收率$$

简易计税方法的销售额不包括其应纳税额，纳税人采用销售额和应纳税额合并定价方法的，按照下列公式计算销售额：

$$销售额 = 含税销售额/(1 + 征收率)$$

纳税人适用简易计税方法计税的，因销售折让、中止或者退回而退还给购买方的销售额，应当从当期销售额中扣减。扣减当期销售额后仍有余额造成多缴的税款，可以从以后的应纳税额中扣减。

2. 一般纳税人选择简易计税

一般纳税人发生下列应税行为可以选择适用简易计税方法计税，不允许抵扣进项税额。

（1）公共交通运输服务，包括轮客渡、公交客运、地铁、城市轻轨、出租车、长途客运、班车。

（2）经认定的动漫企业为开发动漫产品提供的动漫脚本编撰、形象设计、背景设计、动画设计、分镜、动画制作、摄制、描线、上色、画面合成、配音、配乐、音效合成、剪辑、字幕制作、压缩转码（面向网络动漫、手机动漫格式适配）服务，以及在境内转让动漫版权（包括动漫品牌、形象或者内容的授权及再授权）。

（3）电影放映服务、仓储服务、装卸搬运服务、收派服务和文化体育服务。

（4）以纳入"营改增"试点之日前取得的有形动产为标的物提供的经营租赁服务。

（5）在纳入"营改增"试点之日前签订的尚未执行完毕的有形动产租赁合同。一般纳税人发生财政部和国家税务总局规定的特定应税行为，可以选择适用简易计税方法。

（6）一般纳税人销售货物属于下列情形之一的，暂按简易办法依照3%征收率计算缴纳增值税。

①寄售商店代销寄售物品（包括居民个人寄售的物品在内）。

②典当业销售死当物品。

③经国务院或国务院授权机关批准的免税商店零售的免税品。

（7）建筑服务的简易计税。

①一般纳税人以清包工方式提供的建筑服务、为甲供工程提供的建筑服务、为建筑工程老项目提供的建筑服务，可以选择适用简易计税方法依照3%征收率计税。以清包工方式提供建筑服务，是指施工方不采购建筑工程所需的材料或只采购辅助材料，并收取人工费、管理费或者其他费用的建筑服务；甲供工程，是指全部或部分设备、材料、动力由工程发包方自行采购的建筑工程。

②一般纳税人跨县（市）提供建筑服务，适用一般计税方法计税的，应以取得的全部价款和价外费用为销售额计算应纳税额。纳税人应以取得的全部价款和价外费用扣除支付的分包款后的余额，按照2%的预征率在建筑服务发生地预缴税款后，向机构所在地主管税务机关进行纳税申报。

③一般纳税人跨县（市）提供建筑服务，选择适用简易计税方法计税的，应以取得的全部价款和价外费用扣除支付的分包款后的余额为销售额，按照3%的征收率计算应纳税额。纳税人应按照上述计税方法在建筑服务发生地预缴税款后，向机构所在地主管税务机关进行纳税申报。

④试点纳税人中的小规模纳税人（以下称小规模纳税人）跨县（市）提供建筑服务，应以取得的全部价款和价外费用扣除支付的分包款后的余额为销售额，按照3%的征收率计算应纳税额。纳税人应按照上述计税方法在建筑服务发生地预缴税款后，向机构所在地主管税务机关进行纳税申报。

（8）销售不动产的简易计税。

①一般纳税人销售其在2016年4月30日前取得（不含自建）的不动产，可以选择适用简易计税方法，以取得的全部价款和价外费用减去该项不动产购置原价或者取得不动产时的作价后的余额为销售额，按照5%的征收率计算应纳税额。纳税人应按照上述计税方法在不动产所在地预缴税款后，向机构所在地主管税务机关进行纳税申报。

②一般纳税人销售其在2016年4月30日前自建的不动产，可以选择适用简易计税方法，以取得的全部价款和价外费用为销售额，按照5%的征收率计算应纳税额。纳税人应按照上述计税方法在不动产所在地预缴税款后，向机构所在地主管税务机关进行纳税申报。

③一般纳税人销售其在 2016 年 5 月 1 日后取得（不含自建）的不动产，应用一般计税方法，以取得的全部价款和价外费用为销售额计算应纳税额。纳税人应以取得的全部价款和价外费用减去该项不动产购置原价或者取得不动产时的作价后的余额，按照 5% 的预征率在不动产所在地预缴税款后，向机构所在地主管税务机关进行纳税申报。

④一般纳税人销售其在 2016 年 5 月 1 日后自建的不动产，应适用一般计税方法，以取得的全部价款和价外费用为销售额计算应纳税额。纳税人应以取得的全部价款和价外费用，按照 5% 的预征率在不动产所在地预缴税款后，向机构所在地主管税务机关进行纳税申报。

⑤小规模纳税人销售其取得（不含自建）的不动产（不含个体工商户销售购买的住房和其他个人销售不动产），应以取得的全部价款和价外费用减去该项不动产购置原价或者取得不动产时的作价后的余额为销售额，按照 5% 的征收率计算应纳税额。纳税人应按照上述计税方法在不动产所在地预缴税款后，向机构所在地主管税务机关进行纳税申报。

⑥小规模纳税人销售其自建的不动产，应以取得的全部价款和价外费用为销售额，按照 5% 的征收率计算应纳税额。纳税人应按照上述计税方法在不动产所在地预缴税款后，向机构所在地主管税务机关进行纳税申报。

计税方法一经选择，36 个月内不得变更。

2.3.2　简易征税申报流程

小规模纳税人申报纳税详细流程如下。

（1）登录国家税务总局官方网站，单击"办税服务"按钮。

（2）单击"自然人税收管理系统扣缴客户端"按钮进行下载。

（3）下载完成后根据向导进行设置，单击"立即体验"按钮，系统会自动从税务系统获取单位的办税信息。

（4）输入办税人员基本信息，设置密码，然后设置备份计划，单击"立即体验"按钮进入自然人客户端。

（5）单击"人员信息采集"按钮，单击"添加"按钮，单击"保存"按钮，单击"扣缴所得税报告表填写"按钮。

（6）单击"下一步"按钮报送申报表，单击左上角的"发送申报"按钮，单击"下一步"按钮进行税款的缴纳。

■ 任务实训

一、理论知识训练

1. 单项选择题

（1）跨县的建筑企业，如采用简易计税方式，预征率为（　　）。

A. 2%　　　　　　　B. 3%　　　　　　　C. 5%　　　　　　　D. 1%

（2）一般纳税人提供劳务派遣服务，可以按照简易计税方法依（　　）的征收率计算缴纳增值税。

A. 2%　　　　　　　B. 3%　　　　　　　C. 4%　　　　　　　D. 5%

（3）某商业零售企业为增值税小规模纳税人。该企业在 2020 年 6 月销售商品收入为 31 200 元（含增值税）。已知该企业增值税征收率为 3%。该企业 6 月应缴纳的增值税税额为（　　）元。

A. 1 200　　　　　　B. 1 248　　　　　　C. 908.74　　　　　　D. 1 872

2. 多项选择题

（1）下列各项中，增值税一般纳税人可选择按照简易计税方法计税的有（　　　）。

A. 房地产开发企业销售自行开发的房地产老项目

B. 出租在 2016 年 4 月 30 日前取得的不动产

C. 提供非学历教育服务

D. 以 2016 年 5 月 1 日后取得的不动产提供的融资租赁服务

（2）增值税一般纳税人提供下列应税服务，可以选择使用简易计税方法计税的有（　　　）。

A. 交通运输服务　　　　　　　　　B. 电影发行服务

C. 装卸搬运服务　　　　　　　　　D. 收派服务

二、综合能力训练

用思维导图软件，画出简易征税流程图。

三、创新创业项目训练

扫描二维码并阅读《疫情期间增值税小规模纳税人适用征收率的重要细节》一文，思考国家实行简易征税的初心。

任务评价

评价类目	评价内容及标准	分值	自己评分	小组评分	教师评分
学习态度	√ 全勤（5分）	10			
	√ 遵守课堂纪律（5分）				
学习过程	➢ 能说出本任务的学习目标（5分）	40			
	➢ 上课积极发言，积极回答"想一想"中的问题（5分）				
	➢ 掌握增值税发票的基本内容（10分）				
	➢ 掌握简易计税方法（10分）				
	➢ 能够开具增值税专用发票（10分）				
学习结果	◆ "理论知识训练"考评（3分×5＝15分）	50			
	◆ "综合能力训练"考评（10分×2＝20分）				
	◆ "创新创业项目训练"考评（15分）				
合计		100			
所占比例/%		100	30	30	40
综合评分					

任务2.4　供应商的来信——进项发票的采集

■ 工作任务单及参考流程图

工作任务	进项发票的采集		教学模式	任务驱动
建议学时	4		教学地点	一体化实训室
任务描述	月末，会计小张指导新来的税务会计进行进项发票采集工作。请绘制一张进项发票采集工作流程图			
学习目标	知识目标	1. 理解增值税进项税的抵扣原则； 2. 熟记进项税额可抵扣的几种情况		
	能力目标	1. 能够正确进行进项发票的采集； 2. 能够正确核算加计扣除进项税额的计算额		
	思政目标	1. 积极探索社会主义制度下税收的服务特性； 2. 体会增值税农产品加计扣除政策的初心		
KPI 指标	精简、高效、快速地将税务工作流程表述到位			
思维导图				

■ 任务实施

> ❈ **想一想**
>
> 小张刚入职企业，在查验上月账目时发现上任会计将所有进项税额全部作为抵扣项目进行了申报。上任会计的做法是否妥当？小张应如何进行处理？
>
> _____
>
> _____
>
> _____

2.4.1 进项税额的确定

进项税额，是指纳税人购进货物、劳务、服务、无形资产或者不动产，支付或者负担的增值税额。

1. 准予从销项税额扣除的进项税额

（1）从销售方取得的增值税专用发票（含税控机动车销售统一发票）上注明的增值税额。

（2）从海关取得的海关进口增值税专用缴款书上注明的增值税额。

（3）购进农产品，取得一般纳税人开具的增值税专用发票或者海关进口增值税专用缴款书的，以增值税专用发票或海关进口增值税专用缴款书上注明的增值税额为进项税额；从按照简易计税方法依照3%的征收率计算缴纳增值税的小规模纳税人取得增值税专用发票的，以增值税专用发票上注明的金额和9%的扣除率计算进项税额；取得（开具）农产品销售发票或收购发票的，以农产品收购发票或销售发票上注明的农产品买价和9%的扣除率计算进项税额；纳税人购进用于生产或者委托加工13%税率货物的农产品，按照10%的扣除率计算进项税额。进项税额计算公式为：

$$进项税额 = 买价 × 扣除率$$

购进农产品，按照《农产品增值税进项税额核定扣除试点实施办法》抵扣进项税额的除外。

（4）纳税人购进国内旅客运输服务而未取得增值税专用发票的，暂按照以下规定确定进项税额。

①取得增值税电子普通发票的，进项税额为发票上注明的税额。

②取得注明旅客身份信息的航空运输电子客票行程单的，按照下列公式计算进项税额：

$$航空旅客运输进项税额 = [(票价 + 燃油附加费)/(1 + 9\%)] × 9\%$$

③取得注明旅客身份信息的铁路车票的，按照下列公式计算进项税额：

$$铁路旅客运输进项税额 = [票面金额/(1 + 9\%)] × 9\%$$

④取得注明旅客身份信息的公路、水路等其他客票的，按照下列公式计算进项税额：

$$公路、水路等其他旅客运输进项税额 = [票面金额/(1 + 3\%)] × 3\%$$

（5）自境外单位或者个人购进劳务、服务、无形资产或者境内的不动产，进项税额为从税务机关或者扣缴义务人取得的代缴税款的完税凭证上注明的增值税额。

（6）原增值税一般纳税人购进货物或者接受劳务，用于《销售服务、无形资产或者不动产注释》所列项目的，不属于《增值税暂行条例》第十条规定不得抵扣进项税额的项目，其进项税额准予从销项税额中抵扣。

（7）原增值税一般纳税人购进服务、无形资产或者不动产，取得的增值税专用发票上注明的增值税额为进项税额，准予从销项税额中抵扣。

（8）原增值税一般纳税人自用的应征消费税的摩托车、汽车、游艇，其进项税额准予从销项税额中抵扣。

纳税人购进货物、劳务、服务、无形资产、不动产，取得的增值税扣税凭证不符合法律、行政法规或者国务院税务主管部门有关规定的，其进项税额不得从销项税额中抵扣。

增值税扣税凭证，是指增值税专用发票、海关进口增值税专用缴款书、农产品收购发票、农产品销售发票、完税凭证和符合规定的国内旅客运输发票。

纳税人凭完税凭证抵扣进项税额的，应当具备书面合同、付款证明和境外单位的对账单或者发票。资料不全的，其进项税额不得从销项税额中抵扣。

2. 不得从销项税额中抵扣的进项税额

（1）用于简易计税方法计税项目、免征增值税项目、集体福利或者个人消费的购进货物、劳务、服务、无形资产和不动产。其中涉及的固定资产、无形资产、不动产，仅指专用于上述项目的固定资产、无形资产（不包括其他权益性无形资产）、不动产。

如果是既用于上述不允许抵扣项目又用于抵扣项目的，该进项税额准予全部抵扣。自2018年1月1日起，纳税人租入固定资产、不动产，既用于一般计税方法计税项目，又用于简易计税方法计税项目、免征增值税项目、集体福利或者个人消费的，其进项税额准予从销项税额中全额抵扣。

纳税人的交际应酬消费属于个人消费。

（2）非正常损失的购进货物，以及相关的劳务和交通运输服务。

（3）非正常损失的在产品、产成品所耗用的购进货物（不包括固定资产）、劳务和交通运输服务。

（4）非正常损失的不动产，以及该不动产所耗用的购进货物、设计服务和建筑服务。

（5）非正常损失的不动产在建工程所耗用的购进货物、设计服务和建筑服务。纳税人新建、改建、扩建、修缮、装饰不动产，均属于不动产在建工程。

（6）购进的贷款服务、餐饮服务、居民日常服务和娱乐服务。

（7）纳税人接受贷款服务向贷款方支付的与该笔贷款直接相关的投融资顾问费、手续费、咨询费等费用，其进项税额不得从销项税额中抵扣。

（8）财政部和国家税务总局规定的其他情形。

上述第（4）项、第（5）项所称货物，是指构成不动产实体的材料和设备，包括建筑装饰材料和给排水、采暖、卫生、通风、照明、通信、煤气、消防、中央空调、电梯、电气、智能化楼宇设备及配套设施。

不动产、无形资产的具体范围，按照《销售服务、无形资产或者不动产注释》执行。固定资产，是指使用期限超过12个月的机器、机械、运输工具以及其他与生产经营有关的设备、工具、器具等有形动产。

非正常损失，是指管理不善造成货物被盗、丢失、霉烂变质，以及违反法律法规造成货物或者不动产被依法没收、销毁、拆除的情形。

2.4.2　进项税额特殊规定

（1）适用一般计税方法的纳税人，兼营简易计税方法计税项目、免征增值税项目而无法划分不得抵扣的进项税额，按照下列公式计算不得抵扣的进项税额：

不得抵扣的进项税额 = 当期无法划分的全部进项税额 ×（当期简易计税方法计税项目销售额 + 免征增值税项目销售额）/当期全部销售额

税务机关可以按照上述公式依据年度数据对不得抵扣的进项税额进行清算。

（2）一般纳税人当期购进的货物或劳务用于生产经营的，其进项税额在当期销项税额中予以抵扣。但已抵扣进项税额的购进货物或劳务如果事后改变用途，用于集体福利或者个人消费、购进货物发生非正常损失、在产品或产成品发生非正常损失等，应当将该项购进货物或者劳务的进项税额从当期的进项税额中扣减；无法确定该项进项税额的，按当期外购项目的实际成本计算应扣减的进项税额。

（3）已抵扣进项税额的固定资产，发生不得从销项税额中抵扣情形的，应在当月按下列公式计算不得抵扣的进项税额：

$$不得抵扣的进项税额 = 固定资产净值 × 适用税率$$

固定资产净值，是指纳税人按照财务会计制度计提折旧后计算的固定资产净值。

（4）已抵扣进项税额的购进服务，发生不得从销项税额中抵扣情形（简易计税方法计税项目、免征增值税项目除外）的，应当将该进项税额从当期进项税额中扣减；无法确定该进项税额的，按照当期实际成本计算应扣减的进项税额。

（5）已抵扣进项税额的无形资产，发生不得从销项税额中抵扣情形的，按照下列公式计算不得抵扣的进项税额：

$$不得抵扣的进项税额 = 无形资产净值 × 适用税率$$

无形资产净值，是指纳税人根据财务会计制度摊销后的余额。

（6）已抵扣进项税额的不动产，发生非正常损失，或者改变用途，专用于简易计税方法计税项目、免征增值税项目、集体福利或者个人消费的，按照下列公式计算不得抵扣的进项税额，并从当期进项税额中扣减：

$$不得抵扣的进项税额 = 已抵扣进项税额 × 不动产净值率$$

$$不动产净值率 =（不动产净值/不动产原值）× 100\%$$

（7）纳税人适用一般计税方法计税的，因销售折让、中止或者退回而退还给购买方的增值税额，应当从当期的销项税额中扣减；因销售折让、中止或者退回而收回的增值税额，应当从当期的进项税额中扣减。

（8）自 2019 年 4 月 1 日起，增值税一般纳税人取得不动产或者不动产在建工程的进项税额不再分 2 年抵扣。此前按照规定尚未抵扣完毕的待抵扣进项税额，可自 2019 年 4 月税款所属期起从销项税额中抵扣。取得不动产，包括以直接购买、接受捐赠、接受投资入股、自建以及抵债等各种形式取得不动产。

（9）不得抵扣且未抵扣进项税额的固定资产、无形资产，发生用途改变，用于允许抵扣进项税额的应税项目，可在用途改变的次月按照下列公式，计算可以抵扣的进项税额：

$$可以抵扣的进项税额 = [固定资产、无形资产净值/（1 + 适用税率）] × 适用税率$$

上述可以抵扣的进项税额应取得合法有效的增值税扣税凭证。

（10）按照规定不得抵扣进项税额的不动产，发生改变用途，用于允许抵扣进项税额项目的，按照下列公式在改变用途的次月计算可以抵扣的进项税额：

$$可以抵扣的进项税额 = 增值税扣税凭证注明或计算的进项税额 × 不动产净值率$$

2.4.3 特殊纳税人应纳税额的计算

有下列情形之一者，应当按照销售额和增值税税率计算应纳税额，不得抵扣进项税额，也不得使用增值税专用发票。

（1）一般纳税人会计核算不健全，或者不能够提供准确税务资料的。

（2）应当办理一般纳税人资格登记而未办理的。

■ 任务实训

一、理论知识训练

1. 单项选择题

（1）甲公司为增值税一般纳税人。2020 年 3 月 8 日，甲公司从岳阳购进一批材料，所取得的增值税专用发票上注明的售价为 10 万元，增值税税额为 1.3 万元，取得可抵扣的运杂费增值税发票 1 万元，增值税税额为 0.13 万元，取得劳务费普通发票 2 万元，增值税税额为 0.26 万元，甲公司当月进项税额合计（　　　）万元。

A. 1.3　　　　　　　　　　　　　B. 1.43

C. 1.69　　　　　　　　　　　　 D. 1.56

（2）厦华公司为增值税一般纳税人，下列事项中，可抵扣的进项税额为（　　　）。

A. 购进存货取得普通发票　　　　 B. 构建产品用于职工消费

C. 购进存货被盗　　　　　　　　 D. 取得运费增值税专用发票

2. 多项选择题

（1）下列情形中，可以抵扣的进项税额为（　　　　　）。

A. 购进无形资产取得增值税专用发票　　B. 购进原材料取得增值税专用发票

C. 购进不动产取得增值税专用发票　　　D. 采购低值易耗品取得普通发票

（2）下列情形中，进项税额不得抵扣的有（　　　　　）

A. 支付运费取得普通发票　　　　 B. 购进存货发生火灾

C. 购进商品作为福利发放给职工　 D. 购进存货被水灾损毁

（3）在以下哪些情况下需要将增值税做进项转出处理？（　　　　　）

A. 用于集体福利　　　　　　　　 B. 用于个人消费

C. 非正常损失　　　　　　　　　 D. 捐赠

二、综合能力训练

用思维导图软件，画出进项税额采集图。

三、思政园地

扫描二维码并阅读《农业支持保护篇：真金白银支持农业"强筋壮骨"》一文，思考国家进项税抵扣的初心。

阅读材料：真金白银
支持农业"强筋壮骨"

■ 任务评价

评价类目	评价内容及标准	分值	自己评分	小组评分	教师评分
学习态度	√ 全勤（5分）	10			
	√ 遵守课堂纪律（5分）				

评价类目	评价内容及标准	分值	自己评分	小组评分	教师评分
学习过程	➤ 能说出本任务的学习目标（5分） ➤ 上课积极发言，积极回答"想一想"中的问题（5分） ➤ 掌握准予扣除的增值税进项税额（10分） ➤ 掌握增值税进项税额采集方法（10分） ➤ 能够正确计算增值税进项税额（10分）	40			
学习结果	◆ "理论知识训练"考评（3分×5＝15分） ◆ "综合能力训练"考评（20分×1＝20分） ◆ "思政园地"考评（15分）	50			
合计		100			
所占比例/%		100	30	30	40
综合评分					

任务2.5　给客户的回信——增值税专用发票的开具

工作任务单及参考流程图

工作任务	制作开具增值税专用发票流程图		教学模式	任务驱动
建议学时	2		教学地点	一体化实训室
任务描述	月初，因岗位调动，小张需将开票业务移交新来的会计小王。请绘制开具增值税专用发票流程图，帮助小张顺利移交业务。			
学习目标	知识目标	1. 理解增值税销项税额的计算依据； 2. 熟记销项税额优惠政策		
	能力目标	1. 能够正确开具增值税专用发票； 2. 能够根据销售货物或提供劳务的类型判别税率		
	思政目标	1. 积极探索社会主义制度下税收的服务特性； 2. 体会增值税销项税额不同税率的指引作用		
KPI指标	精简、高效、快速地将开具增值税专用发票的流程表述到位			

续表

思维导图
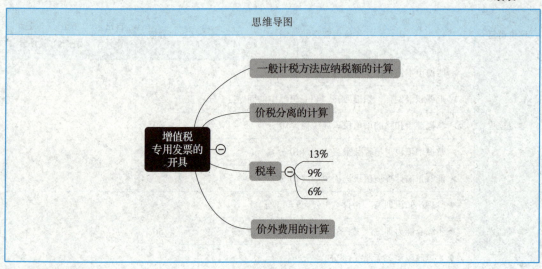

■ **任务实施**

◈ 想一想

供给侧改革是近几年政府提到最多的一项改革措施，国家为什么要进行供给侧改革？供给侧改革给我们带来哪些影响？

_____

_____

_____

2.5.1　一般销售额的确定

销售额的定义

销售额，是指纳税人发生应税销售行为而向购买方收取的全部价款和价外费用，但是不包括收取的销项税额。价外费用，包括价外向购买方收取的手续费、补贴、基金、集资费、返还利润、奖励费、违约金、滞纳金、延期付款利息、赔偿金、代收款项、代垫款项、包装费、包装物租金、储备费、优质费、运输装卸费以及其他各种性质的价外收费。

下列项目不包括在销售额内。

（1）受托加工应征消费税的消费品所代收代缴的消费税。

（2）同时符合以下条件代为收取的政府性基金或者行政事业性收费：由国务院或者财政部批准设立的政府性基金，由国务院或者省级人民政府及其财政、价格主管部门批准设立的行政事业性收费；收取时开具省级以上财政部门印制的财政票据；所收款项全额上缴财政。

（3）在销售货物的同时代办保险等而向购买方收取的保险费，以及向购买方收取的代购买方缴纳的车辆购置税、车辆牌照费。

（4）以委托方名义开具发票而代委托方收取的款项。

由于在实际生活中，销项税额与销售额同时收取，出于消费者购买的整体支付考虑，常常出现纳税人将销售货物的销售额和销项税额合并定价的情况。遇到这种情况，在计税时先要将含税销售额换算为不含税销售额，其换算公式为：

$$销售额 = 含税销售额/(1 + 税率)$$

2.5.2 视同销售情况下销售额的确定

《增值税暂行条例实施细则》规定了8种视同销售行为，这8种视同销售行为一般不以资金的形式反映出来，因此会出现无销售额的情况。在此情况下，税务机关有权按照下列顺序核定其销售额。

（1）按纳税人最近时期同类货物的平均销售价格确定。

（2）按其他纳税人最近时期同类货物的平均销售价格确定。

（3）按组成计税价格确定。其计算公式为：

$$组成计税价格 = 成本 × (1 + 成本利润率)$$

征收增值税的货物，同时又征收消费税的，其组成计税价格中应包含消费税税额。

其计算公式为：

$$组成计税价格 = 成本 × (1 + 成本利润率)/消费税税额$$

或

$$组成计税价格 = 成本 × (1 + 成本利润率)/(1 - 消费税税率)$$

公式中的成本分两种情况：一是销售自产货物的为实际生产成本；二是销售外购货物的为实际采购成本。公式中的成本利润率为10%，但属于应从价定率征收消费税的货物，其组成计税价格公式中的成本利润率，为《消费税若干具体问题的规定》中规定的成本利润率。

纳税人销售货物或者劳务的价格明显偏低并无正当理由的，由税务机关按照上述方法核定其销售额。

纳税人销售服务、无形资产或者不动产价格明显偏低或者偏高且不具有合理商业目的的，或者发生无销售额的，税务机关有权按照下列顺序确定销售额。

（1）按照纳税人最近时期销售同类服务、无形资产或者不动产的平均价格确定。

（2）按照其他纳税人最近时期销售同类服务、无形资产或者不动产的平均价格确定。

（3）按照组成计税价格确定。组成计税价格的公式为：

$$组成计税价格 = 成本 × (1 + 成本利润率)$$

成本利润率由国家税务总局确定。

不具有合理商业目的，是指以谋取税收利益为主要目的，通过人为安排，减少、免除、推迟缴纳增值税税款，或者增加退还增值税税款。

2.5.3 服务销售额的确定

（1）贷款服务，以提供贷款服务取得的全部利息及利息性质的收入为销售额。

（2）直接收费金融服务，以提供直接收费金融服务收取的手续费、佣金、酬金、管理费、服务费、经手费、开户费、过户费、结算费、转托管费等各类费用为销售额。

（3）金融商品转让，按照卖出价扣除买入价后的余额为销售额。转让金融商品出现的正负差，以盈亏相抵后的余额为销售额。若相抵后出现负差，可结转下一纳税期与下期转让金融商品销售额相抵，但年末时仍出现负差的，不得转入下一个会计年度。

金融商品的买入价，可以选择按照加权平均法或者移动加权平均法进行核算，选择后36个月内不得变更。

金融商品转让，不得开具增值税专用发票。

（4）经纪代理服务，以取得的全部价款和价外费用，扣除向委托方收取并代为支付的政府性基金或者行政事业性收费后的余额为销售额。向委托方收取的政府性基金或者行政事业性收费，不得开具增值税专用发票。

（5）劳务派遣服务，可选择差额计税，以扣除代用工单位支付给劳务派遣员工的工资、福利和为其办理社会保险及住房公积金后的余额计税。

（6）融资租赁和融资性售后回租业务。

①经中国人民银行、银监会（现银保监会）或者商务部批准从事融资租赁业务的纳税人，提供融资租赁服务，以取得的全部价款和价外费用，扣除支付的借款利息（包括外汇借款和人民币借款利息）、发行债券利息和车辆购置税后的余额为销售额。

②经中国人民银行、银监会（现银保监会）或者商务部批准从事融资租赁业务的纳税人，提供融资性售后回租服务，以取得的全部价款和价外费用（不含本金），扣除对外支付的借款利息（包括外汇借款和人民币借款利息）、发行债券利息后的余额作为销售额。

（7）航空运输企业的销售额，不包括代收的机场建设费和代售其他航空运输企业客票而代收转付的价款。

（8）一般纳税人提供客运场站服务，以其取得的全部价款和价外费用，扣除支付给承运方运费后的余额为销售额。

（9）一般纳税人提供旅游服务，可以选择以取得的全部价款和价外费用，扣除向旅游服务购买方收取并支付给其他单位或者个人的住宿费、餐饮费、交通费、签证费、门票费和支付给其他接团旅游企业的旅游费用后的余额为销售额。

选择上述办法计算销售额的纳税人，向旅游服务购买方收取并支付的上述费用，不得开具增值税专用发票，可以开具增值税普通发票。

（10）一般纳税人提供建筑服务适用简易计税方法的，以取得的全部价款和价外费用扣除支付的分包款后的余额为销售额。

（11）房地产开发企业中的一般纳税人销售其开发的房地产项目（选择简易计税方法的房地产老项目除外），以取得的全部价款和价外费用，扣除受让土地时向政府部门支付的土地价款后的余额为销售额。

房地产老项目，是指《建筑工程施工许可证》注明的合同开工日期在2016年4月30日前的房地产项目；未取得《建筑工程施工许可证》的，建筑工程承包合同注明的开工日期在2016年4月30日前的建筑工程项目。

（12）纳税人按照上述（4）～（11）款的规定从全部价款和价外费用中扣除的价款，应当取得符合法律、行政法规和国家税务总局规定的有效凭证。否则，不得扣除。

上述凭证是指：

①支付给境内单位或者个人的款项，以发票为合法有效凭证；

②支付给境外单位或者个人的款项，以该单位或者个人的签收单据为合法有效凭证，税务机关对签收单据有疑议的，可以要求其提供境外公证机构的确认证明；

③缴纳的税款，以完税凭证为合法有效凭证；

④扣除的政府性基金、行政事业性收费或者向政府支付的土地价款，以省级以上（含省级）财政部门监（印）制的财政票据为合法有效凭证；

⑤国家税务总局规定的其他凭证；

纳税人取得的上述凭证属于增值税扣税凭证的，其进项税额不得从销项税额中抵扣。

2.5.4　应纳税额的确定

一般纳税人销售货物、劳务、服务、无形资产、不动产（以下简称应税销售行为），采取一般计税方法计算应纳增值税额。其计算公式为：

$$应纳税额 = 当期销项税额 - 当期进项税额$$

当期销项税额小于当期进项税额不足抵扣时，其不足部分可以结转下期继续抵扣。

任务实训

一、理论知识训练

1. 单项选择题

（1）根据增值税法律制度的规定，夏华公司发生的下列业务，不得从销项税额中抵扣进项税额的是（　　　）。

A. 购进生产用原材料所支付的增值税款

B. 水灾损失材料所支付的增值税款

C. 因管理不善被盗材料所支付的增值税款

D. 购进机器设备所支付的增值税款

（2）根据增值税法律制度的规定，下列关于计税销售额的下列表述中，错误的有（　　　）。

A. 金融企业转让金融商品，以卖出价扣除买入价后的余额为销售额

B. 银行提供贷款服务，以提供贷款服务取得的全部利息及利息性质的收入为销售额

C. 建筑企业提供建筑服务适用一般计税方法的，以取得的全部价款和价外费用扣除支付的分包款后的余额为销售额

D. 房地产开发企业销售其开发的房地产项目适用一般计税方法的，以取得的全部价款和价外费用，扣除受让土地时向政府部门支付的土地价款后的余额为销售额

（3）某家具厂为增值税一般纳税人，销售货物 30 000 元（不含税），则该家具厂的增值税销项税额为（　　　）元。

A. 3 900　　　　　　　　B. 5 270　　　　　　　　C. 5 245.30　　　　　　　　D. 5 621.36

2. 多项选择题

（1）增值税一般纳税人的下列行为中，应视同销售货物，征收增值税的有（　　　）。

A. 食品厂将自产的月饼发给职工作为中秋节的福利

B. 商场将购进的服装发给职工用于运动会入场式

C. 计算机生产企业将自产的计算机分配给投资者

D. 纺织厂将自产的窗帘用于职工活动中心

（2）根据增值税法律制度的规定，下列行为中，属于视同销售服务或无形资产的有（　　　）。

A. 单位向客户无偿转让专利技术使用权

B. 单位向客户无偿提供运输服务

C. 单位向本单位员工无偿提供搬家服务

D. 单位向本单位员工无偿提供房屋装饰服务

二、综合能力训练

用思维导图软件，画出确定销项税额的几种情况。

三、思政园地

扫描二维码并阅读《为什么要进行营改增》一文，思考国家税收不断变化的原因？

阅读材料：为什么要进行营改增

任务评价

评价类目	评价内容及标准	分值	自己评分	小组评分	教师评分
学习态度	√ 全勤（5分）	10			
	√ 遵守课堂纪律（5分）				
学习过程	➤ 能说出本任务的学习目标（5分）	40			
	➤ 上课积极发言，积极回答"想一想"中的问题（5分）				
	➤ 掌握销项税额的计算依据（10分）				
	➤ 掌握销项税额的优惠政策（10分）				
	➤ 能够判别不同业务的销项税率（10分）				
学习结果	◆ "理论知识训练"考评（4分×5＝20分）	50			
	◆ "综合能力训练"考评（10分×1＝10分）				
	◆ "思政园地"考评（20分）				
合计		100			
所占比例/%		100	30	30	40
综合评分					

任务2.6 那些小意外——
特殊业务处理

工作任务单及参考流程图

工作任务	特殊业务处理	教学模式	任务驱动
建议学时	2	教学地点	一体化实训室
任务描述	小张在转岗之前要制作税务会计的业务流程图，请你以小张的角度制作对应的业务流程图用以指导工作		

续表

学习目标	知识目标	1. 了解增值税特殊业务的种类 2. 清晰分辨特殊业务对增值税计算的影响
	能力目标	1. 能够开具增值税折扣发票 2. 能够正确开具增值税红字发票
	思政目标	1. 树立底线思维、红线意识，以遵守和维护法律为己任； 2. 培养大国情怀，发扬螺丝钉精神
KPI 指标		精简、高效、快速地将特殊业务处理表述到位。
思维导图		

任务实施

◈ 想一想

我们去逛商场，总是看到"折扣销售"的字样，却很少看到直接满减的优惠。商场为什么偏爱这种促销手段？

请同学们从增值税纳税的角度进行思考。

_____

_____

_____

2.6.1　特殊销售方式下销售额的确定

1. 折扣销售

折扣销售，是指销货方在销售货物或应税劳务时，因促销或购货方购买需求量大等原因而给予购货方的价格优惠。例如，电商平台上常常进行的 5 折促销等。由于折扣是在实现销售时同时发生的，所以税法规定，如果销售额和折扣额在同一张发票上分别注明，可以折扣后的余额作为销售额计算增值税；如果将折扣额另开发票，不论其在财务上如何处理，均不得从销售额中减除折扣额。

这里需要注意的是，折扣销售不同于销售折扣和销售折让。

销售折扣是指销货方在销售货物、提供应税劳务或发生应税行为后，为了鼓励购货方及早偿还货款而协议许诺给予购货方的一种折扣优惠。销售折扣在会计实务中又称为现金折扣，例如，8 天内付款，货款折扣为 5%；15 天内付款，货款折扣为 2%；30 天内全价付款。销售折扣是销售一方为了更快地收回货款而给予购买方的鼓励措施，属于财务费用。因此，销售折扣不得从销售额中减除。

销售折让是指货物销售后，其品种、质量等不符合标准，购货方未予退货，但销货方需给予购货方的一种价格折让。销售折让与销售折扣相比，它们虽然都是在货物销售后发生的，但因为销售折让是由于货物的品种和质量问题而引起销售额的减少，所以对销售折让可以折让后的货款为销售额。可以将已开出的增值税发票收回作废后，重新开具增值税发票处理。

2. 以旧换新

以旧换新，是指纳税人在销售自己的货物时，有偿收回旧货物的行为。采取以旧换新方式销售货物的，应按新货物的同期销售价格确定销售额，不得扣减旧货物的收购价格。

但是，对金银首饰以旧换新业务，可以按销售方实际收取的不含增值税的全部价款征收增值税。

3. 还本销售

还本销售，是指纳税人在销售货物后，到一定期限由销售方一次或分次退还给购货方全部或部分价款。采取还本销售方式销售货物，其销售额就是货物的销售价格，不得从销售额中减除还本支出。

4. 以物易物

以物易物，是指购销双方不是以货币结算，而是以同等价款的货物结算，实现货物购销的一种方式。以物易物双方都应做购销处理，以各自发出的货物核算销售额并计算销项税额，以各自收到的货物按规定核算购货额并计算进项税额。在以物易物活动中，应分别开具合法的票据，如收到的货物不能取得相应的增值税专用发票或其他合法票据，则不能抵扣进项税额。

5. 包装物押金

包装物，是指纳税人包装本单位货物的各种物品。纳税人为销售货物而出租出借包装物收取的押金，单独记账核算的、时间在一年以内又未过期的，不并入销售额征税；但对因逾期未收回包装物不再退还的押金，应按所包装货物的适用税率计算销项税额。

逾期，是指按合同约定实际逾期或以 1 年为期限；对收取 1 年以上的押金，无论是否退还均并入销售额征税。在将包装物押金并入销售额征税时，需要先将该押金换算为不含税价，再并入销售额征税。

对销售除啤酒、黄酒外的其他酒类产品而收取的包装物押金，无论是否返还以及会计上如何核算，均应并入当期销售额征税。对销售啤酒、黄酒所收取的押金，按上述一般押金的规定处理。

包装物押金不同于包装物租金，包装物租金在销货时作为价外费用并入销售额计算销项税额。

2.6.2　视同销售

税法规定，对视同销售征税而无销售额的，按下列顺序确定其销售额。

（1）按纳税人最近时期同类货物、服务、无形资产或不动产的平均销售价格确定。

（2）按其他纳税人最近时期同类货物、服务、无形资产或不动产的平均销售价格确定。

（3）按组成计税价格确定。

组成计税价格的公式如下：

$$组成计税价格 = 成本 \times (1 + 成本利润率)$$

属于应征消费税的货物，其组成计税价格中应加计消费税税额。组成计税价格的公式如下：

$$组成计税价格 = 成本 \times (1 + 成本利润率)/(1 - 消费税税率)$$

对于公式中的成本，销售自产货物的为实际生产成本，销售外购货物的为实际采购成本。公式中的成本利润率由国家税务总局确定为10%，但属于从价定率征收消费税的货物，其组成计税价格公式中的成本利润率，为《消费税若干具体问题的规定》中规定的成本利润率。

2.6.3　销售额确定的其他特殊规定

（1）航空运输企业的销售额，不包括代收的机场建设费和代售其他航空运输企业客票而代收转付的价款。

（2）试点纳税人中的一般纳税人提供客运场站服务，以其取得的全部价款和价外费用，扣除支付给承运方运费后的余额为销售额。

（3）试点纳税人提供旅游服务，可以选择以取得的全部价款和价外费用，扣除向旅游服务购买方收取并支付给其他单位或者个人的住宿费、餐饮费、交通费、签证费、门票费和支付给其他接团旅游企业的旅游费用后的余额为销售额。选择上述办法计算销售额的试点纳税人，向旅游服务购买方收取并支付的上述费用，不得开具增值税专用发票，可以开具增值税普通发票。

（4）试点纳税人提供建筑服务适用简易计税方法的，以取得的全部价款和价外费用扣除支付的分包款后的余额为销售额。

（5）房地产开发企业中的一般纳税人销售其开发的房地产项目（选择简易计税方法的房地产老项目除外），以取得的全部价款和价外费用，扣除受让土地时向政府部门支付的土地价款后的余额为销售额。房地产老项目，是指《建筑工程施工许可证》上注明的合同开工日期在2016年4月30日前的房地产项目。

税法规定从全部价款和价外费用中扣除的价款，应当取得符合法律、行政法规和国家税务总局规定的有效凭证。否则，不得扣除。

任务实训

一、理论知识训练

1. 单项选择题

（1）某商场采用"以旧换新"方式销售商品，取得现金收入5 800元；取得旧货物若干件，收购金额为2 320元，该货物适用增值税税率为13%。此项业务应申报的增值税销项税额是（　　）元。

A. 7 165.12　　　　B. 326　　　　C. 456　　　　D. 934.16

（2）某机床厂生产、销售精密机床，同时经营一家非独立核算的饭店，它属于（　　）。

A. 混合销售行为　　　　　　　　B. 一般销售行为

C. 兼营非应税劳务行为　　　　　　D. 视同销售行为

（3）下列项目中，不需要征收增值税的是（　　　）。

A. 农业生产者出售的初级农产品

B. 邮局销售报纸、杂志

C. 企业转让商标取得的收入

D. 企业将自产钢材用于扩建厂房

（4）下列不属于增值税纳税人销售中价外费用的是（　　　）。

A. 代收款项和代垫款项

B. 包装费和包装物租金

C. 向购买方收取的销项税额

D. 受托加工应征消费税的消费品收回后继续加工所代收代缴的消费税

二、综合能力训练

用思维导图软件，画出特殊业务增值税处理关系图。

三、思政园地

扫描二维码并阅读《推动形成国内国际双循环发展新格局》一文，思考国家持续强化出口业务的原因。

阅读材料：推动形成国内国际双循环发展新格局

■ 任务评价

评价类目	评价内容及标准	分值	自己评分	小组评分	教师评分
学习态度	√ 全勤（5分）	10			
	√ 遵守课堂纪律（5分）				
学习过程	➤ 能说出本任务的学习目标（5分）	40			
	➤ 上课积极发言，积极回答"想一想"中的问题（5分）				
	➤ 掌握特殊业务的主要类型（10分）				
	➤ 掌握特殊业务的涉税计算（10分）				
	➤ 能够阐述特殊业务增值税计算方法（10分）				
学习结果	◆ "理论知识训练"考评（4分×4＝14分）	50			
	◆ "综合能力训练"考评（10分×1＝10分）				
	◆ "思政园地"考评（26分）				
合计		100			
所占比例/%		100	30	30	40
综合评分					

任务2.7 "护犊子"的温柔——出口货物"免、抵、退"税

工作任务单及参考流程图

工作任务	制作"免、抵、退"税申报流程图	教学模式	任务驱动
建议学时	2	教学地点	一体化实训室
任务描述	2022年，某企业开拓了国际贸易方面的业务，经过岗位调整，小张轮岗到贸易会计岗位。为了快速掌握"免、抵、退"税申报流程，请帮助小张采用流程图的方式来快速总结"免'抵、退"税申报流程		
学习目标	知识目标	1. 了解出口货物增值税"免、抵、退"税适用范围； 2. 理解增值税"免、抵、退"税基本计算过程	
	能力目标	1. 能够计算出口货物"免、抵、退"税额； 2. 能够正确填写增值税申报表中"免、抵、退"税额度	
	思政目标	1. 树立底线思维、红线意识，以遵守和维护法律为己任； 2. 培养大国情怀，发扬螺丝钉精神	
KPI指标	精简、高效、快速地将"免、抵、退"税表述到位		
思维导图			

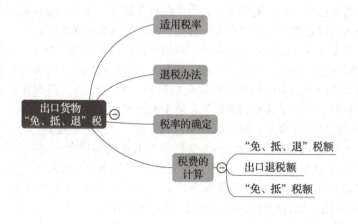

任务实施

※ 想一想

从中国制造到中国质造，再到现在提倡的中国智造，中国的制造业正一步一步地迈向科技制造行列。为什么要提倡科技兴国？如果不提倡科技兴国会导致什么后果？请深入思考并展开讨论。

_____

_____

_____

2.7.1 出口退（免）税的概念

我国的出口货物、劳务或服务退（免）税，是指在国际贸易业务中，对我国报关出口的货物、劳务或服务，退还或免征国内各生产和流通环节的增值税和消费税，即对增值税出口货物、劳务或服务实行零税率，对消费税出口货物、劳务或服务免税。出口货物、劳务或服务适用零税率，不但出口环节不必纳税，还可以退还以前环节已纳税款。这就是人们通常所说的"出口退税"。

2.7.2 出口退（免）税的适用范围

1. 出口免税并退税

出口免税是指对货物在出口销售环节不征增值税、消费税，这是把货物出口环节与出口前的销售环节都同样视为一个征税环节。出口退税是指对货物在出口前实际承担的税收，按规定的退税率计算后予以退还。

下列出口货物和劳务，除另有规定外，给予免税并退税：①出口企业出口货物；②出口企业或其他单位视同出口货物；③出口企业对外提供加工修理修配劳务。

对境内单位和个人提供的国际运输服务、向境外单位提供的研发服务和设计服务，航天运输服务，往返我国香港、澳门、台湾的交通运输服务以及在我国香港、澳门、台湾提供的交通运输服务；境内单位和个人向境外单位提供广播影视节目（作品）的制作和发行服务；技术转让服务、软件服务、电路设计及测试服务、信息系统服务、业务流程管理服务，以及合同标的物在境外的合同能源管理服务；离岸服务外包业务实行增值税零税率。

境内单位和个人属于增值税一般计税方法的适用增值税零税率，生产企业实行"免、抵、退"税办法。外贸企业分两种情形，如果属于外购应税服务出口的实行"免、退"税办法；如果属于直接将适用增值税零税率应税服务出口，视同生产企业连同其出口货物统一实行"免、抵、退"税办法，如自行开发设计的应税服务项目出口。

2. 出口免税不退税

出口免税，是指对货物在出口销售环节不征收增值税、消费税；出口不退税，是指适用这个政策的出口货物因在前一道生产、销售环节或进口环节是免税的，所以出口时该货物的价格中本身就不含税，也无须退税。

下列企业出口的货物、劳务，除另有规定外，适用增值税免税政策。

1）出口企业或其他单位出口规定的货物

（1）增值税小规模纳税人出口的货物。

（2）避孕药品和用具、古旧图书。

（3）软件产品。其具体范围是指海关税则号前四位为"9803"的货物。

（4）含黄金、铂金成分的货物，钻石及其饰品。

（5）国家计划内出口的卷烟。

（6）已使用过的设备。其具体范围是指购进时未取得增值税专用发票、海关进口增值税专用缴款书，但其他相关单证齐全的已使用过的设备。

（7）非出口企业委托出口的货物。

（8）非列名生产企业出口的非视同自产货物。

（9）农业生产者自产农产品。

（10）油画、花生果仁、黑大豆等财政部和国家税务总局规定的出口免税的货物。

（11）外贸企业取得普通发票、废旧物资收购凭证、农产品收购发票、政府非税收入票据的货物。

（12）来料加工复出口的货物。

（13）特殊区域内的企业出口的特殊区域内的货物。

（14）以人民币现金作为结算方式的边境地区出口企业从所在省（自治区）的边境口岸出口到接壤国家的一般贸易和边境小额贸易出口货物。

（15）以旅游购物贸易方式报关出口的货物。

境内单位和个人提供适用增值税零税率的应税服务，如果适用简易计税方法，则实行免征增值税办法，如小规模企业应税服务出口。

2）出口企业或其他单位视同出口的货物、劳务

（1）国家批准设立的免税店销售的免税货物。

（2）特殊区域内的企业为境外的单位或个人提供加工修理修配劳务。

（3）同一特殊区域、不同特殊区域内的企业之间销售特殊区域内的货物。

3）出口企业或其他单位未按规定申报或未补齐增值税退（免）税凭证的出口货物、劳务

（1）未在国家税务总局规定的期限内申报增值税退（免）税的出口货物。

（2）未在规定期限内申报开具"代理出口货物证明"的出口货物、劳务。

（3）已申报增值税退（免）税，却未在国家税务总局规定的期限内向税务机关补齐增值税退（免）税凭证的出口货物、劳务。

4）出口不免税也不退税

下列出口货物劳务，不免税也不退税，即适用增值税征税政策。

（1）出口企业出口或视同出口财政部和国家税务总局根据国务院决定明确的取消出口退（免）税的货物。

（2）出口企业或其他单位销售给特殊区域内的生活消费用品和交通运输工具。

（3）出口企业或其他单位因骗取出口退税被税务机关停止办理增值税退（免）税期间出口的货物。

（4）出口企业或其他单位提供虚假备案单证的货物。

（5）出口企业或其他单位增值税退（免）税凭证有伪造情形或内容不实的货物。

（6）出口企业或其他单位未在国家税务总局规定期限内申报免税核销以及经主管税务机关审核不予免税核销的出口卷烟。

（7）出口企业或其他单位具有其他特殊情形的出口货物、劳务。

2.7.3　出口货物增值税退税率

出口货物增值税退税率，是指出口货物的实际退税额与退税计税依据的比例。

1. 退税率一般规定

除财政部和国家税务总局根据国务院决定而明确的增值税出口退税率（以下称退税率）外，出口货物的退税率为其适用税率。国家会根据对外贸易的实际情况对退税率做出及时的调整，在申报出口退税时应查询国家税务总局发布的出口退税率文库，按照当时的有关规定执行。

2. 退税率特殊规定

（1）外贸企业购进按简易办法征税的出口货物、从小规模纳税人购进的出口货物，其退税率分别为简易办法实际执行的征收率、小规模纳税人征收率。上述出口货物取得增值税专用发票的，退税率按照增值税专用发票上的税率和出口货物退税率孰低的原则确定。

（2）出口企业委托加工修理修配货物，其加工修理修配费用的退税率，为出口货物的退税率。

（3）出口服务的纳税人的适用退税率为其在境内提供对应服务的增值税税率。

（4）适用不同退税率的货物、劳务，应分开报关、核算并申报退（免）税，未分开报关、核算或划分不清的，从低适用退税率。

2.7.4　出口货物增值税退税额

我国增值税出口退税的计算有两种方法，一是"免、抵、退"税办法，主要适用于自营出口或者委托外贸企业出口自产货物的生产企业；二是"先征后退"税办法，主要适用于收购货物出口的外（工）贸企业。

实行"营改增"的境内单位和个人属于增值税一般计税方法的适用增值税零税率。生产企业实行"免、抵、退"税办法。外贸企业分两种情形：属于外购应税服务出口的实行"免、退"税办法；属于直接将适用增值税零税率应税服务出口的，视同生产企业连同其出口货物统一实行"免、抵、退"税办法，如自行开发设计的应税服务项目出口。

1. "免、抵、退"税计算方法

生产企业自营出口或者委托外贸企业代理出口的自产货物，除另有规定外，一律实行"免、抵、退"税办法。其中，"免"税，是指生产企业出口的自产货物，免征本企业生产销售环节的增值税；"抵"税，是指生产企业出口的自产货物所耗用的原材料、零部件、燃料、动力等所含应予退还的进项税额，抵顶内销货物应纳税额；"退"税，是指生产企业出口的自产货物应抵顶的进项税额大于应纳税额时，对未抵顶完的部分予以退税。

在没有免税购进材料的情况下，生产企业"免、抵、退"税额的具体的计算公式如下：

当期应纳税额 = 内销货物应纳税额 −（当期进项税额 − 不得免征和抵扣的税额）−
上期期末留抵税额

不得免征和抵扣的税额 = 离岸价 × 汇率 ×（征税率 − 退税率）

"免、抵、退"税额 = 离岸价 × 汇率 × 出口退税率

当期"免、抵"税额 = 当期"免、抵、退"税额 − 当期应退税额

2. 出口货物采用"先征后退"税的计算方法

由于外贸企业出口销售环节免征增值税，其购进货物已纳的增值税在报关出口后按照规定的退税率予以退还。

任务实训

一、理论知识训练

单项选择题

（1）某进出口公司在 2022 年 6 月购进牛仔布委托加工成服装出口，取得牛仔布增值税发票一张，注明计税金额为 10 000 元；取得服装加工费计税金额 2 000 元，受托方将原料成本并入加工修理修配费用并开具了增值税专用发票。假设退税税率为 13%，该企业应退税额为（　　）元。

A. 1 300　　　　　　　　　　　　B. 260

C. 1 560　　　　　　　　　　　　D. 1 024

（2）下列各项中，适用增值税出口"免、退"税办法的是（　　）。

A. 委托出口自产货物的生产企业

B. 自营出口自产货物的生产企业

C. 生产企业委托外贸企业代理出口货物

D. 收购货物出口的外贸企业

（3）兴通外贸公司在 2018 年 8 月购进及出口情况如下：第一次购进吹风机 500 台，单价为 150 元/台；第二次购进吹风机 200 台，单价为 148 元/台（均已取得增值税专用发票）；将两次外购的吹风机 700 台报关出口，离岸单价为 20 美元/台，此笔出口已收汇并做销售处理。该笔出口业务应退增值税为（　　）元。（美元与人民币比价为 1∶6.8，退税率为 13%）

A. 13 559　　　　　　　　　　　　B. 13 598

C. 15 106　　　　　　　　　　　　D. 17 782

（4）下列出口货物，适用免税并退税政策的是（　　）。

A. 出口企业对外援助的出口货物

B. 来料加工复出口的货物

C. 出口古旧图书

D. 特殊区域内的企业出口的特殊区域内的货物

二、综合能力训练

用思维导图软件，画出出口"免、抵、退"税关系图。

三、思政园地

扫描二维码并阅读《科技兴国，科技强国》一文，思考国家持续强化出口业务的原因。

阅读材料：科技兴国，
科技强国

任务评价

评价类目	评价内容及标准		分值	自己评分	小组评分	教师评分
学习态度	√ 全勤（5分）		10			
	√ 遵守课堂纪律（5分）					

续表

评价类目	评价内容及标准	分值	自己评分	小组评分	教师评分
学习过程	➢ 能说出本任务的学习目标（5分） ➢ 上课积极发言，积极回答"想一想"中的问题（5分） ➢ 掌握货物的免抵退范围（10分） ➢ 掌握货物"免、抵、退"税计算方法（10分） ➢ 能够阐述纳税申报中"免、抵、退"税的内容（10分）	40			
学习结果	◆ "理论知识训练"考评（4分×7＝28分） ◆ "综合能力训练"考评（10分×1＝10分） ◆ "思政园地"考评（12分）	50			
合计		100			
所占比例/%		100	30	30	40
综合评分					

任务2.8　每月的"例行公事"——增值税纳税申报

工作任务单及思维导图

工作任务	增值税纳税申报	教学模式	任务驱动
建议学时	1	教学地点	一体化实训室
任务描述	小张在转岗之后不但要承担国际贸易出口退税的计算与申报，还要进行增值税纳税申报，请绘制增值税纳税申报流程图，帮助小张更快地适应工作		
学习目标	知识目标	1. 掌握增值税纳税义务发生时间； 2. 了解增值税纳税申报流程	
	能力目标	1. 能够进行普通企业的增值税纳税申报； 2. 能够正确填写增值税纳税申报表	
	思政目标	1. 树立底线思维、红线意识，以遵守和维护法律为己任； 2. 培养爱岗敬业的精神	
KPI指标	准确掌握税收的特性，掌握增值税纳税申报流程		

续表

思维导图
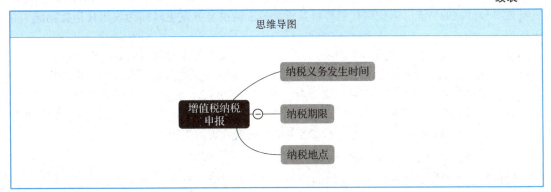

任务实施

※ 想一想

　　财政部税务总局《关于进一步持续加快增值税期末留抵退税政策实施进度的公告》指出："符合条件的制造业等行业大型企业，可以自 2022 年 6 月纳税申报期起向主管税务机关申请一次性退还存量留抵税额。2022 年 6 月 30 日前，在纳税人自愿申请的基础上，集中退还大型企业存量留抵税额"。请思考这一条例发布的时代意义。

_____

_____

_____

2.8.1　纳税义务发生时间

1. 销售业务纳税义务发生时间

　　纳税人发生应税销售行为，纳税义务发生时间为收讫销售款项或者取得索取销售款项凭据的当天；先开具发票的，纳税义务发生时间为开具发票的当天。具体如下。

　　（1）采取直接收款方式销售货物，不论货物是否发出，纳税义务发生时间均为收到销售款或者取得索取销售款凭据的当天。

　　纳税人生产经营活动中采取直接收款方式销售货物，已将货物移送对方并暂估销售收入入账，但既未取得销售款或取得索取销售款凭据也未开具销售发票的，纳税义务发生时间为取得销售款或取得索取销售款凭据的当天；先开具发票的，纳税义务发生时间为开具发票的当天。

　　（2）采取托收承付和委托银行收款方式销售货物，纳税义务发生时间为发出货物并办妥托收手续的当天。

　　（3）采取赊销和分期收款方式销售货物，纳税义务发生时间为书面合同约定的收款日期的当天，无书面合同的或者书面合同没有约定收款日期的，纳税义务发生时间为货物发出的当天。

　　（4）采取预收货款方式销售货物，纳税义务发生时间为货物发出的当天，但生产销售生产工期超过 12 个月的大型机械设备、船舶、飞机等货物，纳税义务发生时间为收到预收款或者书面合同约定的收款日期的当天。

（5）委托其他纳税人代销货物，纳税义务发生时间为收到代销单位的代销清单或者收到全部或部分货款的当天。未收到代销清单及货款的，纳税义务发生时间为发出代销货物满180天的当天。

（6）纳税人提供租赁服务采取预收款方式的，纳税义务发生时间为收到预收款的当天。

（7）纳税人从事金融商品转让的，纳税义务发生时间为金融商品所有权转移的当天。

（8）纳税人发生相关视同销售货物行为，纳税义务发生时间为货物移送的当天。

（9）纳税人发生视同销售劳务、服务、无形资产、不动产情形的，纳税义务发生时间为劳务、服务、无形资产转让完成的当天或者不动产权属变更的当天。

2. 购进货物纳税义务发生时间

纳税人进口货物，纳税义务发生时间为报关进口的当天。

3. 增值税扣缴义务发生时间

增值税扣缴义务发生时间为纳税人增值税纳税义务发生的当天。

2.8.2 纳税地点

1. 固定业户纳税地点

（1）固定业户应当向其机构所在地的税务机关申报纳税。总机构和分支机构不在同一县（市）的，应当分别向各自所在地的税务机关申报纳税；经国务院财政、税务部门或者其授权的财政、税务机关批准，可以由总机构汇总向总机构所在地的税务机关申报纳税。

（2）固定业户到外县（市）销售货物或者劳务的，应当向其机构所在地的税务机关报告外出经营事项，并向其机构所在地的税务机关申报纳税；未报告的，应当向销售地或者劳务发生地的税务机关申报纳税；未向销售地或者劳务发生地的税务机关申报纳税的，由其机构所在地的税务机关补征税款。

2. 非固定业户纳税地点

非固定业户销售货物或者劳务，应当向销售地或者劳务发生地的税务机关申报纳税；未向销售地或者劳务发生地的税务机关申报纳税的，由其机构所在地或者居住地的税务机关补征税款。

3. 其他规定

（1）进口货物，应当向报关地海关申报纳税。

（2）其他个人提供建筑服务，销售或者租赁不动产，转让自然资源使用权，应向建筑服务发生地、不动产所在地、自然资源所在地税务机关申报纳税。

（3）扣缴义务人应当向其机构所在地或者居住地的税务机关申报缴纳其扣缴的税款。

任务实训

一、理论知识训练

1. 单项选择题

（1）下列各项中，不符合有关增值税纳税地点规定的是（   ）。

A. 进口货物，应当由进口人或其代理人向报关地海关申报纳税

B. 非固定业户销售货物或者提供应税劳务，应当向销售地或劳务发生地主管税务机关申报纳税

C. 非固定业户销售货物，一律向其机构所在地缴纳税款

D. 固定业户到外县（市）销售货物未向销售地主管税务机关申报纳税的，由其机构所在地主管税务机关补征税款

（2）下列增值税纳税人中，以 1 个月为纳税期限的是（　　）。

A. 信用社　　　　　　B. 财务公司　　　　　C. 商业银行　　　　　D. 保险公司

（3）甲公司于 2019 年 4 月 30 日（周六）进口一批货物并于当日申报进境，当日纳税人收到海关填发的税款缴款书，则该公司最晚向银行缴纳税款的期限为（　　）。

A. 5 月 13 日　　　　B. 5 月 14 日　　　　　C. 5 月 15 日　　　　　D. 5 月 16 日

2. 判断题

（1）固定业户应当向其机构所在地的税务机关申报纳税。（　　）

（2）其他个人提供建筑服务、销售或者租赁不动产、转让自然资源使用权，应向建筑服务发生地、不动产所在地、自然资源所在地税务机关申报纳税。（　　）

二、综合能力训练

用思维导图软件，画出纳税义务发生时间和纳税地点关系图。

三、思政园地

扫描二维码并阅读《开局之年减税降费"新意"背后有"深意"》一文，思考国家不断降费减税的初心。

阅读材料：开局之年减税降费
"新意"背后有"深意"

任务评价

评价类目	评价内容及标准	分值	自己评分	小组评分	教师评分
学习态度	√ 全勤（5分）	10			
	√ 遵守课堂纪律（5分）				
学习过程	➤ 能说出本任务的学习目标（5分）	40			
	➤ 上课积极发言，积极回答"想一想"中的问题（5分）				
	➤ 掌握增值税纳税义务发生时间（10分）				
	➤ 知道增值税纳税流程（10分）				
	➤ 能够熟练掌握纳税申报表的填制方法（10分）				
学习结果	◆ "理论知识训练"考评（6分×5＝30分）	50			
	◆ "综合能力训练"考评（10分×1＝10分）				
	◆ "思政园地"考评（10分）				
合计		100			
所占比例/%		100	30	30	40
综合评分					

项目实施

（1）仓储服务费增值税适用税率为6%，应纳税额为318 000÷（1+6%）=300 000（元），销项税额为300 000×6%=18 000（元）。

（2）该业务属于现金折扣销售业务，折扣金额不得从销售额中减除，因此应纳税额为200 000÷（1+13%）=176 991.15（元），销项税额为176 991.17×13%=23 008.85（元）。

（3）该笔采购业务涉及的装卸费属于价外费用，应并入销售额计算应纳税额，因此应纳税额为1 600 000+2 260÷（1+13%）=1 602 000（元），进项税额为1 602 000×13%=208 260（元）。

（4）应纳税额为20 000元，进项税额为1 800元。

（5）进口化妆品应纳税额为（100 000+10 000）×（1+5%）=115 500（元），进项税额为115 500×13%=15 015（元）。

（6）该业务属于不动产租赁业务，但该不动产取得时间在2016年4月30日之前，因此只能开具增值税普通发票，且适用于5%的征收率，因此应纳税额为210 000÷（1+5%）=200 000（元），销项税额为200 000*5%=10 000（元）。

（7）该笔采购业务涉及的装卸费属于价外费用，应并入销售额计算应纳税额，因此应纳税额为2 250 000+3 390÷（1+13%）=2 253 000元，进项税额为2 253 000×13%=292 890（元）。

（8）个体户开具的增值税普通发票进项税额无法抵扣，不需要计算。

（9）外购包装物，应纳税额为10 000元，进项税额为1 300元。

（10）购进商品，应纳税额为1 200 000元，进项税额为156 000元。

（11）该笔销售业务涉及收取价外包装物押金，包装物押金不属于价外费用，因此不需要缴纳增值税，应纳税额为400 000元，销项税额为52 000元。

（12）该业务属于不动产租赁业务，适用税率为9%，不动产取得时间在2016年4月30日之后，因此应纳税额为218 000÷（1+9%）=200 000（元），销项税额为200 000×9%=18 000（元）。

（13）该业务包装物押金逾期超过1年，超过1年（含1年）以上仍不退还的均并入销售额缴税，因此应纳税额为2 000÷（1+13%）=1 769.91（元），销项税额为1 769.91×13%=230.09（元）。

（14）外购商品用于员工福利，对应的进项税额需要转出，进项税额转出金额为46 200×13%=4 006（元）。

（15）销售润滑油的包装物能单独计价，因此需要随商品适用13%的税率，应纳税额为600 000+6 000÷（1+13%）=605 209.73（元），销项税额为605 209.73×13%=78 690.27（元）。

（16）应纳税额为2 000 000元，进项税额为260 000元。

（17）该业务为出口业务，出口免税，出口退税率为13%，因此应退税额为2 000 000×13%=260 000（元）。

（18）该业务涉及国内旅客运费进项税额抵扣和道路通行费进项税额抵扣，高铁票可抵扣进项税654÷（1+9%）×9%=54（元），道路通行费可抵扣进项税103÷（1+3%）×3%=3（元），住宿费可抵扣进项税954÷（1+5%）×5%=54（元）。

（19）该业务涉及退货，发票需要冲红，应冲减应纳税额为140 000元，应冲减销项税额为18 200元。

（20）该业务对应业务（2），在约定的 20 天内付款，享受 2% 现金折扣，但不需要做销项税额的调整。

（21）该业务对应业务（11），因产品质量问题给予销售折让，但不需要调整应纳税额，所以销项税额不需要做调整。

（22）该业务属于转让金融资产，应纳税额为 $(1\,000\,000 - 900\,000) \div (1 + 6\%) = 94\,339.62$（元），销项税额为 $94\,339.62 \times 6\% = 5\,660.38$（元）。

（23）购进农产品，适用 9% 的扣除率，进项税额为 $50\,000 \times 9\% = 4\,500$（元）。

（24）银行存款利息的税金不允许抵扣。

（25）销售使用过的、已抵扣进项税额的固定资产，适用 13% 的税率，应纳税额为 $226\,000 \div (1 + 13\%) = 200\,000$（元），销项税额为 $200\,000 \times 13\% = 26\,000$（元）。

（26）油卡储值业务属于预售资金，不缴纳增值税。

（27）公司自有车辆在加油站加油，属于非应税项目，入账成本中的运输成本税率为 9%，商品成本税率为 13%，进项税额转出额为 $800 \times 13\% + 10 \times 9\% = 104.9$（元）。

（28）购进的红酒虽然取得了增值税专用发票，但明确说明用于业务招待，因此进项税不允许抵扣。

（29）该业务属于折扣销售业务，且折扣额在同一张发票上注明，因此应纳税额为 $300\,000 \times (1 - 5\%) \div (1 + 13\%) = 252\,212.39$（元），销项税额为 $252\,212.39 \times 13\% = 32\,787.61$（元）。

（30）管理不善造成库存商品盘亏，入账成本中的运输成本税率为 9%，商品成本税率为 13%，进项税额转出额为 $80\,100 \times 13\% + 1\,000 \times 9\% = 10\,503$（元）。

（31）销售农产品享受免征增值税的优惠，不需要缴纳增值税。

（32）3 月销售 92# 汽油应纳税额和销项税额如表 2 - 1 所示。

表 2 - 1　3 月销售 92# 汽油应纳税额和销项税额　　　　　　　　　　元

项目	专票	普票	未开票	合计
应纳税额	707 964.6	619 469.03	265 486.73	1 592 920.36
销项税额	92 035.4	80 530.97	34 513.27	207 079.64

（33）3 月销售 0# 柴油应纳税额和销项税额如表 2 - 2 所示。

表 2 - 2　3 月销售 0# 柴油应纳税额和销项税额　　　　　　　　　　元

项目	专票	普票	未开票	合计
应纳税额	1 327 433.63	707 964.6	442 477.88	2 477 876.11
销项税额	172 566.37	92 035.4	57 522.12	322 123.89

增值税及附加税费申报表如表 2 - 3 所示。增值税及附加税费申报附列资料如表 2 - 4 ～表 2 - 8 所示。

增值税减免税申报明细表如表 2 - 9 所示。

表2－3　增值税及附加税费申报表

（一般纳税人适用）

根据国家税收法律法规及增值税相关税收规定制定本表。纳税人不论有无销售额，均应按税务机关核定的纳税期限填写本表，并向当地税务机关申报。

税款所属时间：自2021年3月1日至2021年3月31日　填表日期：2021年4月10日　金额单位：元（列至角分）

纳税人识别号（统一社会信用代码）：91430000183798828　所属行业：批发零售

纳税人名称：××××石油贸易有限公司		法定代表人姓名：×××	注册地址：湖南省长沙市天心区	生产经营地址：湖南省长沙市天心区	
开户银行及账号：12314245457583458456		登记注册类型：有限责任公司		电话号码：0731－84828822	

项　目	栏次	一般项目		即征即退项目	
		本月数	本年累计	本月数	本年累计
销售额 （一）按适用税率计税销售额	1	6 581 172.34	略		
其中：应税货物销售额	2	6 581 172.34			
应税劳务销售额	3				
纳税检查调整的销售额	4				
（二）按简易办法计税销售额	5	200 000			
其中：纳税检查调整的销售额	6				
（三）免、抵、退办法出口销售额	7			—	—
（四）免税销售额	8	2 160 000		—	—
其中：免税货物销售额	9	2 160 000		—	—
免税劳务销售额	10			—	—
税款计算 销项税额	11	709 454.27			
进项税额	12	939 876			
上期留抵税额	13				

续表

纳税人名称：××××石油贸易有限公司		法定代表人姓名	×××	注册地址	湖南省长沙市天心区	生产经营地址	湖南省长沙市天心区	
开户银行及账号	12314245457583	4562	登记注册类型		有限责任公司		电话号码	0731-84828822

项目	栏次	一般项目		即征即退项目	
		本月数	本年累计	本月数	本年累计
进项税额转出	14	279 113.9			
免、抵、退应退税额	15			—	—
按适用税率计算的纳税检查应补缴税额	16			—	—
应抵扣税额合计	17=12+13-14-15+16	660 762.1	—		
实际抵扣税额	18（如17<11，则为17，否则为11）	660 762.1			
应纳税额	19=11-18	48 692.17			
期末留抵税额	20=17-18				
简易计税办法计算的应纳税额	21	10 000			
按简易计税办法计算的纳税检查应补缴税额	22			—	
应纳税额减征额	23				
应纳税额合计	24=19+21-23	58 692.17			

续表

纳税人名称：××××石油贸易有限公司		法定代表人姓名 ×××		注册地址 湖南省长沙市天心区		生产经营地址 湖南省长沙市天心区	
开户银行及账号 123142454575834562		登记注册类型 有限责任公司				电话号码 0731-84828822	

	项　目	栏次	一般项目		即征即退项目	
			本月数	本年累计	本月数	本年累计
税款缴纳	期初未缴税额（多缴为负数）	25				
	实收出口开具专用缴款书退税额	26			—	—
	本期已缴税额	27＝28＋29＋30＋31	0			
	①分次预缴税额	28		—		—
	②出口开具专用缴款书预缴税额	29				
	③本期缴纳上期应纳税额	30				
	④本期缴纳欠缴税额	31				
	期末未缴税额（多缴为负数）	32＝24＋25＋26－27	58 692.17			
	其中：欠缴税额（≥0）	33＝25＋26－27	0			
	本期应补（退）税额	34＝24－28－29	58 692.17		—	—
	即征即退实际退税额	35	—	—		
	期初未缴查补税额	36			—	
	本期入库查补税额	37			—	—
	期末未缴查补税额	38＝16＋22＋36－37				—

续表

纳税人名称：×××× 石油贸易有限公司		法定代表人姓名：×××		注册地址：湖南省长沙市天心区		生产经营地址：湖南省长沙市天心区	
开户银行及账号：12314245457583 4562		登记注册类型：有限责任公司				电话号码：0731－84828822	
项　目		栏次	一般项目		即征即退项目		
			本月数	本年累计	本月数	本年累计	
附加税费	城市维护建设税本期应补（退）税额	39		—	—	—	
	教育费附加本期应补（退）费额	40		—	—	—	
	地方教育附加本期应补（退）费额	41		—	—	—	

声明：此表是根据国家税收法律法规及相关规定填写的，本人（单位）对填报内容（及附带资料）的真实性、可靠性、完整性负责。

纳税人（签章）：

年　月　日

经办人：	受理人：
经办人身份证号：	受理日期：　　年　月　日
代理机构签章：	受理税务机关（章）：
代理机构统一社会信用代码：	

表2-4　增值税及附加税费申报表附列资料（一）

（本期销售情况明细）

税款所属时间：自2021年3月1日至2021年3月31日

纳税人名称：(公章)　　　　　　　　　　　　　　　　　　　　金额单位：元（列至角分）

项目及栏次		开具增值税专用发票		开具其他发票		未开具发票		纳税检查调整		合计		价税合计	服务、不动产和无形资产扣除项目本期实际扣除金额	扣除后	
项目	栏次	销售额	销项（应纳）税额	销售额	销项（应纳）税额	销售额	销项（应纳）税额	销售额	销项（应纳）税额	销售额	销项（应纳）税额			含税（免税）销售额	销项（应纳）税额
		1	2	3	4	5	6	7	8	9=1+3+5+7	10=2+4+6+8	11=9+10	12	13=11-12	14=13÷(100%+税率或征收率)×税率或征收率
一、一般计税方法计税　全部征税项目　13%税率的货物及加工修理修配劳务	1	2 900 607.96	377 092.04	1 327 433.63	172 436.37	709 734.52	92 265.48			4 937 776.11	641 793.89	—	—	—	—
13%税率的服务、不动产和无形资产	2	200 000.00	26 000.00							200 000.00	26 000.00	226 000.00	—	226 000.00	26 000.00
9%税率的货物及加工修理修配劳务	3											—	—	—	—
9%税率的服务、不动产和无形资产	4	200 000.00	18 000.00							200 000.00	18 000.00	218 000.00	—	218 000.00	18 000.00
6%税率	5	300 000.00	18 000.00			943 396.23	56 603.77			1 243 396.23	74 603.77	1 318 000.00	900 000.00	418 000.00	23 660.38
其中：即征即退项目　即征即退货物及加工修理修配劳务	6	—	—	—	—	—	—	—	—	—	—	—	—	—	—
即征即退服务、不动产和无形资产	7	—	—	—	—	—	—	—	—	—	—	—	—	—	—

续表

项目及栏次	开具增值税专用发票		开具其他发票		未开具发票		纳税检查调整		合计			服务、不动产和无形资产扣除项目本期实际扣除金额	扣除后	
	销售额	销项(应纳)税额	销售额	销项(应纳)税额	销售额	销项(应纳)税额	销售额	销项(应纳)税额	销售额	销项(应纳)税额	价税合计		含税(免税)销售额	销项(应纳)税额
	1	2	3	4	5	6	7	8	9=1+3+5+7	10=2+4+6+8	11=9+10	12	13=11-12	14=13÷(100%+税率或征收率)×税率或征收率
二、简易方法计税计税														
全部征税项目														
8　6%征收率														
9a　5%征收率的货物及加工修理修配劳务														
9b　5%征收率的服务、不动产和无形资产			200 000.00	10 000.00					200 000.00	10 000.00	210 000.00		210 000.00	10 000.00
10　4%征收率														
11　3%征收率的货物及加工修理修配劳务														
12　3%征收率的服务、不动产和无形资产							—	—				—	—	—
13a　预征率　%														
13b　预征率　%														
13c　预征率　%														
其中：即征即退项目														
14　即征即退货物及加工修理修配劳务	—	—			—	—	—	—	—	—	—	—	—	—
15　即征即退服务、不动产和无形资产	—	—			—	—	—	—	—	—	—	—	—	—

续表

项目及栏次		开具增值税专用发票		开具其他发票		未开具发票		纳税检查调整		合计			服务、不动产和无形资产扣除项目本期实际扣除金额	扣除后	
		销售额	销项(应纳)税额	销售额	销项(应纳)税额	销售额	销项(应纳)税额	销售额	销项(应纳)税额	销售额	销项(应纳)税额	价税合计		含税(免税)销售额	销项(应纳)税额
		1	2	3	4	5	6	7	8	$9=1+3+5+7$	$10=2+4+6+8$	$11=9+10$	12	$13=11-12$	$14=13\div(100\%+税率或征收率)\times税率或征收率$
三、"免、退、抵"税	货物及加工修理修配劳务 16	—	—	—	—	—	—	—	—	—	—	—	—	—	—
	服务、不动产和无形资产 17	—	—	—	—	—	—	—	—	—	—	—	—	—	—
四、免税	货物及加工修理修配劳务 18	—	—	2 100 000.00	—	60 000.00	—	—	—	2 160 000.00	—	—	—	—	—
	服务、不动产和无形资产 19	—	—	—	—	—	—	—	—	—	—	—	—	—	—

表2-5 增值税及附加税费申报表附列资料（二）

（本期进项税额明细）

税款所属时间：自2021年3月1日至2021年3月31日

纳税人名称：（公章）

金额单位：元（列至角分）

一、申报抵扣的进项税额

项目	栏次	份数	金额	税额
（一）认证相符的增值税专用发票	1＝2＋3			920 304
其中：本期认证相符且本期申报抵扣	2		7 085 900	920 304
前期认证相符且本期申报抵扣	3			
（二）其他扣税凭证	4＝5＋6＋7＋8a＋8b			19 572
其中：海关进口增值税专用缴款书	5		115 500	15 015
农产品收购发票或者销售发票	6		50 000	4 500
代扣代缴税收缴款凭证	7	—	—	
加计扣除农产品进项税额	8a	—	—	
其他	8b	—	700	57
（三）本期用于购建不动产的扣税凭证	9			
（四）本期用于抵扣的旅客运输服务扣税凭证	10		600	54
（五）外贸企业进项税额抵扣证明	11	—	—	
当期申报抵扣进项税额合计	12＝1＋4＋11			939 876

二、进项税额转出额

项目	栏次	税额
本期进项税额转出额	13＝14至23之和	279 113.9
其中：免税项目用	14	264 500

续表

二、进项税额转出额

项目	栏次	税额
集体福利、个人消费	15	4 006
非正常损失	16	10 503
简易计税方法征税项目用	17	
免抵退税办法不得抵扣的进项税额	18	
纳税检查调减进项税额	19	
红字专用发票信息表注明的进项税额	20	
上期留抵税额抵减欠税	21	
上期留抵税额退税	22	
异常凭证转出进项税额	23a	
其他应作进项税额转出的情形	23b	104.9

三、待抵扣进项税额

项目	栏次	份数	金额	税额
(一)认证相符的增值税专用发票	24	—	—	—
期初已认证相符但未申报抵扣	25			
本期认证相符且本期申报抵扣	26		2 000 000	260 000
期末已认证相符但未申报抵扣	27		2 000 000	260 000
其中:按照税法规定不允许抵扣	28		2 000 000	260 000
(二)其他扣税凭证	29＝30至33之和			
其中:海关进口增值税专用缴款书	30			

续表

三、待抵扣进项税额

项目	栏次	份数	金额	税额
农产品收购发票或者销售发票	31			
代扣代缴税收缴款凭证	32		—	
其他	33			
	34			

四、其他

项目	栏次	份数	金额	税额
本期认证相符的增值税专用发票	35		9 085 900	1 180 304
代扣代缴税额	36	—	—	

表2-6 增值税及附加税费申报表附列资料（三）

（服务、不动产和无形资产扣除项目明细）

税款所属时间：自 2021 年 3 月 1 日至 2021 年 3 月 31 日

纳税人名称：（公章）

金额单位：元（列至角分）

项目及栏次		本期服务、不动产和无形资产价税合计额（免税销售额）	服务、不动产和无形资产扣除项目				
			期初余额	本期发生额	本期应扣除金额	本期实际扣除金额	期末余额
		1	2	3	4 = 2 + 3	5（5≤1 且 5≤4）	6 = 4 - 5
13%税率的项目	1						
9%税率的项目	2						
6%税率的项目（不含金融商品转让）	3						
6%税率的金融商品转让项目	4	1 000 000		900 000	900 000	900 000	0
5%征收率的项目	5						
3%征收率的项目	6						
免抵退税的项目	7						
免税的项目	8						

表2－7　增值税及附加税费申报表附列资料（四）

（税额抵减情况表）

税款所属时间：自 2021 年 3 月 1 日至 2021 年 3 月 31 日

纳税人名称：（公章）　　　　　　　　　　　　　　　　　　　　　　　　　　金额单位：元（列至角分）

一、税额抵减情况

序号	抵减项目	期初余额	本期发生额	本期应抵减税额	本期实际抵减税额	期末余额
		1	2	3＝1＋2	4≤3	5＝3－4
1	增值税税控系统专用设备费及技术维护费					
2	分支机构预征缴纳税款					
3	建筑服务预征缴纳税款					
4	销售不动产预征缴纳税款					
5	出租不动产预征缴纳税款					

二、加计抵减情况

序号	加计抵减项目	期初余额	本期发生额	本期调减额	本期可抵减额	本期实际抵减额	期末余额
		1	2	3	4＝1＋2－3	5	6＝4－5
6	一般项目加计抵减额计算						
7	即征即退项目加计抵减额计算						
8	合计						

表 2－8 增值税及附加税费申报表附列资料（五）

（附加税费情况表）

税款所属时间：自 2021 年 3 月 1 日至 2021 年 3 月 31 日

纳税人名称：（公章）

金额单位：元（列至角分）

税（费）种		计税（费）依据			税（费）率（%）	本期应纳税（费）额	本期减免税（费）额			试点建设培育产教融合型企业		本期已缴税（费）额	本期应补（退）税（费）额
		增值税税额	增值税免抵税额	留抵退税本期扣除额			减免性质代码	减免税（费）额	减免性质代码	本期抵免金额		
		1	2	3	4	5=(1+2-3)×4	6	7	8	9	10	11=5-7-9-10
城市维护建设税	1											
教育费附加	2											
地方教育附加	3				—							
合计	4	—	—	—	—		—		—	—		

本期是否适用试点建设培育产教融合型企业抵免政策　□是　□否

当期新增投资额		5
上期留抵可抵免金额		6
结转下期可抵免金额		7

可用于扣除的增值税留抵退税额使用情况

当期新增可用于扣除的留抵退税额		8
上期结存可用于扣除的留抵退税额		9
结转下期可用于扣除的留抵退税额		10

表2-9　增值税减免税申报明细表

税款所属时间：自2021年3月1日至2021年3月31日

金额单位：元（列至角分）

纳税人名称（公章）：

一、减税项目

减税性质代码及名称	栏次	期初余额	本期发生额	本期应抵减税额	本期实际抵减税额	期末余额
		1	2	3=1+2	4≤3	5=3-4
合计	1					
	2					
	3					
	4					
	5					
	6					

二、免税项目

免税性质代码及名称	栏次	免征增值税项目销售额	免税销售额扣除项目本期实际扣除金额	扣除后免税销售额	免税销售额对应的进项税额	免税额
		1	2	3=1-2	4	5
合计	7				—	—
出口免税	8		—	—	—	—
其中：跨境服务	9		—	—	—	—
	10				—	—
	11				—	—
	12				—	—
	13				—	—
	14				—	—
	15				—	—
	16				—	—

项目 3

阻止消费小帮手——消费税

内容导图

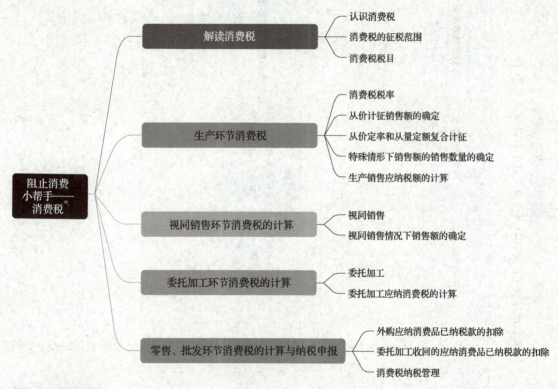

```
                                              ┌─ 认识消费税
                              解读消费税 ──────┼─ 消费税的征税范围
                                              └─ 消费税税目

                                              ┌─ 消费税税率
                                              ├─ 从价计征销售额的确定
                              生产环节消费税 ──┼─ 从价定率和从量定额复合计征
                                              ├─ 特殊情形下销售额的销售数量的确定
  阻止消费                                      └─ 生产销售应纳税额的计算
  小帮手—— ───┤
   消费税                                      ┌─ 视同销售
                          视同销售环节消费税的计算 ┤
                                              └─ 视同销售情况下销售额的确定

                                              ┌─ 委托加工
                          委托加工环节消费税的计算 ┤
                                              └─ 委托加工应纳消费税的计算

                                              ┌─ 外购应纳消费品已纳税款的扣除
                  零售、批发环节消费税的计算与纳税申报 ┼─ 委托加工收回的应纳消费品已纳税款的扣除
                                              └─ 消费税纳税管理
```

项目引入

　　湘南酒厂为增值税一般纳税人，主要经营粮食白酒、葡萄酒、啤酒的生产与销售，以及卷烟的批发业务。2021 年 3 月发生下列业务。

　　(1) 3 月 2 日，销售自产粮食白酒 50 000 斤，取得不含税销售额 105 000 元，收取包装物押金 9 040 元。

　　(2) 3 月 5 日，受 A 企业委托加工粮食白酒 10 吨，双方约定由 A 企业提供原材料，成本为 15 万元，开具专票，注明加工费为 4 万元，增值税为 0.52 万元。湘南酒厂同类产品的售价为 2.75 万元/吨。

　　(3) 3 月 6 日，委托 B 企业加工 5000 千克葡萄酒，湘南酒厂提供原材料成本 20 万元，当月 B 企业将加工完毕的葡萄酒交付湘南酒厂，开具专票，注明收取加工费 3 万元，B 企业无同类葡萄酒的市场售价。

（4）3 月 8 日，将委托加工收回的葡萄酒的 60% 用于销售，取得不含税销售额 20 万元，将其余的 40% 用于连续生产。

（5）3 月 10 日，从国外进口 5 000 千克葡萄酒，关税完税价格为 200 000 元，关税税率为 14%，消费税率为 10%。

（6）3 月 14 日，从烟厂购进卷烟 50 箱，支付不含税金额 30 万元，同日将购进的 20 箱卷烟销售给 A 地的烟草批发商，取得不含税销售收入 16 万元，30 箱卷烟销售给 B 地的零售单位，取得不含税销售收入 27 万元。

（7）3 月 15 日，将生产的 5 000 斤（1 斤 = 0.5 千克）粮食白酒作为福利发放给职工，该白酒无同类产品售价，该批白酒生产成本为 50 000 元，成本利润率为 5%，消费税率为 20%。

（8）经税务机关查明，2021 年 2 月，湘南酒厂委托 C 酒厂委托加工一批甲类啤酒，C 酒厂未代收代缴消费税，湘南酒厂委托加工收回啤酒 50 吨，尚未销售的甲类啤酒定额消费税为 250 元/吨。

任务 3.1　藏在价格里的秘密——解读消费税

■ 工作任务单及思维导图

工作任务	解读消费税	教学模式	任务驱动
建议学时	1	教学地点	一体化实训室
任务描述	税务局近期联合经济管理学院开展"税收普法进校园"活动，你负责消费税宣传册的制作，你需要用简单易懂的语言介绍消费税的概念和主要作用，请用 200 字以内的篇幅进行介绍		
学习目标	知识目标	1. 理解消费税的概念； 2. 把握消费税阻止消费的内涵	
	能力目标	1. 能够判断哪些商品属于应税消费品； 2. 能够基本了解各应税消费品的税率	
	思政目标	1. 培养学生通过日常细小事务进行总结和思考的能力； 2. 具备实事求是的价值观和求真务实的工作态度	
KPI 指标	正确和理解消费税		
思维导图			

▐ 任务实施

※ 想一想

　　卷烟消费税是针对卷烟征收的消费税，在中华人民共和国境内从事卷烟批发业务的单位和个人，凡是批发销售的所有牌号规格卷烟的，都要按批发卷烟的销售额缴纳消费税。卷烟生产企业将卷烟批发给烟草批发企业，那么卷烟生产企业要交定额税及税率为56%或36%的从价税。批发商销售给零售商以及非消费税纳税人要缴纳税率为11%的从价税，加征0.005元/支的从量税。

　　有人提出针对卷烟征收的消费税税率过高，你怎么看待这个问题？

_____

_____

_____

3.1.1　认识消费税

1. 消费税的概念

　　消费税是对我国境内从事生产、委托加工和进口应税消费品的单位和个人就其销售额或销售数量，在特定环节征收的一种税。

2. 消费税的性质与特点

1）消费税的性质

　　消费税是一种间接税，是我国流转税体系中的一种，消费税包含在商品价格之内，是价内税。

2）消费税的特点

相对增值税而言，消费税具有以下特点。

（1）征税项目具有选择性。

消费税仅对15个类目进行征税，征税对象具有选择性。

（2）征税环节具有单一性。

相比增值税的各个环节征收，消费税除卷烟和超豪华小汽车涉及多环节征税外，其余应税消费品均为单一环节征税。

（3）征收方式具有多样性。

消费税的征收方式既有从价征收，也有从量征收，还有从量从价复合计征。

（4）税收调节具有特殊性。

（5）税收负担具有转嫁性。

3. 消费税的应税消费品

　　消费税的征税范围主要是一些高档消费品、奢侈品和非生活必需品。现行的应税消费品可归纳为五大类。

（1）一些过度消费会对人们身体健康、社会秩序、生态环境等方面造成危害的特殊消费品，如烟、酒、鞭炮、焰火、电池、涂料。

（2）奢侈品和非生活必需品，如贵重首饰及珠宝玉石、高档化妆品。

（3）高能耗及高档消费品，如摩托车、小汽车、高尔夫球及球具、高档手表、游艇。

（4）资源消耗型产品，如成品油、木制一次性筷子、实木地板。

（5）具有一定财政意义的消费品。

4. 消费税纳税人

在中华人民共和国境内生产、委托加工和进口《消费税暂行条例》规定的消费品的单位和个人，以及国务院确定的销售《消费税暂行条例》规定的消费品的其他单位和个人，为消费税的纳税人。

在中华人民共和国境内，是指生产、委托加工和进口属于应当缴纳消费税的消费品的起运地或者所在地在境内。单位，是指企业、行政单位、事业单位、军事单位、社会团体及其他单位。个人，是指个体工商户及其他个人。

由于消费税是在对所有货物普遍征收增值税的基础上选择部分消费品征收的，所以消费税纳税人同时也是增值税纳税人。

3.1.2　消费税的征税范围

1. 生产应税消费品

1）生产销售应税消费品

纳税人生产的应税消费品，于纳税人销售时纳税。

2）自产自用应税消费品

纳税人自产自用的应税消费品，用于连续生产应税消费品的，不纳税；用于其他方面的，于移送使用时纳税。

用于连续生产应税消费品，是指纳税人将自产自用应税消费品作为直接材料生产最终应税消费品，自产自用应税消费品构成最终应税消费品的实体。

用于其他方面，是指纳税人将自产自用的应税消费品用于生产非应税消费品、在建工程、管理部门、非生产机构、提供劳务、馈赠、赞助、集资、广告、样品、职工福利、奖励等方面。

3）视为生产销售应税消费品

工业企业以外的单位和个人的下列行为视为应税消费品的生产行为，按规定征收消费税。

（1）将外购的消费税非应税产品以消费税应税产品对外销售的。

（2）将外购的消费税低税率应税产品以高税率应税产品对外销售的。

2. 委托加工应税消费品

1）委托加工应税消费品的概念

委托加工应税消费品，是指由委托方提供原料和主要材料，受托方只收取加工费和代垫部分辅助材料加工的应税消费品。对于由受托方提供原材料生产的应税消费品，或者受托方先将原材料卖给委托方，再接受加工的应税消费品，以及由受托方以委托方名义购进原材料生产的应税消费品，不论在财务上是否作为销售处理，都不得作为委托加工应税消费品，而应当按照销售自制应税消费品缴纳消费税。

2）委托加工应税消费品的纳税人与扣缴义务人。

委托加工应税消费品，除受托方为个人外，由受托方在向委托方交货时代收代缴消费税。委托个人加工的应税消费品，由委托方收回后缴纳消费税。

3）委托加工应税消费品的纳税义务。

委托加工应税消费品，委托方用于连续生产应税消费品的，所纳税款准予按规定抵扣。

委托方将收回的应税消费品，以不高于受托方的计税价格出售的，为直接出售，不再缴纳消费税；委托方以高于受托方的计税价格出售的，不属于直接出售，需按照规定申报缴纳消费税，在计税时准予扣除受托方已代收代缴的消费税。

3. 进口应税消费品

单位和个人进口应税消费品，于报关进口时缴纳消费税。为了降低征税成本，进口环节缴纳的消费税由海关代征。

4. 零售应税消费品

1）商业零售金银首饰。

自 1995 年 1 月 1 日起，金银首饰消费税由在生产销售环节征收改为在零售环节征收。改在零售环节征收消费税的金银首饰仅限于金基、银基合金首饰以及金、银和金基、银基合金的镶嵌首饰。自 2002 年 1 月 1 日起，对钻石及钻石饰品消费税的纳税环节由生产环节、进口环节后移至零售环节。自 2003 年 5 月 1 日起，铂金首饰消费税改为在零售环节征收。

下列业务视同零售业务，在零售环节缴纳消费税。

（1）为经营单位以外的单位和个人加工金银首饰。加工包括带料加工、翻新改制、以旧换新等业务，不包括修理和清洗。

（2）经营单位将金银首饰用于馈赠、赞助、集资、广告样品、职工福利、奖励等方面。

（3）未经中国人民银行总行批准，经营金银首饰批发业务的单位将金银首饰销售给经营单位。

2）零售超豪华小汽车

自 2016 年 12 月 1 日起，对超豪华小汽车，在生产（进口）环节按现行税率征收消费税的基础上，在零售环节加征消费税，将超豪华小汽车销售给消费者的单位和个人为超豪华小汽车零售环节纳税人。

5. 批发销售卷烟

自 2015 年 5 月 10 日起，将卷烟批发环节从价税税率由 5% 提高至 11%，并按 0.005 元/支加征从量税。烟草批发企业将卷烟销售给其他烟草批发企业的，不缴纳消费税。

卷烟消费税改为在生产和批发两个环节征收后，烟草批发企业在计算应纳税额时不得扣除已含的生产环节的消费税税款。纳税人兼营卷烟批发和零售业务的，应当分别核算批发和零售环节的销售额、销售数量；未分别核算批发和零售环节的销售额、销售数量的，按照全部销售额、销售数量计征批发环节消费税。

3.1.3　消费税税目

根据《消费税暂行条例》的规定，消费税税目共计 15 个。

1. 烟

凡是以烟叶为原料加工生产的产品，不论使用何种辅料，均属于本税目的征收范围。

其具体包括 3 个子目，分别如下。

1）卷烟

卷烟，包括甲类卷烟和乙类卷烟。

（1）甲类卷烟。

甲类卷烟，是指每标准条（200 支）调拨价格在 70 元（不含增值税）以上（含 70 元）的卷烟。

（2）乙类卷烟。

乙类卷烟，是指每标准条（200 支）调拨价格在 70 元（不含增值税）以下的卷烟。

2）雪茄烟

雪茄烟的征收范围包括各种规格、型号的雪茄烟。

3）烟丝

烟丝的征收范围包括以烟叶为原料加工生产的不经卷制的散装烟。

2. 酒

酒，包括白酒、黄酒、啤酒和其他酒。

1）白酒

白酒，包括粮食白酒和薯类白酒。

（1）粮食白酒。

粮食白酒，是指以高粱、玉米、大米、糯米、大麦、小麦、青稞等各种粮食为原料，经过糖化、发酵后，采用蒸馏方法酿制的白酒。

（2）薯类白酒。

薯类白酒，是指以白薯（红薯、地瓜）、木薯、马铃薯、芋头、山药等各种干鲜薯类为原料，经过糖化、发酵后，采用蒸馏方法酿制的白酒。用甜菜酿制的白酒，比照薯类白酒征税。

2）黄酒

黄酒，是指以糯米、粳米、籼米、大米、黄米、玉米、小麦、薯类等为原料，经加升温、糖化、发酵、压榨酿制的酒。包括以各种原料酿制的黄酒和酒精度超过 12 度（含 12 度）的土甜酒。

3）啤酒

啤酒，分为甲类啤酒和乙类啤酒，是指以大麦或其他粮食为原料，加入啤酒花，经糖化、发酵、过滤酿制的含有二氧化碳的酒。

对饮食业、商业、娱乐业举办的啤酒屋（啤酒坊）利用啤酒生产设备生产的啤酒，应当征收消费税。

4）其他酒

其他酒，是指除粮食白酒、薯类白酒、黄酒、啤酒以外的各种酒，包括糠麸白酒、其他原料白酒、土甜酒、复制酒、果木酒、汽酒、药酒、葡萄酒等。

对以黄酒为酒基生产的配制或泡制酒，按其他酒征收消费税。对调味料酒不征收消费税。

3. 高档化妆品

本税目征收范围包括高档美容、修饰类化妆品，高档护肤类化妆品和成套化妆品。

高档美容、修饰类化妆品和高档护肤类化妆品是指生产（进口）环节销售（完税）价格（不含增值税）在 10 元/毫升（克）或 15 元/片（张）及以上的美容、修饰类化妆品和护肤类化妆品。

舞台、戏剧、影视演员化妆用的上妆油、卸妆油、油彩，不属于本税目的征收范围。

4. 贵重首饰及珠宝玉石

本税目的征税范围包括各种金银珠宝首饰和经采掘、打磨、加工的各种珠宝玉石。

1）金银首饰、铂金首饰和钻石及钻石饰品

金银首饰、铂金首饰和钻石及钻石饰品，包括凡以金、银、白金、宝石、珍珠、钻石、翡翠、珊瑚、玛瑙等高贵稀有物质以及其他金属、人造宝石等制作的各种纯金银首饰及镶嵌首饰（含人造金银、合成金银首饰）等。

2）其他贵重首饰和珠宝玉石

其他贵重首饰和珠宝玉石，包括钻石、珍珠、松石、青金石、欧泊石、橄榄石、长石、玉、石英、玉髓、石榴石、错石、尖晶石、黄玉、碧玺、金禄玉、绿柱石、刚玉、琥珀、珊瑚、煤玉、龟甲、合成刚玉、合成玉石、双合石以及玻璃仿制品等。

宝石坯是经采掘、打磨、初级加工的珠宝玉石半成品，对宝石坯应按规定征收消费税。

5. 鞭炮、焰火

本税目征收范围包括各种鞭炮、焰火，具体包括喷花类、旋转类、旋转升空类、火箭类、吐珠类、线香类、小礼花类、烟雾类、造型玩具类、爆竹类、摩擦炮类、组合烟花类、礼花弹类等。

体育上用的发令纸、鞭炮药引线，不属于本税目的征收范围。

6. 成品油

本税目包括汽油、柴油、石脑油、溶剂油、航空煤油、润滑油、燃料油7个子目。

1）汽油

汽油，是指用原油或其他原料加工生产的辛烷值不小于66的可用作汽油发动机燃料的各种轻质油。以汽油、汽油组分调和生产的甲醇汽油、乙醇汽油也属于本税目的征收范围。

2）柴油

柴油，是指用原油或其他原料加工生产的倾点或凝点为 – 50～30 的可用作柴油发动机燃料的各种轻质油和以柴油组分为主、经调和精制可用作柴油发动机燃料的非标油。以柴油、柴油组分调和生产的生物柴油也属于本税目的征收范围。

3）石脑油

石脑油又叫作化工轻油，是以石油加工生产的或二次加工汽油经加氢精制而得的用于化工原料的轻质油。

石脑油的征收范围包括除汽油、柴油、航空煤油、溶剂油以外的各种轻质油。

4）溶剂油。

溶剂油是以石油加工生产的用于涂料、油漆生产、食用油加工、印刷油墨、皮革、农药、橡胶、化妆品生产的轻质油。

5）航空煤油

航空煤油也叫作喷气燃料，是以石油加工生产的用于喷气发动机和喷气推进系统中作为能源的石油燃料。

6）润滑油

润滑油是用于内燃机、机械加工过程的润滑产品。润滑油分为矿物性润滑油、植物性润滑油、动物性润滑油和化工原料合成润滑油。

润滑油的征收范围包括矿物性润滑油、矿物性润滑油基础油、植物性润滑油、动物性润滑油和化工原料合成润滑油。

7）燃料油

燃料油也称为重油、渣油。燃料油的征收范围包括用于电厂发电、船舶锅炉燃料、加热炉燃料、冶金和其他工业炉燃料的各类燃料油。

自2012年11月1日起，催化料、焦化料属于燃料油的征收范围，应当征收消费税。

7. 摩托车

本税目的征收范围包括气缸容量为 250 毫升的摩托车和气缸容量在 250 毫升（不含）以上的摩托车两种。

对最大设计车速不超过 50 公里/小时，发动机气缸总工作容量不超过 50 毫升的三轮摩托车不征收消费税。

8. 小汽车

汽车是指由动力驱动，具有 4 个或 4 个以上车轮的非轨道承载的车辆。本税目包括乘用车、中轻型商用客车和超豪华小汽车 3 个子目。

1）乘用车

乘用车，是指在设计和技术特性上用于载运乘客和货物的汽车，其包括含驾驶员座位在内最多不超过 9 个座位（含）。

用排气量小于 1.5 升（含）的乘用车底盘（车架）改装、改制的车辆属于乘用车的征收范围。

2）中轻型商用客车

中轻型商用客车，是在设计和技术特性上用于载运乘客和货物的汽车，包括含驾驶员座位在内的座位数为 10～23（含 23）。

用排气量大于 1.5 升的乘用车底盘（车架）或用中轻型商用客车底盘（车架）改装、改制的车辆属于中轻型商用客车的征收范围。

含驾驶员人数（额定载客）为区间值的（如 8～10 人、17～26 人）小汽车，按其区间值下限人数确定征收范围。

3）超豪华小汽车

超豪华小汽车，是指每辆零售价格为 130 万元（不含增值税）及以上的乘用车和中轻型商用客车，即乘用车和中轻型商用客车子税目中的超豪华小汽车。

电动汽车不属于本税目的征收范围。

车身长度大于 7 米（含），并且座位数为 10～23（含）的商用客车，不属于中轻型商用客车的征税范围，不征收消费税。

沙滩车、雪地车、卡丁车、高尔夫车不属于消费税征收范围，不征收消费税。

对于企业购进货车或厢式货车改装生产的商务车、卫星通信车等专用汽车不属于消费税的征收范围，不征收消费税。

对于购进乘用车和中轻型商用客车整车改装生产的汽车，应按规定征收消费税。

9. 高尔夫球及球具

本税目的征收范围包括高尔夫球，高尔夫球杆及高尔夫球包（袋），高尔夫球杆的杆头、杆身和握把。

10. 高档手表

高档手表，是指销售价格（不含增值税）每只在 10 000 元（含）以上的各类手表。本税目的征收范围包括符合以上标准的各类手表。

11. 游艇

游艇，是指长度大于 8 米、小于 90 米，船体由玻璃钢、钢、铝合金、塑料等多种材料制作，可以在水上移动的水上浮载体。按照动力，游艇分为无动力艇、帆艇和机动艇。

本税目的征收范围包括艇身长度大于 8 米（含）、小于 90 米（含），内置发动机，可以在水上移动，一般为私人或团体购置，主要用于水上运动和休闲娱乐等非牟利活动的各类机动艇。

12. 木制一次性筷子

木制一次性筷子，是指以木材为原料经过锯段、浸泡、旋切、刨切、烘干、筛选、打磨、倒角、包装等环节加工而成的各类一次性使用的筷子。

本税目的征收范围包括各种规格的木制一次性筷子和未经打磨、倒角的木制一次性筷子。

13. 实木地板

实木地板，是指以木材为原料，经锯割、干燥、刨光、截断、开榫、涂漆等工序加工而成的块状或条状的地面装饰材料。实木地板按生产工艺不同，可分为独板（块）实木地板、实木指接地板和实木复合地板三类；按表面处理状态不同，可分为未涂饰地板（白坯板、素板）和漆饰地板两类。

本税目的征收范围包括各类规格的实木地板，实木指接地板，实木复合地板及用于装饰墙壁、天棚的侧端面为桦、槽的实木装饰板以及未经涂饰的素板。

14. 电池

电池是一种将化学能、光能等直接转换为电能的装置，一般包括电极、电解质、容器、极端，通常还有隔离层组成的基本功能单元，以及用一个或多个基本功能单元装配成的电池组。本税目的征收范围包括原电池、蓄电池、燃料电池、太阳能电池和其他电池。

对无汞原电池、金属氢化物镍蓄电池（又称"氢镍蓄电池"或"镍氢蓄电池"）、锂原电池、锂离子蓄电池、太阳能电池、燃料电池和全钒液流电池免征消费税。

自2016年1月1日起，对铅蓄电池按4%的税率征收消费税。

15. 涂料

涂料，是指涂于物体表面，能形成具有保护、装饰或特殊性能的固态涂膜的一类液体或固体材料。涂料由主要成膜物质、次要成膜物质等构成。涂料按主要成膜物质可分为油脂类、天然树脂类、酚醛树脂类、沥青类、醇酸树脂类、氨基树脂类、硝基类、过滤乙烯树脂类、烯类树脂类、丙烯酸酯类树脂类、聚酯树脂类、环氧树脂类、聚氨酯树脂类、元素有机类、橡胶类、纤维素类、其他成膜物类等。

对施工状态下挥发性有机物含量低于420克/升（含）的涂料免征消费税。

■ 任务实训

一、理论知识训练

1. 单项选择题

（1）根据消费税法律制度的规定，下列消费品中，不征收消费税的有（　　）。

A. 白酒　　　　　　　　　　　　　　　B. 葡萄酒

C. 燃油汽车　　　　　　　　　　　　　D. 电动汽车

（2）根据消费税法律制度的规定，下列消费品中，征收消费税的有（　　）。

A. 猪油　　　　　　　　　　　　　　　B. 食用油

C. 牛油　　　　　　　　　　　　　　　D. 石脑油

（3）甲类卷烟是指每标准条（200支）调拨价格在（　　）元（不含增值税）以上的卷烟。

A. 60 　　　　　　　　　　　B. 70

C. 80 　　　　　　　　　　　D. 90

2. 多项选择题

（1）根据消费税法律制度的规定，下列项目中征收消费税的有（　　　　　）。

A. 白酒 　　　　　　　　　　B. 葡萄酒

C. 高档化妆品 　　　　　　　D. 涂料

（2）根据消费税法律制度的规定，下列项目中征收消费税的有（　　　　　）。

A. 实木地板 　　　　　　　　B. 一次性木筷

C. 家庭用竹筷 　　　　　　　D. 实木复合地板

二、综合能力训练

1. 用思维导图软件，画出消费税税目关系图。

2. 简单回答"想一想"中的问题。

三、思政园地

扫描二维码并阅读《9年前，那个卖肾买苹果手机的王刚，如今过得怎样》一文，思考国家治理奢靡消费初心。

阅读材料：9 年前，那个卖肾买苹果手机的王刚，如今过得怎样

任务评价

评价类目	评价内容及标准	分值	自己评分	小组评分	教师评分
学习态度	√ 全勤（5分）	10			
	√ 遵守课堂纪律（5分）				
学习过程	➢ 能说出本任务的学习目标（5分）	40			
	➢ 上课积极发言，积极回答"想一想"中的问题（5分）				
	➢ 掌握消费税的定义（10分）				
	➢ 知道消费税的特性，并能说出国家征税的缘由（10分）				
	➢ 掌握消费税的征税对象及税率（10分）				
学习结果	◆ "理论知识训练"考评（3分×5=15分）	50			
	◆ "综合能力训练"考评（10分×2=20分）				
	◆ "思政园地"考评（15分）				
合计		100			
所占比例/%		100	30	30	40
综合评分					

任务 3.2 主体躯干——生产环节消费税计算

■ 工作任务单及思维导图

工作任务	生产环节消费税计算		教学模式	任务驱动
建议学时	1		教学地点	一体化实训室
任务描述	税务局近期联合经济管理学院开展"税收普法进校园"活动,你负责消费税宣传册的制作,请设计生产环节消费税的计算流程图			
学习目标	知识目标	1. 掌握消费税的 3 种计税方式; 2. 把握 3 种计税方式的具体计算方法		
	能力目标	1. 能够计算生产环节纳税的消费税计税依据; 2. 能够就应税消费品的生产环节正确计算应纳税额		
	思政目标	1. 培养节俭为美的良好品德; 2. 理解保护环境实际是保护人类自己的根本意义		
KPI 指标	准确计算生产环节消费税			
思维导图				

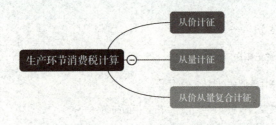

生产环节消费税计算
- 从价计征
- 从量计征
- 从价从量复合计征

■ 任务实施

◈ 想一想

2019 年 10 月,国务院公布了调整中央和地方财政分配草案,其中很重要的一条,是要将消费税征收环节后移至批发或零售环节,并稳步下放到地方,这引起了一些商家和消费者的担忧:这是否意味着消费者在购买商品时又要多支出一笔税款?商品是否又要涨价?请结合消费税的征收环节思考人们所担心的情形能否发生。

_____

_____

_____

3.2.1　消费税税率

1. 消费税税率的形式

　　我国现行消费税采用比例税率和定额税率两种形式。对于从价征收的消费品，实行产品差别比例税率；对于从量征收的消费品，对不同产品实行不同的定额税率；对少数消费品以从价和从量的复合税率征收。其中，比例税率适用于除卷烟以外的烟，除白酒、黄酒和啤酒以外的应税酒，化妆品，鞭炮，焰火，贵重首饰及珠宝玉石，摩托车，小汽车，高尔夫球及球具，高档手表，游艇，木制一次性筷子，实木地板，电池，涂料。定额税率适用于啤酒、黄酒、成品油。复合税率适用于白酒和烟。消费税的税目、税率如表3－1所示。

表3－1　消费税的税目、税率

税目	税率
一、烟 1. 卷烟 （1）甲类卷烟 （2）乙类卷烟 （3）批发环节 2. 雪茄烟 3. 烟丝	 56%加0.003元/支（生产环节） 36%加0.003元/支（生产环节） 11%加0.005元/支 36% 30%
二、酒 1. 白酒 2. 黄酒 3. 啤酒 （1）甲类啤酒 （2）乙类啤酒 4. 其他酒	20%加0.5元/500克（或者500毫升） 240元/吨 250元/吨 220元/吨 10%
三、高档化妆品	15%
四、贵重首饰及珠宝玉石 1. 金银首饰、铂金首饰和钻石及钻石饰品 2. 其他贵重首饰和珠宝玉石	 5% 10%
五、鞭炮、焰火	15%
六、成品油 1. 汽油 2. 柴油 3. 航空煤油 4. 石脑油 5. 溶剂油 6. 润滑油 7. 燃料油	 1.52元/升 1.20元/升 1.20元/升 1.52元/升 1.52元/升 1.52元/升 1.20元/升

续表

税目	税率
七、摩托车 1. 气缸容量（排气量，下同）为 250 毫升的 2. 气缸容量在 250 毫升（不含）以上的	3% 10%
八、小汽车	
1. 乘用车	
（1）气缸容量（排气量，下同）在 1.0 升（含 1.0 升）以下的	1%
（2）气缸容量为 1.0～1.5 升（含 1.5 升）的	3%
（3）气缸容量为 1.5～2.0 升（含 2.0 升）的	5%
（4）气缸容量为 2.0～2.5 升（含 2.5 升）的	9%
（5）气缸容量为 2.5～3.0 升（含 3.0 升）的	12%
（6）气缸容量为 3.0～4.0 升（含 4.0 升）的	25%
（7）气缸容量在 4.0 升以上的	40%
2. 中轻型商用客车	5%
3. 超豪华小汽车	10%（零售环节）
九、高尔夫球及球具	10%
十、高档手表	20%
十一、游艇	10%
十二、木制一次性筷子	5%
十三、实木地板	5%
十四、电池	4%
十五、涂料	4%

2. 消费税税率的确定

消费税采取列举法按具体应税消费品设置税目、税率，征税界限清楚，一般不易发生错用税率的情况。但是，存在下列情况时，纳税人应按照相关规定确定适用税率。

（1）纳税人兼营不同税率的应税消费品，应当分别核算不同税率应税消费品的销售额、销售数量。未分别核算销售额、销售数量，或者将不同税率的应税消费品组成成套消费品销售的，从高适用税率。

（2）配制酒适用税率的确定。配制酒（露酒）是指以发酵酒、蒸馏酒或食用酒精为酒基，加入可食用或药食两用的辅料或食品添加剂，进行调配、混合或再加工制成的，并改变了其原酒基风格的饮料。

①以蒸馏酒或食用酒精为酒基，同时符合以下条件的配制酒，按其他酒的税率征收消费税。a. 具有国家相关部门批准的国食健字或卫食健字文号；b. 酒精度低于 38 度（含）。

②以发酵酒为酒基，酒精度低于 20 度（含）的配制酒，按其他酒的税率征收消费税。

③其他配制酒，按白酒的税率征收消费税。

上述以蒸馏酒或食用酒精为酒基，是指酒基中蒸馏酒或食用酒精的比重超过80%（含）；以发酵酒为酒基，是指酒基中发酵酒的比重超过80%（含）。

（3）纳税人自产自用的卷烟应当按照纳税人生产的同牌号规格的卷烟销售价格确定征税类别和适用税率。

（4）卷烟由于接装过滤嘴、改变包装或其他原因提高销售价格后，应按照新的销售价格确定征税类别和适用税率。

（5）委托加工的卷烟按照受托方同牌号规格卷烟的征税类别和适用税率征税。没有同牌号规格卷烟的，一律按卷烟的最高税率征税。

（6）残次品卷烟应当按照同牌号规格正品卷烟的征税类别确定适用税率。

（7）下列卷烟不分征税类别，一律按照56%卷烟税率征税，并按照定额每标准箱150元计算征税：白包卷烟、手工卷烟、未经国务院批准纳入计划的企业和个人生产的卷烟。

3.2.2　从价计征销售额的确定

1. 不含增值税销售额的确定

销售额为纳税人销售应税消费品向购买方收取的全部价款和价外费用。价外费用是指价外收取的手续费、补贴、基金、集资费、返还利润、奖励费、违约金、滞纳金、延期付款利息、赔偿金、代收款项、代垫款项、包装费、包装物租金、储备费、优质费、运输装卸费以及其他各种性质的价外收费，但下列项目不包括在内。

（1）纳税人代垫运费，同时将承运部门开具给购货方的增值税专用发票转交给购货方。

（2）同时符合以下条件代为收取的政府性基金或者行政事业性收费：①由国务院或者财政部批准设立的政府性基金，由国务院或者省级人民政府及其财政、价格主管部门批准设立的行政事业性收费；②收取时开具省级以上（含省级）财政部门监（印）制的财政票据；③所收款项全额上缴财政。

其他价外费用，无论是否属于纳税人的收入，均应并入销售额计算征税。

2. 含增值税销售额的确定

应税消费品在缴纳消费税的同时，与一般货物一样，还应缴纳增值税。应税消费品的销售额不包括应向购货方收取的增值税税款。如果纳税人应税消费品的销售额中未扣除增值税税款或者因不得开具增值税专用发票而发生价款和增值税税款合并收取的，在计算消费税时，应将含增值税的销售额换算为不含增值税税款的销售额。其换算公式为：

$$应税消费品的销售额 = 含增值税的销售额/(1+增值税税率或征收率)$$

在使用换算公式时，应根据纳税人的具体情况分别使用增值税税率或征收率。如果消费税的纳税人同时又是增值税一般纳税人，应适用13%的增值税税率；如果消费税的纳税人是增值税小规模纳税人，应适用3%的征收率。

3. 销售数量与计量单位的换算标准

1）销售数量的具体规定

销售数量，是指纳税人生产、加工和进口应税消费品的数量。具体规定如下。

销售应税消费品的，销售数量为应税消费品的销售数量。

（1）自产自用应税消费品的，销售数量为应税消费品的移送使用数量。

（2）委托加工应税消费品的，销售数量为纳税人收回的应税消费品数量。

（3）进口应税消费品的，销售数量为海关核定的应税消费品进口征税数量。

2）计量单位的换算标准

为了规范不同产品的计量单位，以准确计算应纳税额，《消费税暂行条例实施细则》规定了吨与升两个计量单位的换算标准，具体标准如表3-2所示。

表3-2　计量单位的换算标准

1	黄酒	1吨＝962升
2	啤酒	1吨＝988升
3	汽油	1吨＝1 388升
4	柴油	1吨＝1 176升
5	航空煤油	1吨＝1 246升
6	石脑油	1吨＝1 385升
7	溶剂油	1吨＝1 282升
8	润滑油	1吨＝1 126升
9	燃料油	1吨＝1 015升

3.2.3　从价定率和从量定额复合计征

在现行消费税的征税范围中，卷烟、白酒采用从价定率和从量定额复合计征方法。计税依据既要按照销售收入确定，又要按照销售数量确定，两者计税之和为应缴消费税。计算公式为：

应纳税额＝销售数量×定额税率＋销售额或组成计税价格×比例税率

生产、销售卷烟、白酒从量定额计税依据为实际销售数量。进口、委托加工、自产自用卷烟、白酒从量定额计税依据分别为海关核定的进口征税数量、委托方收回数量、移送使用数量。

3.2.4　特殊情形下销售额和销售数量的确定

（1）纳税人应税消费品的计税价格明显偏低并无正当理由的，由税务机关核定计税价格。其核定权限规定如下。

①卷烟、白酒和小汽车的计税价格由国家税务总局核定，送财政部备案。

②其他应税消费品的计税价格由省、自治区和直辖市税务局核定。

③进口应税消费品的计税价格由海关核定。

（2）纳税人通过自设非独立核算门市部销售的自产应税消费品，应当按照门市部对外销售额或者销售数量征收消费税。

（3）纳税人用于换取生产资料和消费资料、投资入股和抵偿债务等方面的应税消费品，应当以纳税人同类应税消费品的最高销售价格作为计税依据计算消费税。

（4）白酒生产企业向商业销售单位收取的"品牌使用费"是随着应税白酒的销售而向购货方收取的，属于应税白酒销售价款的组成部分，因此，不论企业采取何种方式或以何种名义收取价款，均应并入白酒的销售额缴纳消费税。

（5）实行从价计征办法征收消费税的应税消费品连同包装销售的，无论包装物是否单独计价以及在会计上如何核算，均应并入应税消费品的销售额缴纳消费税。

如果包装物不作价随同产品销售，而是收取押金，此项押金则不应并入应税消费品的销售额征税，但对因逾期未收回的包装物不再退还的或者已收取的时间超过 12 个月的押金，应并入应税消费品的销售额缴纳消费税。

对包装物既作价随同应税消费品销售，又另外收取押金的包装物的押金，凡纳税人在规定的期限内没有退还的，均应并入应税消费品的销售额，按照应税消费品的适用税率缴纳消费税。

对酒类生产企业销售酒类产品而收取的包装物押金，无论押金是否返还及会计上如何核算，均应并入酒类产品的销售额征收消费税。

（6）纳税人采用以旧换新（含翻新改制）方式销售的金银首饰，应按实际收取的不含增值税的全部价款确定计税依据征收消费税。

对既销售金银首饰，又销售非金银首饰的生产、经营单位，应将两类商品划分清楚，分别核算销售额。凡划分不清楚或不能分别核算的，并在生产环节销售的，一律从高适用税率征收消费税；在零售环节销售的，一律按金银首饰征收消费税。金银首饰与其他产品组成成套消费品销售的，应按销售额全额征收消费税。

金银首饰连同包装物销售的，无论包装是否单独计价，也无论会计上如何核算，均应并入金银首饰的销售额征收消费税。

带料加工的金银首饰，应按受托方销售同类金银首饰的销售价格确定计税依据征收消费税。没有同类金银首饰销售价格的，按照组成计税价格计算纳税。

（7）纳税人销售的应税消费品，以人民币以外的货币结算销售额的，其销售额的人民币折合率可以选择销售额发生的当天或者当月 1 日的人民币汇率中间价。纳税人应在事先确定采取何种折合率，确定后 1 年内不得变更。

3.2.5　生产销售应纳税额的计算

（1）实行从价定率计征消费税的，其计算公式为：

$$应纳税额 = 销售额 \times 比例税率$$

【例题】　万象实木地板有限公司为增值税一般纳税人。2021 年 2 月 20 日，该公司向白石岗建材商场销售实木地板一批，取得含增值税销售额 226 万元。已知实木地板适用的增值税税率为 13%，消费税税率为 5%。计算该公司当月应纳消费税税额。

解析：根据消费税法律制度的规定，从价计征消费税的销售额中不包括向购货方收取的增值税款。因此，在计算消费税时，应将含增值税价款转为不含增值税的售价。

不含增值税销售额 = 226/（1 + 13%）= 200（万元）。

应纳消费税税额 = 200 × 5% = 10（万元）。

（2）实行从量定额计征消费税的，其计算公式为：

$$应纳税额 = 销售数量 \times 定额税率$$

【例题】　华夏石油化工股份有限公司于 2021 年 2 月 7 日向某加油站销售汽油 2 000 吨、柴油 1 000 吨，另向其工程施工队在建工程施工设备提供汽油 10 吨。已知汽油 1 吨 = 1 388 升，柴油 1 吨 = 1 176 升；汽油的定额税率为 1.52 元/升，柴油的定额税率为 1.2 元/升。计算该公司当月应纳消费税税额。

解析：根据消费税法律制度的规定，应税消费品用于在建工程应当征收消费税。因此，该公司将汽油用于在建工程设备也应计算缴纳消费税。

销售汽油应纳税额 = 2 000 × 1 388 × 1.52 = 4 219 520（元）。

销售柴油应纳税额 = 1 000 × 1 176 × 1.2 = 1 411 200(元)。

在建工程车辆使用汽油应纳税额 = 10 × 1 388 × 1.52 = 21 097.6(元)。

应纳消费税税额合计 = 4 219 520 + 1 411 200 + 21 097.6 = 5 651 817.6(万元)。

(3) 实行从价定率和从量定额复合方法计征消费税的,其计算公式为:

$$应纳税额 = 销售额 × 比例税率 + 销售数量 × 定额税率$$

现行消费税的征税范围中,只有卷烟、白酒采用复合计算方法。

【例题】 黄丰卷烟厂为增值税一般纳税人,其在 2021 年 8 月销售轻奢型卷烟 500 标准条,取得含增值税销售额 113 000 元。已知卷烟的增值税税率为 13%,消费税比例税率为 56%,定额税率为 0.003 元/支,每标准条含 200 支卷烟。请计算黄丰卷烟厂当月销售轻奢型卷烟应缴纳的消费税税额。

解析:根据消费税法律制度的规定,卷烟企业采用从价定率和从量定额复合计征消费税。

黄丰卷烟厂应缴纳的消费税税额

= 113 000 ÷ (1 + 13%) × 56% + 500 × 200 × 0.003 = 56 300(元)

任务实训

一、理论知识训练

1. 单项选择题

(1) 关于企业单独收取的包装物押金,下列消费税税务处理正确的是 (   )。

A. 销售葡萄酒收取的包装物押金不并入当期销售额计征消费税

B. 销售黄酒收取的包装物押金应并入当期销售额计征消费税

C. 销售白酒收取的包装物押金应并入当期销售额计征消费税

D. 销售啤酒收取的包装物押金应并入当期销售额计征消费税

(2) 某酒厂(增值税一般纳税人)自制粮食白酒,在 2020 年 8 月对外销售 8 吨,收到不含税销售额 100 万元,另收取包装物押金(单独核算)2 万元,则(不考虑进项税额)应纳消费税为 (   ) 万元

A. 0.8   B. 20.35   C. 21.15   D. 13.23

(3) 某厂家生产各种筷子,在 2019 年 3 月生产、销售高档木筷取得不含税收入 10 万元,消费税税率为 5%。生产、销售木制一次性筷子取得不含税收入 15 万元,生产、销售不锈钢筷子取得不含税收入 20 万元,则该厂家在 2019 年 3 月的应纳消费税为 (   ) 万元。

A. 2.25   B. 1.75   C. 1.25   D. 0.75

2. 多项选择题

(1) 根据我国消费税法律制度的相关规定,下列应税消费品销售额表述中正确的是 (   )。

A. 应税消费品销售额不包括向购买方收取的增值税税款

B. 企业自产自用应税消费品,按照纳税人生产的同类消费品的销售价格确定销售额

C. 企业随同从价计征应税消费品出售的包装物,无论是否单独计价,均应并入销售额

D. 企业对因逾期未收回的包装物不再退还的或者已收取的时间超过 12 个月的押金,应并入应税消费品的销售额

(2) 根据我国消费税法律制度的相关规定,下列应税消费品中采用双重计税方式的是 (   )。

A. 白酒   B. 啤酒   C. 卷烟   D. 高档化妆品

二、综合能力训练

1. 用思维导图软件，画出生产环节消费税计算示意图。
2. 陈述 3 种计税方式的计算方法。

三、思政园地

扫描二维码并阅读《黄州市亿宝发展公司诉黄冈市黄州区国家税务局、团风县国家税务局税务强制措施并行政赔偿案始末》一文，思考出现文中所述现象的深层原因。

■ 任务评价

评价类目	评价内容及标准	分值	自己评分	小组评分	教师评分
学习态度	√ 全勤（5分）	10			
	√ 遵守课堂纪律（5分）				
学习过程	➢ 能说出本任务的学习目标（5分）	40			
	➢ 上课积极发言，积极回答"想一想"中的问题（5分）				
	➢ 掌握吨与升的单位换算（10分）				
	➢ 知道生产环节消费税的计算方法（10分）				
	➢ 能够进行生产销售应纳税额的计算（10分）				
学习结果	◆ "理论知识训练"考评（4分×5＝20分）	50			
	◆ "综合能力训练"考评（10分×2＝20分）				
	◆ "思政园地"考评（10分）				
合计		100			
所占比例/%		100	30	30	40
综合评分					

任务 3.3　肱二头肌——视同销售环节消费税的计算

■ 工作任务单及思维导图

工作任务	视同销售环节消费税的计算	教学模式	任务驱动
建议学时	1	教学地点	一体化实训室
任务描述	税务局近期联合经济管理学院开展"税收普法进校园"活动，你负责消费税宣传册的制作，请设计视同销售环节消费税的计算流程图。		

续表

学习目标	知识目标	1. 掌握视同销售环节销售额的确认； 2. 把握消费税组成计税价格的计算方式
	能力目标	1. 能够准确计算视同销售环节销售额； 2. 能够就视同销售环节做消费税筹划管理
	思政目标	1. 培养节俭为美的良好品德； 2. 爱护自己的身体，远离不良习惯
KPI 指标	完整表述视同销售环节消费税	

<table>
<tr><td colspan="2" align="center">思维导图</td></tr>
</table>

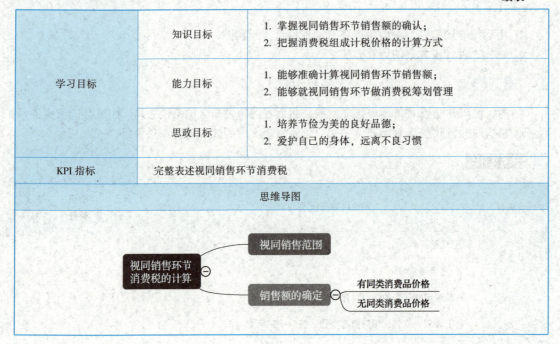

任务实施

◈ 想一想

　　人人网曾针对"90 后"大学生开展一项吸烟情况调查，调查结果显示，超过 40% 的受访者第一次吸烟是在初中，他们大多是受到好奇心驱使。几乎所有受访者都知道二手烟的危害，但只有 30% 的人会劝阻他人吸烟。请你从这一调查思考烟草消费税征收率的合理性。

_____

_____

_____

3.3.1　视同销售

　　纳税人自产自用的应税消费品，除用于连续生产应税消费品外，凡用于其他方面的，于移送使用时纳税，即视同销售。

　　用于其他方面，是指纳税人用于生产非应税消费品和为在建工程、管理部门、非生产机构提供劳务，以及用于馈赠、赞助、集资、广告、样品、职工福利、奖励等方面的应税消费品。

　　（1）纳税人自产自用的应税消费品，用于连续生产应税消费品的，不纳税；用于其他方面的，于移送使用时纳税。

　　（2）自 2020 年 1 月 1 日起，单位和个体工商户将自产、委托加工或购买的货物，通过公益性社会组织和县级以上人民政府及其部门等国家机关，或者直接向承担疫情防治任务的医院，无偿捐赠用于应对新型冠状病毒肺炎疫情的，免征消费税（2020 年新增）。

（3）从 2009 年 1 月 1 日起，对成品油生产企业在生产成品油的过程中，作为燃料、动力及原料消耗掉的自产成品油，免征消费税。对用于其他用途或直接对外销售的成品油照章征收消费税。

3.3.2　视同销售情况下销售额的确定

纳税人自产应税消费品，自用于生产非应税产品、在建工程等其他方面视同销售的，其销售额按以下顺序确定。

（1）按纳税人当月销售同类消费品的销售价格计算，如果当月同类消费品当期销售价格高低不同，按销售数量加权平均计算。销售价格明显偏低又无正当理由的，或者无销售价格的，不能列入加权平均计算。

（2）如果当月无销售或当月未完结的，按照同类消费品上月或最近月份的销售价格计算。

（3）如果没有同类消费品销售价格，按组成计税价格计算。

①实行从价定率办法计算纳税的组成计税价格计算公式为：

$$组成计税价格 = （成本 + 利润） \div （1 - 比例税率）$$

②实行复合计税办法计算纳税的组成计税价格计算公式为：

$$组成计税价格 = （成本 + 利润 + 自产自用数量 \times 定额税率）/（1 - 比例税率）$$

公式中，成本是指应税消费品的产品生产成本，利润是指根据应税消费品的全国平均成本利润率计算的利润。全国平均成本利润率由国家税务总局确定：高档手表为 20%；超豪华小汽车为 10%；甲类卷烟、粮食白酒、高尔夫球及球具、游艇为 10%；乘用车为 8%；摩托车、贵重首饰及珠宝玉石为 6%；乙类卷烟、雪茄烟、烟丝、薯类白酒、其他酒、高档化妆品、鞭炮、焰火、木制一次性筷子、实木地板、中轻型商用客车为 5%；电池为 4%；涂料为 7%。

【例题】　某汽车厂为增值税一般纳税人，在 2020 年 12 月特制小轿车 12 台和电动汽车 10 台，其中，将 2 辆小轿车用于奖励员工；本月销售电动汽车 12 辆，不含税售价为 40 万元/辆；小轿车生产成本为 20 万元/辆，成本利润率为 10%，消费税税率为 9%。请计算该汽车厂上述业务的增值税和消费税。

【解析】　将小轿车用于奖励员工，应视同销售，缴纳增值税和消费税。

增值税销项税额 = $20 \times （1 + 10\%） \div （1 - 9\%） \times 2 \times 13\% + 40 \times 12 \times 13\%$ = 68.69（万元）

应纳消费税 = $20 \times （1 + 10\%） \div （1 - 9\%） \times 2 \times 9\%$ = 4.35（万元）。

■ 任务实训

一、理论知识训练

1. 单项选择题

（1）根据消费税法律制度的规定，下列各项中，应以纳税人同类应税消费品的最高销售价格作为计税依据计征消费税的是（　　）。

A. 用于无偿赠送的应税消费品

B. 用于集体福利的应税消费品

C. 用于换取生产资料的应税消费品

D. 用于连续生产非应税消费品的应税消费品

（2）甲公司为增值税一般纳税人，在 2018 年 10 月销售自产柴油 4 000 吨，馈赠客户自产柴油 30 吨，本公司工程车辆领用自产柴油 20 吨，已知柴油 1 吨 = 1 176 升，消费税税率为 1.2

元/升，计算甲公司当月上述业务应缴纳的消费税的下列算式中正确的是（   ）。

A. $(4\ 000+30)\times1\ 176\times1.2=5\ 687\ 136$（元）

B. $(4\ 000+30+20)\times1\ 176\times1.2=5\ 715\ 360$（元）

C. $4\ 000\times1\ 176\times1.2=5\ 644\ 800$（元）

D. $(4\ 000+20)\times1\ 176\times1.2=5\ 673\ 024$（元）

（3）2017 年 5 月，甲化妆品厂将一批自产高档化妆品用于馈赠客户，该批高档化妆品生产成本为 17 000 元，无同类高档化妆品销售价格，已知消费税税率为 15%，成本利润率为 5%。计算甲化妆品厂当月该笔业务应缴纳消费税税额的下列算式中正确的是（   ）。

A. $17\ 000\times(1+5\%)\times15\%=2\ 677.5$（元）

B. $17\ 000\times(1+5\%)\div(1-15\%)\times15\%=3\ 150$（元）

C. $17\ 000\div(1-15\%)\times15\%=3\ 000$（元）

D. $17\ 000\times15\%=2\ 550$（元）

（4）下列项目中，需要缴纳消费税的是（   ）。

A. 用外购已税烟丝继续加工卷烟

B. 以外购已税石脑油为原料生产应税成品油

C. 某汽车厂将自产的小汽车赠送给客户使用

D. 用委托加工收回的烟丝继续加工卷烟

2. 判断题

视同销售情况下的销售额按纳税人当月销售同类消费品的销售价格计算，如果当月同类消费品当期销售价格高低不同，按销售数量加权平均计算。（   ）

二、综合能力训练

用思维导图软件，画出简易征税流程图。

三、创新创业项目训练

扫描二维码并阅读《关于吸烟的 15 组数字》一文，思考国家针对烟草征收高额消费税的初心。

阅读材料：关于吸烟
的 15 组数字

任务评价

评价类目	评价内容及标准		分值	自己评分	小组评分	教师评分
学习态度	√ 全勤（5 分）		10			
	√ 遵守课堂纪律（5 分）					
学习过程	➤ 能说出本任务的学习目标（5 分）		40			
	➤ 上课积极发言，积极回答"想一想"中的问题（5 分）					
	➤ 掌握视同销售的主要内容（10 分）					
	➤ 知道视同销售应税消费品的销售额（10 分）					
	➤ 能够计算视同销售情况下的消费税（10 分）					

续表

评价类目	评价内容及标准	分值	自己评分	小组评分	教师评分
学习结果	◆ "理论知识训练"考评（5分×4=20分） ◆ "综合能力训练"考评（10分×1=10分） ◆ "创新创业项目训练"考评（20分）	50			
	合计	100			
	所占比例/%	100	30	30	40
	综合评分				

任务 3.4　腿部支撑——委托加工环节消费税的计算

工作任务单及参考流程图

工作任务	委托加工环节消费税的计算	教学模式	任务驱动
建议学时	4	教学地点	一体化实训室
任务描述	税务局近期联合经济管理学院开展"税收普法进校园"活动，你负责消费税宣传册的制作，请设计委托加工环节消费税的计算流程图		
学习目标	知识目标	1. 掌握委托加工环节销售额的确认； 2. 把握消费税组成计税价格的计算方式	
	能力目标	1. 能够准确计算委托加工环节销售额； 2. 能够就委托加工环节做消费税筹划管理	
	思政目标	1. 培养节俭为美的良好品德； 2. 爱护自己的身体，远离不良习惯	
KPI 指标	精简、高效、快速地计算委托加工环节消费税		
思维导图			

委托加工环节消费税的计算
— 委托加工的确认
— 销售额的确定
　— 无受托方同类消费品价格的
　— 有受托方同类消费品价格的

任务实施

◈ 想一想

在我国的春节，最热闹的要数腊月和正月放鞭炮了。结婚、新生、送归、迁居，中国人都要放鞭炮庆贺。但是，随着大气污染越来越严重，发布禁燃令的地区也越来越多。作为应税消费品的烟花爆竹，到底能不能燃放？请同学们发表自己的看法。

_____

_____

3.4.1　委托加工

委托加工应税消费品是指委托方提供原料和主要材料，受托方只收取加工费和代垫部分辅助材料加工的应税消费品。

下列情况不属于委托加工情形。

（1）由受托方提供原材料生产消费品；

（2）受托方先将原材料卖给委托方，再接受加工消费品。

（3）由受托方以委托方名义购进原材料生产消费品。

3.4.2　委托加工应纳消费税的计算

委托加工应税消费品销售额的确定与自产自用视同销售的应税消费品基本相同，但有两点区别：一是销售额按照代收代缴税款的受托方的同类消费品的销售价格计算；二是与组成计税价格的计算原理相同，但公式中的分子不同。

（1）实行从价定率办法计征消费税的，其计算公式为：

$$组成计税价格 = （材料成本 + 加工费）/（1 - 比例税率）$$

$$应纳税额 = 组成计税价格 × 比例税率$$

（2）实行复合计税办法计征消费税的，其计算公式为：

$$组成计税价格 = （材料成本 + 加工费 + 委托加工数量 × 定额税率） - （1 - 比例税率）$$

$$应纳税额 = 组成计税价格 × 比例税率 + 委托加工数量 × 定额税率$$

材料成本，是指委托方所提供加工材料的实际成本。委托加工应税消费品的纳税人，必须在委托加工合同上如实注明（或以其他方式提供）材料成本，凡未提供材料成本的，受托方税务机关有权核定其材料成本。

加工费，是指受托方加工应税消费品向委托方所收取的全部费用（包括代垫辅助材料的实际成本），不包括增值税税款。

【例题】　甲涂料生产企业在 2019 年 6 月发生如下经营业务：在境内生产并销售油脂类涂料取得不含增值税销售额 200 万元；委托境内乙企业加工橡胶类涂料 1 吨，收回后再销售的不含税销售额为 100 万元，乙企业同类消费品的销售价格（不含税）为 80 万元/吨，涂料成本为 30 万元，加工费为 20 万元。涂料消费税税率为 4%。

注：上述涂料在施工状态下挥发性有机物含量均高于 420 克/升。

（1）计算甲企业生产、销售自产涂料应缴纳的消费税税额。

（2）计算乙企业受托加工涂料应代收代缴的消费税。

（3）计算甲企业销售委托加工收回的涂料应缴纳的消费税。

（4）计算甲企业本月应缴纳的消费税（不含代收代缴税款）。

解析：甲企业本月应缴纳的消费税 = 8 + 0.8 = 8.8(万元)。

乙企业受托加工涂料应代收代缴的消费税 = 80 × 4% = 3.2(万元)。

甲企业销售委托加工收回的涂料应缴纳的消费税 = 100 × 4% − 80 × 4% = 0.8(万元)。

甲企业本月应缴纳的消费税 = 8 + 0.8 = 8.8(万元)。

【例题】 2020年11月，某化工生产企业以委托加工收回的已税高档化妆品为原料继续加工高档化妆品。委托加工收回的已税高档化妆品已纳消费税分别是：期初库存的已纳消费税30万元、当期收回的已纳消费税10万元、期末库存的已纳消费税20万元。当月销售高档化妆品取得不含税收入280万元。该企业当月应纳消费税多少万元？（高档化妆品消费税率为15%）

解析：该企业当月应纳消费税 = 280 × 15% − (30 + 10 − 20) = 22(万元)

■ 任务实训

一、理论知识训练

1. 单项选择题

（1）现行消费税规定，委托加工应税消费品，一般由受托方代收代缴消费税，但在个别情况下由委托方回原地纳税。下列情形中，委托方应回原地纳税的是（　　）。

A. 受托方是外商投资企业　　　　　B. 受托方是国有企业

C. 受托方是个体经营者　　　　　　D. 受托方是股份制企业

（2）委托加工应税消费品消费税的组成计税价格中不包括的项目有（　　）。

A. 增值税　　　　　　　　　　　　B. 委托方提供加工材料的实际成本

C. 加工费　　　　　　　　　　　　D. 受托方代收代缴的消费税

2. 多项选择题

（1）根据消费税法律制度的规定，下列关于消费税纳税环节的表述中正确的有（　　）。

A. 纳税人生产应税消费品对外销售的，在销售时纳税

B. 纳税人自产自用应税消费品，用于连续生产应税消费品以外用途的，在移送使用时纳税

C. 纳税人委托加工应税消费品，收回后直接销售的，在销售时纳税

D. 纳税人委托加工应税消费品，由受托方向委托方交货时代收代缴税款，但受托方为其他个人或个体工商户的除外

（2）下列关于委托加工业务的叙述中正确的有（　　）。

A. 受托方先将原材料销售给委托方，再接受委托方的委托加工应税消费品，属于委托加工应税消费品

B. 纳税人委托个体经营者加工应税消费品，一律于委托方收回后在委托方所在地缴纳消费税

C. 在对委托方进行税务检查时，如果发现其委托加工的应税消费品受托方没有代收代缴税款，委托方要补缴税款

D. 在对委托方进行税务检查时，如果发现其委托加工的应税消费品受托方没有代收代缴税款，受托方要补缴税款

（3）甲公司从事果蔬的加工及销售业务，某日从农民手中收购一批蔬菜，农产品收购发

票上注明的收购价款为15 000元，甲公司对蔬菜进行清洗、加工后，委托乙超市对外出售。双方协议乙超市对外销售及与甲公司的结算价格为不含增值税售价25 000元，甲公司向乙超市支付不含增值税售价20%的手续费。4月1日，甲公司收到乙超市的代销清单，该批蔬菜已全部销售完毕，则下列说法中正确的是（　　　　　）。

A. 甲公司收购蔬菜可抵扣的进项税额为15 000×9% = 1 350(元)

B. 甲公司收到代销清单时的销项税额为25 000×9% = 2 250(元)

C. 乙公司接受委托代销蔬菜应纳增值税为0元

D. 乙公司接受委托代销蔬菜应纳增值税为25 000×20%×9% = 450(元)

二、综合能力训练

1. 用思维导图软件，画出委托加工应纳消费税的计算流程图。

2. 回答"想一想"中的问题。

三、思政园地

扫描二维码并阅读《贪图享乐丧失斗志葬送大顺军》一文，思考国家为什么要将部分奢侈品列入应税消费品。

阅读材料：贪图享乐丧失斗志葬送大顺军

■ 任务评价

评价类目	评价内容及标准		分值	自己评分	小组评分	教师评分
学习态度	√ 全勤（5分）		10			
	√ 遵守课堂纪律（5分）					
学习过程	➤ 能说出本任务的学习目标（5分）		40			
	➤ 上课积极发言，积极回答"想一想"中的问题（5分）					
	➤ 掌握委托加工的定义（10分）					
	➤ 知道委托加工消费税的计算公式（10分）					
	➤ 能够正确计算委托加工消费税的税额（10分）					
学习结果	◆ "理论知识训练"考评（4分×5 = 20分）		50			
	◆ "综合能力训练"考评（10分×2 = 20分）					
	◆ "思政园地"考评（10分）					
合计			100			
所占比例/%			100	30	30	40
综合评分						

任务 3.5　小脚丫子——零售、批发环节消费税的计算与纳税申报

工作任务单及参考流程图

工作任务	零售、批发环节消费税的计算与纳税申报	教学模式	任务驱动
建议学时	2	教学地点	一体化实训室
任务描述	税务局近期联合经济管理学院开展"税收普法进校园"活动，你负责消费税宣传册的制作，请设计零售、批发环节消费税的计算流程图		
学习目标	知识目标	1. 了解有哪些消费品属于多环节计税； 2. 理解"金银铂钻"为何在零售环节一次计征税收	
	能力目标	1. 能够进行简单的消费税会计核算； 2. 能够进行消费税纳税申报	
	思政目标	1. 培养节俭为美的良好品德； 2. 培养爱岗敬业的职业品德	
KPI 指标	精简、高效、快速地将消费税政策传达到位		
思维导图			

零售、批发环节消费税的计算 — 零售环节计征的消费品
零售、批发环节消费税的计算 — 批发环节计征的消费品

任务实施

◈ 想一想

　　吃炸鸡需要缴纳消费税吗？思考以下问题：消费税的主要作用是什么？我们平时的哪些消费行为需要缴纳消费税？应税消费品有哪些共性？

_____

_____

3.5.1　外购应税消费品已纳税款的扣除

　　由于某些应税消费品是用外购已缴纳消费税的应税消费品连续生产出来的，在对这些连续生产出来的应税消费品计算征税时，税法规定应按当期生产领用数量计算准予扣除外购的应税

消费品已纳的消费税税款。扣除范围如下。

（1）外购已税烟丝生产的卷烟。

（2）外购已税高档化妆品原料生产的高档化妆品。

（3）外购已税珠宝、玉石原料生产的贵重首饰及珠宝、玉石。

（4）外购已税鞭炮、焰火原料生产的鞭炮、焰火。

（5）外购已税杆头、杆身和握把为原料生产的高尔夫球杆。

（6）外购已税木制一次性筷子原料生产的木制一次性筷子。

（7）外购已税实木地板原料生产的实木地板。

（8）外购已税石脑油、润滑油、燃料油为原料生产的成品油。

（9）外购已税汽油、柴油为原料生产的汽油、柴油。

上述当期准予扣除外购应税消费品已纳消费税税款的计算公式为：

当期准予扣除的外购应税消费品已纳税款 = 当期准予扣除的外购应税消费品买价 × 外购应税消费品适用税率

当期准予扣除的外购应税消费品买价 = 期初结存的外购应税消费品的买价 + 当期购进的应税消费品的买价 − 期末库存的外购应税消费品的买价

外购已税消费品的买价，是指购货发票上注明的销售额（不包括增值税税款）。

纳税人用外购的已税珠宝、玉石原料生产的改在零售环节征收消费税的金银首饰（镶嵌首饰），在计税时一律不得扣除外购珠宝、玉石的已纳税款。

对自己不生产应税消费品，而只是购进后再销售应税消费品的工业企业，其销售的高档化妆品、鞭炮、焰火和珠宝、玉石，凡不能构成最终消费品直接进入消费品市场，而需进一步生产加工的，应当征收消费税，同时允许扣除上述外购应税消费品的已纳税款。

允许扣除已纳税款的应税消费品只限于从工业企业购进的应税消费品和在进口环节已纳消费税的应税消费品，对从境内商业企业购进应税消费品的已纳税款一律不得扣除。

3.5.2　委托加工收回的应税消费品已纳税款的扣除

委托加工应税消费品因为已由受托方代收代缴消费税，所以委托方收回货物后用于连续生产应税消费品的，其已纳税款准予按照规定从连续生产的应税消费品应纳消费税税额中抵扣。下列连续生产的应税消费品准予从应纳消费税税额中按当期生产领用数量计算扣除委托加工收回的应税消费品已纳消费税税款。

（1）以委托加工收回的已税烟丝为原料生产的卷烟。

（2）以委托加工收回的已税高档化妆品为原料生产的高档化妆品。

（3）以委托加工收回的已税珠宝、玉石为原料生产的贵重首饰及珠宝、玉石。

（4）以委托加工收回的已税鞭炮、焰火为原料生产的鞭炮、焰火。

（5）以委托加工收回的已税杆头、杆身和握把为原料生产的高尔夫球杆。

（6）以委托加工收回的已税木制一次性筷子为原料生产的木制一次性筷子。

（7）以委托加工收回的已税实木地板为原料生产的实木地板。

（8）以委托加工收回的已税石脑油、润滑油、燃料油为原料生产的成品油。

（9）以委托加工收回的已税汽油、柴油为原料生产的汽油、柴油。

上述当期准予扣除委托加工收回的应税消费品已纳消费税税款的计算公式为：

当期准予扣除的委托加工应税消费品已纳税款 = 期初库存的委托加工应税消费品已纳税款 + 当期收回的委托加工应税消费品已纳税款 − 期末库存的委托加工应税消费品已纳税款

纳税人用委托加工收回的已税珠宝、玉石原料生产的改在零售环节征收消费税的金银首饰，在计税时一律不得扣除委托加工收回的珠宝、玉石原料的已纳消费税税款。

【例题】 2020 年 10 月，A 烟草批发企业向 B 卷烟零售店销售卷烟 400 标准条，取得不含增值税销售额 50 000 元；向 C 烟草批发企业销售卷烟 300 标准条，取得不含增值税销售额 60 000 元。卷烟批发环节消费税比例税率为 11%，定额税率为 0.005 元/支，每标准条含 200 支卷烟。计算 A 烟草批发企业当月上述业务应缴纳消费税税额。

解析：A 烟草批发企业向 C 烟草批发企业销售卷烟，属于批发企业之间的销售，不缴纳消费税。

A 烟草批发企业应缴纳消费税 = 50 000 × 11% + 400 × 200 × 0.005 = 5 900(元)

3.5.3 消费税纳税管理

1. 纳税义务发生时间

(1) 纳税人销售应税消费品的，按不同的销售结算方式确定，分别如下。

①采取赊销和分期收款结算方式的，为书面合同约定的收款日期的当天，书面合同没有约定收款日期或者无书面合同的，为发出应税消费品的当天。

②采取预收货款结算方式的，为发出应税消费品的当天。

③采取托收承付和委托银行收款方式的，为发出应税消费品并办妥托收手续的当天。

④采取其他结算方式的，为收讫销售款或者取得索取销售款凭据的当天。

(2) 纳税人自产自用应税消费品的，为移送使用的当天。

(3) 纳税人委托加工应税消费品的，为纳税人提货的当天。

(4) 纳税人进口应税消费品的，为报关进口的当天。

2. 纳税地点

(1) 纳税人销售的应税消费品，以及自产自用的应税消费品，除国务院财政、税务主管部门另有规定外，应当向纳税人机构所在地或者居住地的税务机关申报纳税。

(2) 委托加工的应税消费品，除受托方为个人外，由受托方向机构所在地或者居住地的税务机关解缴消费税税款。受托方为个人的，由委托方向机构所在地的税务机关申报纳税。

(3) 进口的应税消费品，由进口人或者其代理人向报关地海关申报纳税。

(4) 纳税人到外县（市）销售或者委托外县（市）代销自产应税消费品的，于应税消费品销售后，向机构所在地或者居住地税务机关申报纳税。

(5) 纳税人的总机构与分支机构不在同一县（市）的，应当分别向各自机构所在地的税务机关申报纳税。

纳税人的总机构与分支机构不在同一县（市），但在同一省（自治区、直辖市）范围内，经省（自治区、直辖市）财政厅（局）、税务局审批同意，可以由总机构汇总向总机构所在地的税务机关申报缴纳消费税。

省（自治区、直辖市）财政厅（局）、税务局应将审批同意的结果，上报财政部、国家税务总局备案。

(6) 纳税人销售的应税消费品，如因质量等原因由购买者退回，经机构所在地或者居住地税务机关审核批准后，可退还已缴纳的消费税税款。

(7) 出口的应税消费品办理退税后，发生退关，或者国外退货进口时予以免税的，报关出口者必须及时向其机构所在地或者居住地税务机关申报补缴已退还的消费税税款。

纳税人直接出口的应税消费品办理免税后，发生退关或者国外退货，进口时已予以免税的，经机构所在地或者居住地税务机关批准，可暂不办理补税，待其转为国内销售时，再申报补缴消费税。

（8）个人携带或者邮寄进境的应税消费品的消费税，连同关税一并计征，具体办法由国务院关税税则委员会会同有关部门制定。

3. 纳税期限

消费税的纳税期限分别为 1 日、3 日、5 日、10 日、15 日、1 个月或者 1 个季度；纳税人的具体纳税期限，由税务机关根据纳税人应纳税额的大小分别核定；不能按照固定期限纳税的，可以按次纳税。

纳税人以 1 个月或者 1 个季度为 1 个纳税期的，自期满之日起 15 日内申报纳税；以 1 日、3 日、5 日、10 日或者 15 日为 1 个纳税期的，自期满之日起 5 日内预缴税款，于次月 1 日起至 15 日内申报纳税并结清上月应纳税款。

纳税人进口应税消费品，应当自海关填发海关进口消费税专用缴款书之日起 15 日内缴纳税款。

任务实训

一、理论知识训练

1. 单项选择题

（1）纳税人采取委托收款结算方式销售应税消费品的，其消费税纳税义务发生时间为（   ）。

A. 签订销售合同的当天　　　　　　B. 收到预收货款的当天

C. 发出应税消费品的当天　　　　　D. 发出应税消费品并办妥托收手续的当天

（2）消费税小汽车税目中的超豪华小汽车，是指每辆零售价格在（   ）万元（不含增值税）及以上的乘用车和中轻型商用客车。

A. 110　　　　　　B. 120　　　　　　C. 130　　　　　　D. 140

（3）甲商场为增值税一般纳税人。2019 年 10 月，珠宝部取得金银首饰零售收入 37.12 万元（包括以旧换新销售金银首饰的市场零售价 17.55 万元），在以旧换新业务中旧首饰的作价为 5.95 万元，甲商场实际收取的含税金额为 11.6 万元，甲商场上述业务应缴纳消费税（   ）万元（消费税税率为 5%）。

A. 1.6　　　　　　B. 1.34　　　　　　C. 1.38　　　　　　D. 2.35

2. 多项选择题

（1）在零售环节征收消费税的有（   ）。

A. 金银首饰　　　　　B. 钻石　　　　　C. 铂金首饰　　　　　D. 珠宝玉石

（2）在零售环节征收消费税的金银首饰包括（   ）。

A. 金基、银基合金首饰

B. 金、银和金基、银基合金的镶嵌首饰

C. 镀金首饰

D. 珍珠项链

二、综合能力训练

1. 用思维导图软件，画出确定销项税额的几种情况。

2. 回答"想一想"中的问题。

三、思政园地

扫描二维码并阅读《新中国第一油田——大庆油田的前世今生》一文，思考大庆油田对国家战略安全的重大意义。

阅读材料：新中国第一油田——
大庆油田的前世今生

任务评价

评价类目	评价内容及标准	分值	自己评分	小组评分	教师评分
学习态度	√ 全勤（5分） √ 遵守课堂纪律（5分）	10			
学习过程	➢ 能说出本任务的学习目标（5分） ➢ 上课积极发言，积极回答"想一想"中的问题（5分） ➢ 掌握外购应税消费品已纳税额的计算方法（10分） ➢ 知道消费税管税程序（10分） ➢ 能够计算委托加工应税消费品已纳税额的扣除（10分）	40			
学习结果	◆ "理论知识训练"考评（4分×5＝20分） ◆ "综合能力训练"考评（10分×2＝20分） ◆ "思政园地"考评（10分）	50			
合计		100			
所占比例/%		100	30	30	40
综合评分					

项目实施

（1）粮食白酒的包装物押金收取是即并入销售额征收消费税，无论是否退还，粮食白酒应纳消费税 $=50\,000×0.5+[105\,000+9\,040÷(1+13\%)]×20\%=47\,600(元)$。

（2）在委托加工环节，消费税的纳税人为委托方，受托方代收代缴税款，湘南酒厂应代收代缴的消费税 $=2.75×10×20\%×10\,000+10×1\,000×2×0.5=65\,000(元)$。

（3）在委托加工环节，消费税的纳税人为委托方，受托方代收代缴税款，B企业无同类葡萄酒市场售价，湘南酒厂计税价格 $=(200\,000+30\,000)÷(1-10\%)=255\,555.56(元)$，B企业应代收代缴的消费税 $=(200\,000+30\,000)÷(1-10\%)×10\%=25\,555.56(元)$。

（4）委托加工收回的葡萄酒的60%用于销售，$255\,555.56×60\%=153\,333.34(元)$，销售价格高于计税价格，需缴纳消费税 $=200\,000×10\%-25\,555.56×60\%=4\,666.66(元)$；准予扣除的已纳消费税 $=25\,555.56×40\%=10\,222.22(元)$。

（5）组成计税价格 $=(200\,000+200\,000×14\%)÷(1-10\%)=253\,333.33(元)$，应纳消费税额 $=253\,333.33×10\%=25\,333.33(元)$。

（6）将购进的卷烟销售给其他卷烟批发企业，不缴纳批发环节消费税，销售给零售单位，需要缴纳批发环节消费税，应纳消费税额 = 270 000 × 11% + 30 × 250 × 200 × 0.005 = 37 200（元）。

（7）将粮食白酒用于职工福利，该粮食白酒无同类产品售价，因此组成计税价格 =（50 000 + 50 000 × 5% + 5 000 × 0.5）÷（1 − 20%）= 68 750（元），应纳消费税额 = 68 750 × 20% + 5 000 × 0.5 = 16 250（元）。

委托加工应税消费品提货时受托方没有按照规定代收代缴的消费税，委托方要补缴，应补缴的消费税额 = 50 × 250 = 12 500（元）。

消费税及附加税费申报表如表 3 − 3 所示。

表 3 − 3　消费税及附加税费申报表

税款所属期：自 2021 年 3 月 1 日至 2021 年 3 月 31 日

纳税人识别号（统一社会信用代码）：914300001837985282

纳税人名称：××酒厂　　　　　　　　　　　　　　　　　金额单位：人民币元（列至角分）

应税消费品名称 / 项目	适用税率 定额税率	适用税率 比例税率	计量单位	本期销售数量	本期销售额	本期应纳税额
	1	2	3	4	5	6 = 1 × 4 + 2 × 5
白酒	0.5	20%	克	55 000	181 750	63 850
葡萄酒		10%	吨	5 000	253 333.33	25 333.33
卷烟	50 元/万支	11%	万支	150	270 000	37 200
合计	—	—	—	—	—	126 383.33

项目	栏次	本期税费额
本期减（免）税额	7	0
期初留抵税额	8	0
本期准予扣除税额	9	10 222.22
本期应扣除税额	10 = 8 + 9	10 222.22
本期实际扣除税额	11 [10 < （6 − 7），则为 10，否则为 6 − 7]	10 222.22
期末留抵税额	12 = 10 − 11	0
本期预缴税额	13	0
本期应补（退）税额	14 = 6 − 7 − 11 − 13	116 161.11
城市维护建设税本期应补（退）税额	15	
教育费附加本期应补（退）费额	16	
地方教育附加本期应补（退）费额	17	

续表

声明：此表是根据国家税收法律法规及相关规定填写的，本人（单位）对填报内容（及附带资料）的真实性、可靠性、完整性负责。

纳税人（签章）： 年 月 日

经办人：
经办人身份证号：
代理机构签章：
代理机构统一社会信用代码：

受理人：
受理税务机关（章）：
受理日期： 年 月 日

"消费税及附加税费申报表"填表说明如下。

（1）本表作为"消费税及附加税费申报表"的主表，由消费税纳税人填写。

（2）本表"税款所属期"，指纳税人申报的消费税应纳税额所属时间，应填写具体的起止年、月、日。

（3）本表"纳税人识别号（社会统一信用代码）"，填写纳税人识别号或者统一社会信用代码。

（4）本表"纳税人名称"，填写纳税人名称全称。

（5）本表"应税消费品名称"栏、第1栏"定额税率"、第2栏"比例税率"和第3栏"计量单位"：按照表3-4"应税消费品名称、税率和计量单位对照表"的内容对应填写。

（6）本表第4栏"本期销售数量"，填写国家税收法律、法规及相关规定（以下简称"税法"）规定的本期应当申报缴纳消费税的应税消费品销售数量（不含出口免税销售数量）。用自产汽油生产的乙醇汽油，按照生产乙醇汽油所耗用的汽油数量填写；以废矿物油生产的润滑油基础油为原料生产的润滑油，按扣除耗用的废矿物油生产的润滑油基础油后的数量填写。

（7）本表第5栏"本期销售额"，填写税法规定的本期应当申报缴纳消费税的应税消费品销售额（不含出口免税销售额）。

（8）本表第6栏"本期应纳税额"，计算公式如下：

实行从价定率办法计算的应纳税额＝销售额×比例税率
实行从量定额办法计算的应纳税额＝销售数量×定额税率
实行复合计税办法计算的应纳税额＝销售额×比例税率＋销售数量×定额税率

暂缓征收的应税消费品，不计算应纳税额。

（9）本表第7栏"本期减（免）税额"，填写本期按照税法规定减免的消费税应纳税额，不包括暂缓征收的应税消费品的税额以及出口应税消费品的免税额。本期减免消费税应纳税额情况，需同时填报"本期减（免）税额明细表"。本栏数值应等于"本期减（免）税额明细表"第8栏"减（免）税额""合计"栏数值。

（10）本表第8栏"期初留抵税额"，填写上期申报表第12栏"期末留抵税额"数值。

（11）本表第9栏"本期准予扣除税额"，填写税法规定的本期外购、进口或委托加工收回应税消费品用于连续生产应税消费品准予扣除的消费税已纳税额，以及委托加工收回应税消费品以高于受托方计税价格销售的，在计税时准予扣除的消费税已纳税额。

成品油消费税纳税人：本表"本期准予扣除税额"栏数值＝"本期准予扣除税额计算表（成品油消费税纳税人适用）"第6栏"本期准予扣除税额""合计"栏数值。

其他消费税纳税人：本表"本期准予扣除税额"栏数值＝"本期准予扣除税额计算表"第19栏"本期准予扣除税款合计""合计"栏数值。

（12）本表第10栏"本期应扣除税额"，填写纳税人本期应扣除的消费税税额，计算公式为：

本期应扣除税额＝期初留抵税额＋本期准予扣除税额

（13）本表第11栏"本期实际扣除税额"，填写纳税人本期实际扣除的消费税税额，计算公式如下。

当本期应纳税额合计－本期减（免）税额≥本期应扣除税额时，本期实际扣除税额＝本期应扣除税额；当本期应纳税额合计－本期减（免）税额＜本期应扣除税额时，本期实际扣除税额＝本期应纳税额合计－本期减（免）税额。

（14）本表第12栏"期末留抵税额"，计算公式为：

期末留抵税额＝本期应扣除税额－本期实际扣除税额

（15）本表第13栏"本期预缴税额"，填写纳税人申报前纳税人已预先缴纳入库的本期消费税额。

（16）本表第14栏"本期应补（退）税额"，填写纳税人本期应纳税额中应补缴或应退回的数额，计算公式为：

本期应补（退）税额＝本期应纳税额合计－本期减（免）税额－本期实际扣除税额－本期预缴税额

（17）本表第15栏"城市维护建设税本期应补（退）税额"，填写"消费税附加税费计算表"中"城市维护建设税"对应的"本期应补（退）税（费）额"栏数值。

（18）本表第16栏"教育费附加本期应补（退）费额"，填写"消费税附加税费计算表"中"教育费附加"对应的"本期应补（退）税（费）额"栏数值。

（19）本表第17栏"地方教育附加本期应补（退）费额"，填写"消费税附加税费计算表"中"地方教育费附加"对应的"本期应补（退）税（费）额"栏数值。

（20）本表为A4竖式，所有数字小数点后保留两位。本表一式二份，一份由纳税人留存，一份由税务机关留存。

表3-4　应税消费品名称、税率和计量单位对照表

应税消费品名称	比例税率/%	定额税率	计量单位
一、烟			
1. 卷烟			
（1）工业			
①甲类卷烟（调拨价70元（不含增值税）/条以上（含70元））	56	30元/万支	万支
②乙类卷烟（调拨价70元（不含增值税）/条以下）	36	30元/万支	
（2）商业批发	11	50元/万支	
2. 雪茄烟	36	—	支
3. 烟丝	30	—	千克
二、酒			
1. 白酒	20	0.5元/500克（毫升）	500克（毫升）
2. 黄酒	—	240元/吨	吨
3. 啤酒			
（1）甲类啤酒（出厂价格3 000元（不含增值税）/吨以上（含3 000元））	—	250元/吨	吨
（2）乙类啤酒（出厂价格3 000元（不含增值税）/吨以下）	—	220元/吨	
4. 其他酒	10	—	吨
三、高档化妆品	15	—	实际使用计量单位
四、贵重首饰及珠宝玉石			
1. 金银首饰、铂金首饰和钻石及钻石饰品	5	—	实际使用计量单位
2. 其他贵重首饰和珠宝玉石	10	—	
五、鞭炮、焰火	15	—	实际使用计量单位
六、成品油			
1. 汽油	—	1.52元/升	升
2. 柴油	—	1.20元/升	
3. 航空煤油	—	1.20元/升	
4. 石脑油	—	1.52元/升	

续表

应税消费品名称	比例税率/%	定额税率	计量单位
5. 溶剂油	—	1.52 元/升	升
6. 润滑油	—	1.52 元/升	
7. 燃料油	—	1.20 元/升	
七、摩托车			
1. 气缸容量（排气量，下同）=250 毫升	3		辆
2. 气缸容量 >250 毫升	10		
八、小汽车			
1. 乘用车			
（1）气缸容量（排气量，下同）≤1.0 升	1	—	辆
（2）1.0 升 < 气缸容量 ≤1.5 升	3	—	
（3）1.5 升 < 气缸容量 ≤2.0 升	5	—	
（4）2.0 升 < 气缸容量 ≤2.5 升	9	—	
（5）2.5 升 < 气缸容量 ≤3.0 升	12	—	
（6）3.0 升 < 气缸容量 ≤4.0 升	25	—	
（7）气缸容量 >4.0 升	40	—	
2. 中轻型商用客车	5	—	
3. 超豪华小汽车	10	—	
九、高尔夫球及球具	10	—	实际使用计量单位
十、高档手表	20	—	只
十一、游艇	10	—	艘
十二、木制一次性筷子	5	—	万双
十三、实木地板	5	—	平方米
十四、电池	4	—	只
十五、涂料	4	—	吨

本期准予扣除税额计算表如表 3 – 5 所示。

表 3 – 5　本期准予扣除税额计算表

金额单位：元（列至角分）

准予扣除项目		应税消费品名称		葡萄酒		合计
一、本期准予扣除的委托加工应税消费品已纳税款计算		期初库存委托加工应税消费品已纳税款	1	0		0
		本期收回委托加工应税消费品已纳税款	2	25 555.56		
		期末库存委托加工应税消费品已纳税款	3			
		本期领用不准予扣除委托加工应税消费品已纳税款	4	15 333.34		
		本期准予扣除委托加工应税消费品已纳税款	5 = 1 + 2 – 3 – 4	10 222.22		
二、本期准予扣除的外购应税消费品已纳税款计算	（一）从价计税	期初库存外购应税消费品买价	6			
		本期购进应税消费品买价	7			
		期末库存外购应税消费品买价	8			
		本期领用不准予扣除外购应税消费品买价	9			
		适用税率	10			
		本期准予扣除外购应税消费品已纳税款	$11 = (6 + 7 - 8 - 9) \times 10$			
	（二）从量计税	期初库存外购应税消费品数量	12			
		本期外购应税消费品数量	13			
		期末库存外购应税消费品数量	14			
		本期领用不准予扣除外购应税消费品数量	15			
		适用税率	16			

续表

准予扣除项目		应税消费品名称	葡萄酒			合计
二、本期准予扣除的外购应税消费品已纳税款计算	（二）从量计税	计量单位	17			
		本期准予扣除的外购应税消费品已纳税款	$18=(12+13-14-15)\times16$			
三、本期准予扣除税款合计			$19=5+11+18$	10 222.22		

"本期准予扣除税额计算表"填表说明如下。

（1）本表由外购（含进口）或委托加工收回应税消费品用于连续生产应税消费品、委托加工收回的应税消费品以高于受托方计税价格出售的纳税人（成品油消费税纳税人除外）填写。

（2）本表"应税消费品名称""适用税率""计量单位"栏的填写同主表。

（3）本表第1栏"期初库存委托加工应税消费品已纳税款"，填写上期本表第3栏数值。

（4）本表第2栏"本期收回委托加工应税消费品已纳税款"，填写纳税人委托加工收回的应税消费品在委托加工环节已纳消费税税额。

（5）本表第3栏"期末库存委托加工应税消费品已纳税款"，填写纳税人期末库存委托加工收回的应税消费品在委托加工环节已纳消费税税额合计。

（6）本表第4栏"本期领用不准予扣除委托加工应税消费品已纳税款"，填写纳税人委托加工收回的应税消费品，按税法规定不允许扣除的在委托加工环节已纳消费税税额。

（7）本表第5栏"本期准予扣除委托加工应税消费品已纳税款"，填写按税法规定，本期委托加工收回应税消费品中符合扣除条件准予扣除的消费税已纳税额，计算公式为：

本期准予扣除委托加工应税消费品已纳税款＝期初库存委托加工应税消费品已纳税款＋本期收回委托加工应税消费品已纳税款－期末库存委托加工应税消费品已纳税款－本期领用不准予扣除委托加工应税消费品已纳税款

（8）本表第6栏"期初库存外购应税消费品买价"，填写本表上期第8栏"期末库存外购应税消费品买价"的数值。

（9）本表第7栏"本期购进应税消费品买价"，填写纳税人本期外购用于连续生产的从价计税的应税消费品买价。

（10）本表第8栏"期末库存外购应税消费品买价"，填写纳税人外购用于连续生产应税消费品期末买价余额。

（11）本表第9栏"本期领用不准予扣除外购应税消费品买价"，填写纳税人本期领用外购的从价计税的应税消费品，按税法规定不允许扣除的应税消费品买价。

（12）本表第11栏"本期准予扣除外购应税消费品已纳税款"，计算公式为：

本期准予扣除的外购应税消费品已纳税款(从价计税)＝(期初库存外购应税消费品买价＋本期购进应税消费品买价－期末库存外购应税消费品买价－本期领用不准予扣除外购应税消费品买价)×适用税率

（13）本表第12栏"期初库存外购应税消费品数量"，填写本表上期"期末库存外购应税消费品数量"。

（14）本表第13栏"本期外购应税消费品数量"，填写纳税人本期外购用于连续生产的从量计税的应征消费品数量。

（15）本表第14栏"期末库存外购应税消费品数量"，填写纳税人用于连续生产的外购应税消费品期末库存数量。

（16）本表第15栏"本期领用不准予扣除外购应税消费品数量"，填写纳税人本期领用外购的从量计税的应税消费品，按税法规定不允许扣除的应税消费品数量。

（17）本表第18栏"本期准予扣除的外购应税消费品已纳税款"，计算公式为：

本期准予扣除的外购应税消费品已纳税款(从量计税)＝(期初库存外购应税消费品数量＋本期购进应税消费品数量－期末库存外购应税消费品数量－本期领用不准予扣除外购应税消费品数量)×适用税率

（18）本表第19栏"本期准予扣除税款合计"，计算公式为：

本期准予扣除税款合计＝本期准予扣除委托加工应税消费品已纳税款＋本期准予扣除外购应税消费品已纳税款（从价计税）＋本期准予扣除的外购应税消费品已纳税款（从量计税）

（19）本表为A4竖式。所有数字小数点后保留两位。本表一式二份，一份由纳税人留存，一份由税务机关留存。

项目 **4**

国际关系体温计——关税

内容导图

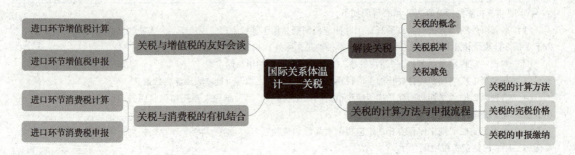

项目引入

某国际贸易公司为增值税一般纳税人，主要从事货物进出口、技术进出口、进出口代理、食品销售、新鲜水果零售、电子产品销售、机械设备销售、机械设备租赁业务。

2021 年 3 月，发生如下业务。

（1）3 月 2 日，从泰国进口一批榴莲，成交价格为 25 万元，该货物运抵我国输入地点起卸前发生运费 4 万元，保险费无法确定。

（2）3 月 12 日，从国外进口一批智力残疾者用的行为训练器，成交价格为 20 万元。

（3）3 月 24 日，从美国进口一批坚果，买价为 8 万元，用于农博会展示，会展期内全部销售，销售额为 10 万元（假定这批坚果关税税率为 50%，参展企业享受税收优惠政策的销售限额不超过 2 万美元）。

（4）3 月 4 日，从美国进口一批开心果，成交价格为 45 万元，该货物运抵我国输入地点起卸前发生的保险费和其他劳务费用共计 5 万元，起卸后发生运费 4 000 元（假定开心果进口关税税率为 50%）。

（5）3 月 15 日，上月从伊朗进口的开心果因品质问题需要退货复运出境，该批开心果的成交价格为 30 万元，该货物运抵我国输入地点起卸前发生运费 3 万元，保险费无法确定（假定开心果进口关税税率为 50%）。

（6）3 月 21 日，经海关审查，3 月 4 日从美国进口的开心果，公司少报抵港前运输费 2 万元（假定开心果进口关税税率为 50%）。

（7）3 月 21 日，公司从国外进口一批机器设备，成交价格为 100 万元，货物运抵我国关境前发生运输费 5 万元，保险费无法确定，另外销售商单独向公司收取境内安装费用 5 万元、境外技术援助费 3 万元、设备包装材料费 1 万元（假定该设备进口关税税率为 50%）。

（8）3 月 20 日，公司从德国进口一辆豪华小汽车自用。该小汽车买价为 128 万元，货物运抵我国关境前发生的运输费、保险费和其他费用共计 3 万元（假定该小汽车进口关税税率为 30%，消费税税率为 25%，增值税税率为 13%，零售环节加征 10% 消费税）。

（9）3 月 22 日，从国外进口一批高档化妆品，买价为 80 万元，货物运抵我国关境前发生的运输费、保险费和其他费用分别为 5 万元、4 万元、3 万元。从海关运往该公司仓库取得运费专票，注明运费为 1 万元，增值税为 900 元（假定该化妆品关税税率为 20%，消费税税率为 15%，增值税税率为 13%）。

任务 4.1　永远的利益——解读关税

工作任务单及思维导图

工作任务	解读关税		教学模式	任务驱动
建议学时	1		教学地点	一体化实训室
任务描述	瓦伦丁公司是增值税一般纳税人，该公司从国外购入一台先进的设备用于新产品研发，该设备目前在中国尚无企业生产。小张现在接手了外贸项目，她是否应该为该设备申报关税？			
学习目标	知识目标	1. 理解关税的概念； 2. 掌握关税的征收范围		
	能力目标	1. 能够判别关税和其他税种的主要不同； 2. 能够对进出口物品是否征收关税做基本判断		
	思政目标	1. 了解中国近代史，提升民族自豪感； 2. 培养爱国尚技的职业精神		
KPI 指标	关税征收范围掌握准确、税收优惠政策了解到位			
思维导图				

思维导图：

- 解读关税
  - 税则、税目
  - 税率
  - 减免条款
  - 征税对象
    - 贸易性商品
    - 行李物品
    - 自用物品
    - 邮递物品
  - 纳税义务人
    - 进口货物收货人
    - 出口货物发货人
    - 进境物品所有人

任务实施

　　关税法是指国家制定的调整关税征收与缴纳权利义务关系的法律规范。我国现行关税法律规范以全国人民代表大会于 2000 年 7 月修正颁布的《中华人民共和国海关法》（以下简称《海关法》）为法律依据，以国务院于 2003 年 11 月发布的《中华人民共和国进出口关税条例》（以下简称《进出口关税条例》），以及由国务院关税税则委员会审定并报国务院批准，作为条例组成部分的《中华人民共和国进出口税则》（以下简称《进出口税则》）和《中华人民共和国海关入境旅客行李物品和个人邮递物品征收进口税办法》为基本法规，以负责关税政策制定和征收管理的主管部门依据基本法规拟定的管理办法和实施细则为主要内容。

4.1.1　关税的概念

　　（1）关税是海关依法对进出国境或关境的货物和物品征收的一种流转税，包括进口关税和出口关税。

　　（2）关税的征税对象是进出我国国境或关境的货物和物品。货物是指贸易性商品，物品包括入境旅客随身携带的行李物品、各种运输工具上服务人员携带进口的自用物品、个人邮递物品、馈赠物品及以其他方式入境的个人物品。

　　（3）关税的纳税义务人有三种：进口货物的收货人、出口货物的发货人、进境物品的所有人。

　　①进出口货物的收发货人，指依法取得对外贸易经营权并发生进出口业务的法人或其他社会团体，包括外贸进出口公司、工贸或农贸结合的进出口公司、其他经批准经营进出口商品的企业。

　　②进境物品的所有人包括入境旅客随身携带的行李、物品的持有人，各种运输工具上服务人员入境时携带自用物品的持有人，馈赠物品及以其他方式入境的个人物品的所有人，个人邮递物品的收件人。

　　（4）关税税则又称海关税则。关税税则是一国对进出口商品计征关税的规章和对进出口的应税与免税商品加以系统分类的一览表。关税税则一般包括两个部分：一部分是海关课征关税的规章条例及说明；另一部分是关税税目税率表。税率表作为税则主体，包括税则商品分类目录和税率栏两大部分。税则商品分类目录是把种类繁多的商品加以综合，按照其不同特点分门别类地简化成数量有限的商品类目，分别编号按序排列，称为税则号列，并逐号列出该号中应列入的商品名称。商品分类的原则即归类规则，包括归类总规则和各类、章、目的具体注释。税率栏是按商品分类目录逐项定出的税率栏目。2021 年 12 月 30 日，国务院关税税则委员会公布《中华人民共和国进出口税则（2022）》，进境物品进口税应当按照"中华人民共和国进境物品进口税税率表"（表 4－1）确定适用税率。

表4-1　中华人民共和国进境物品进口税税率表

税目序号	物品名称	税率/%
1	书报、刊物、教育用影视资料；计算机、视频摄录一体机、数字照相机等信息技术产品；食品、饮料；金银、家具、玩具；游戏品、节日或其他娱乐用品、药品	13
2	运动用品（不含高尔夫球及球具）、钓鱼用品；纺织品及其制成品；电视摄像机及其他电器用具；自行车；税目1、3中未包含的其他商品	20
3	烟、酒；贵重首饰及珠宝、玉石；高尔夫球及球具；高档手表；高档化妆品	50

4.1.2 关税税率

关税税率是关税法的核心，分为进口税率和出口税率。进口关税一般采用比例税率，实行从价计征的办法，但对啤酒、原油等少数货物实行从量计征的办法。对广播用录像机、放像机、摄像机等实行从价加从量的复合税率。

1. 进口货物关税税率

进口关税设置最惠国税率、协定税率、特惠税率、普通税率等税率。进口货物适用何种关税税率是以进口货物的原产地为标准的。

（1）原产于共同适用最惠国待遇条款的 WTO 成员的进口货物，原产于与中华人民共和国签订含有相互给予最惠国待遇条款的双边贸易协定的国家或者地区的进口货物，以及原产于中华人民共和国境内的进口货物，适用最惠国税率。

（2）原产于与中华人民共和国签订含有关税优惠条款的区域性贸易协定的国家或者地区的进口货物，适用协定税率。

（3）原产于与中华人民共和国签订含有特殊关税优惠条款的贸易协定的国家或者地区的进口货物，适用特惠税率。

（4）原产于上述3条所列以外国家或者地区的进口货物，以及原产地不明的进口货物，适用普通税率。

适用最惠国税率的进口货物有暂定税率的，应当适用暂定税率；适用协定税率、特惠的进口货物有暂定税率的，应当从低适用税率；适用普通税率的进口货物，不适用暂定税率。

2. 出口货物关税税率

我国对绝大部分出口货物不征收出口关税，只对少数产品征收出口关税。出口关税税率没有普通税率和优惠税率之分，是一种差别比例税率。适用出口税率的出口货物有暂定税率的，应当适用暂定税率。

4.1.3 关税减免

关税减免又分为法定减免税、政策性减免税和临时性减免税。法定减免税是根据《中华人民共和国海关法》和《进出口关税条例》的法定条文规定的减免税。政策性减免税是指在法定减免税以外，由国务院或国务院授权的机关颁布法规、规章特别规定的关税减免。临时性减免税是由国务院根据《海关法》，对某个单位、某类商品、某个项目或某批进出口货物的特殊情况，需要对其进出口应税货物特别给予的关税减免。海关对法定减免税货物一般不进行后续管理。

（1）有下列情形的货物，经海关审查无误后可以免税。

①关税税额在人民币 50 元以下的一票货物。

②无商业价值的广告品和货样。

③外国政府、国际组织无偿赠送的物资。

④进出境运输工具装载的途中必需的燃料、物料和饮食用品。

⑤因故退还的中国出口货物，可以免征进口关税，但已征收的出口关税不予退还。

⑥因故退还的境外进口货物，可以免征出口关税，但已征收的进口关税不予退还。

（2）有下列情形之一的进口货物，海关可以酌情减免税。

①在境外运输途中或者在起卸时，遭受损坏或者损失的。

②起卸后海关放行前，因不可抗力遭受损坏或者损失的。

③海关查验时已经破漏、损坏或者腐烂，经证明不是保管不慎造成的。

④为境外厂商加工、装配成品和为制造外销产品而进口的原材料、辅料、零件、部件、配套件和包装物料，海关按照实际加工出口的成品数量免征进口关税；或者对进口料、件先征进口关税，再按照实际加工出口的成品数量予以退税。

⑤中国缔结或参加的国际条约规定减征、免征关税的货物、物品，海关应当按照规定减免关税。

■ 任务实训

一、理论知识训练

1. 单项选择题

（1）关税是（　　）对进出国境或关境的货物、物品征收的一种税。

A. 国家税务总局　　　　B. 海关　　　　　　C. 财政局　　　　　　D. 税务主管机构

（2）适用最惠国税率的进口货物有暂定税率的，应当适用（　　）。

A. 最惠国税率　　　　B. 暂定税率　　　　C. 协定税率　　　　D. 普通税率

2. 多项选择题

（1）下列进口货物中，哪些实行从量计征的方法计算应纳关税税额？（　　　　）

A. 啤酒　　　　　　B. 原油　　　　　　C. 胶卷　　　　　　D. 摄像机

（2）关税的纳税义务人有（　　　　）。

A. 进口货物的收货人　　　　　　　　　B. 出口货物的发货人

C. 进境物品的所有人　　　　　　　　　D. 进口货物的发货人

（3）下列哪些进口的货物，经海关审查无误后可以免税？（　　　　）

A. 关税税额在人民币 100 元以下的一票货物

B. 无商业价值的广告品和货样

C. 外国政府、国际组织无偿赠送的防疫物资

D. 进出境运输工具装载的途中必需的燃料

二、综合能力训练

1. 用思维导图软件，画出关税减免情形关系图。

2. 以会计人员的身份解决瓦伦丁公司的问题。

三、思政园地

扫描二维码并阅读《加入 WTO 让中国与世界实现共赢》一文，思考国家问什么要加入 WTO？加入 WTO 可以给我国带来什么？

阅读材料：加入 WTO
让中国与世界实现共赢

任务评价

评价类目	评价内容及标准	分值	自己评分	小组评分	教师评分
学习态度	√ 全勤（5分） √ 遵守课堂纪律（5分）	10			
学习过程	➢ 能说出本任务的学习目标（5分） ➢ 上课积极发言，积极回答"想一想"中的问题（5分） ➢ 掌握关税的征收范围（10分） ➢ 知道具体进口货物对应的具体关税税率（10分） ➢ 能够描述不同情形下进出口货物适应的关税减免政策（10分）	40			
学习结果	◆ "理论知识训练"考评（2分×5＝10分） ◆ "综合能力训练"考评（10分×2＝20分） ◆ "思政园地"考评（20分）	50			
合计		100			
所占比例/%		100	30	30	40
综合评分					

任务 4.2　没完的完税价——关税的计算方法与申报流程

工作任务单及思维导图

工作任务	关税的计算方法与申报流程	教学模式	任务驱动
建议学时	2	教学地点	一体化实训室
任务描述	瓦伦丁公司是增值税一般纳税人，该公司从国外购入一台先进的设备用于新产品研发，该设备目前在中国尚无企业生产。小张需要掌握哪些数据来为这台设备申报关税？		

续表

学习目标	知识目标	1. 能够理解关税的计算公式； 2. 能够掌握关税的申报流程
	能力目标	1. 能够正确计算关税税额； 2. 能够对关税进行正确申报
	思政目标	1. 了解中国近代史，提升民族自豪感 2. 培养爱国尚技的职业精神
KPI 指标		掌握关税完税价格的确定和应纳关税税额的计算
思维导图		

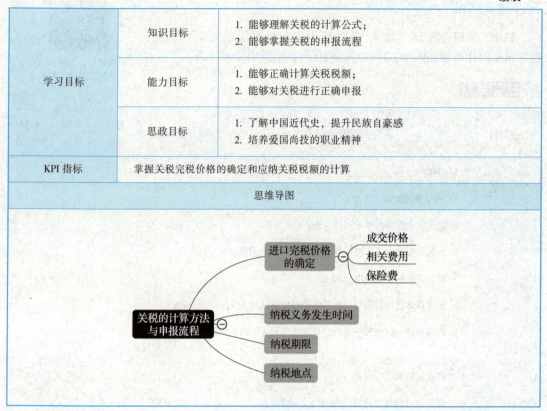

任务实施

❖ 想一想

　　2020 年 6 月 1 日，中共中央、国务院印发《海南自由贸易港建设总体方案》。该方案指出，按照零关税、低税率、简税制、强法治、分阶段的原则，逐步建立与高水平自由贸易港相适应的税收制度。零关税主要指在全岛封关运作前，对部分进口商品免征进口关税、进口环节增值税和消费税。低税率主要指对在海南自由贸易港实质经营的企业，实行企业所得税优惠税率。

　　为什么要建设海南自由贸易港？这对国家有什么意义？这对人们的生活有什么影响？

_____

_____

　　《海关法》规定，进出口货物的完税价格，由海关以该货物的成交价格为基础审查确定。成交价格不能确定时，完税价格由海关依法估定。自我国加入 WTO 后，我国海关已全面实施《世界贸易组织估价协定》，遵循客观、公平、统一的估价原则，并依据自 2014 年 2 月 1 日起实施的《中华人民共和国海关审定进出口货物完税价格办法》（以下简称《完税价格办法》），审定进出口货物的完税价格。

4.2.1   关税的计算方法

关税的计算方法中，关税的计税依据是关税的完税价格或者货物数量，而完税价格是由海关确定或估计的纳税义务人用以缴纳关税的进出口货物的价格。

进出口货物关税，有从价税计征、从量税计征、复合税计征三种方法。

（1）从价税计征。从价税是一种最常见的关税计税标准。它是以货物的价格或者价值为征税标准，以应征税额占货物价格或者价值的百分比为税率，价格越高，税额越大。货物进出口时，以此税率和海关审定的实际进出口货物完税价格相乘计算应征税额。目前，我国海关计征关税的标准主要是从价税。

计算公式为：

$$应纳税额 = 完税价格 × 关税税率$$

（2）从量税计征。从量税是以货物的数量、质量、体积、容量等计量单位为计税标准，以每计量单位货物的应征税额为税率。我国目前对原油、啤酒和胶卷等进口商品征收从量税。

计算公式为：

$$应纳税额 = 货物数量 × 单位税额$$

（3）复合税计征。复合税又称为混合税，它是对某种进口货物混合使用从价税和从量税的一种关税计征标准。我国目前仅对录像机、放像机、摄像机、数字照相机和摄录一体机等进口商品征收复合税。

计算公式为：

$$应纳税额 = 完税价格 × 关税税率 + 货物数量 × 单位税额$$

4.2.2   关税的完税价格

1. 进口货物的完税价格

根据《海关法》的规定，进口货物的完税价格以成交价格以及该货物运抵中华人民共和国境内输入地点起卸前的运输及其相关费用、保险费为基础审查确定。

计算公式为：

$$完税价格 = 进口成交价 + 运费 + 保险费$$

成交价格不能确定时，完税价格由海关依法估定。进口货物的成交价格是指卖方向中华人民共和国境内销售该货物时买方为进口该货物向卖方实付、应付的，并按照规定调整后的价格总额，包括直接支付的价款和间接支付的价款。

（1）进口货物的下列费用应当计入完税价格。

①由买方负担的购货佣金以外的佣金和经纪费。

②由买方负担的在审查确定完税价格时与该货物视为一体的容器的费用。

③由买方负担的包装材料费用和包装劳务费用。

④与该货物的生产和向中华人民共和国境内销售有关的，由买方以免费或者以低于成本的方式提供并可以按适当比例分摊的料件、工具、模具、消耗材料及类似货物的价款，以及在境外开发、设计等相关服务的费用。

⑤作为该货物向中华人民共和国境内销售的条件，买方必须支付的、与该货物有关的特许权使用费。

⑥卖方直接或者间接从买方获得的该货物进口后转售、处置或者使用的收益。

（2）进口货物的下列费用不计入完税价格。

①厂房、机械、设备等货物进口后进行建设、安装、装配、维修和技术服务的费用。

②进口货物运抵境内输入地点起卸后的运输及其相关费用、保险费。

③进口关税及国内税收。

[例题]业务（4）：3月4日，从美国进口一批开心果，成交价格为45万元，该货物运抵我国输入地点起卸前发生的保险费和其他劳务费用共计5万元，起卸后发生运费4 000元（假定开心果进口关税税率为50%）。

请计算进口货物的完税价格和进口环节应缴纳的关税。

解析：货物起卸前的费用5万元需计入完税价格，起卸后发生的运费4 000元不计入完税价格。

第一步，计算完税价格：

$$进口货物的完税价格 = 进口货物成交价格 + 运费 + 保险费 + 其他费用$$
$$= 450\ 000 + 50\ 000 = 500\ 000（元）$$

第二步，计算应纳关税税额：

$$应纳关税税额 = 进口货物的完税价格 \times 关税税率$$
$$= 500\ 000 \times 50\% = 250\ 000（元）$$

通过以上分析可知，该公司的进口货物完税价格是500 000元，进口环节应缴纳的关税是250 000元。

（3）进口货物运输费用和保险费。

进口货物完税价格中的运输及其相关费用、保险费应区分两种情况计算。

①陆运、空运和海运进口货物的运费和保险费，应当按照实际支付的费用计算。如果进口货物的运费无法确定或未实际发生，海关应当按照该货物进口同期运输行业公布的运费率（额）计算运费，保险费按照"货价加运费"总额的3‰计算，计算公式如下：

$$保险费 = （货价 + 运费）\times 3‰$$

②邮运的进口货物，应当以邮费作为运输及其相关费用、保险费。以境外边境口岸价格条件成交的铁路或公路运输进口货物，海关应当按照货价的1%计算运输及其相关费用、保险费。作为进口货物的自驾进口的运输工具，海关在审定完税价格时，可以不另行计入运费。

[例题]业务（5）：3月15日，上月从伊朗进口的开心果因品质问题需要退货复运出境，该批开心果的成交价格为30万元，该货物运抵我国输入地点起卸前发生运费3万元，保险费无法确定（假定开心果进口关税税率为50%）。

请计算进口货物的完税价格、进口环节应缴纳的关税。

解析：在保险费无法确定的情况下应按"货价加运费"总额的3‰计算保险费。

第一步，计算完税价格：

$$进口货物的完税价格 = （300\ 000 + 30\ 000）\times （1 + 3‰）= 330\ 990（元）$$

第二步，计算应纳关税税额：

$$应纳关税税额 = 进口货物的完税价格 \times 税率$$
$$= 330\ 990 \times 50\% = 165\ 495（元）$$

通过以上分析可知，该公司进口货物的完税价格是330 990元，进口环节应缴纳的关税是165 495元。

2. 出口货物的完税价格

出口货物应当以海关审定的货物售予境外的离岸价格，扣除出口关税后作为完税价格。

计算公式为：

$$出口货物完税价格 = 离岸价格/(1 + 出口税率)$$

离岸价格应以该项货物运离关境前的最后一个口岸的离岸价格为实际离岸价格。若该项货物从内地起运，则从内地口岸至最后出境口岸所支付的国内段运输费用应予扣除。离岸价格不包括装船以后发生的费用。出口货物在成交价格以外支付给国外的佣金应予扣除，未单独列明的则不予扣除。出口货物在成交价格以外，买方还另行支付的货物包装费，应计入成交价格。当离岸价格不能确定时，完税价格由海关估定。

3. 进出口货物完税价格的估定

对于进出口货物的收发货人或其代理人向海关申报进出口货物的成交价格明显偏低，而又不能提供合法证据和正当理由的；申报价格明显低于海关掌握的相同或类似货物的国际市场上公开成交货物的价格，而又不能提供合法证据和正当理由的；申报价格经海关调查认定买卖双方之间有特殊经济关系或对货物的使用、转让互相订有特殊条件或特殊安排，影响成交价格的，以及其他特殊成交情况，海关认为需要估价的，海关应当依次以下列方法估定该货物的完税价格，其中第（2）项和第（3）项的次序经纳税人申请可以颠倒。

（1）相同或类似货物成交价格法。相同或类似货物成交价格法，是以与被估的进口货物同时或大约同时（在海关接受申报进口之日的前后各45天以内）进口的相同或类似货物的成交价格为基础，估定完税价格。

（2）倒扣价格法。倒扣价格法即以被估的进口货物、相同或类似进口货物在境内销售的价格为基础估定完税价格。以该方法估定完税价格时，应该扣除在境内销售时的利润、一般费用、佣金，货物运抵境内输入地点之后的运费、保险费、装卸费、进口关税、进口环节税以及其他与进口或销售上述货物有关的国内税。

（3）计算价格法。计算价格法是按下列各项总和计算的完税价格：生产该货物所使用的料件成本和加工费用，向中国境内销售同等级或者同种类货物通常的利润和一般费用，该货物运抵境内输入地点起卸前的运费及其相关费用、保险费。

（4）其他合理方法。其他合理方法是指当海关不能根据以上方法确定完税价格时，海关会遵循"客观、公平、统一"的原则，以客观量化的数据资料为基础审查、确定进口货物完税价格的估价方法。

4.2.3　关税的申报缴纳

（1）纳税义务发生时间。进口货物的纳税义务人应当自运输工具申报进境之日起14日内，出口货物的纳税义务人除海关特准的外，应当在货物运抵海关监管区后、装货的24小时以前，向货物的进出境地海关申报。进出口货物转关运输的，按照海关总署的规定执行。进口货物到达前，纳税义务人经海关核准可以先行申报。具体办法由海关总署另行规定。

（2）纳税期限。

①纳税义务人应当自海关填发税款缴款书之日起15日内向指定银行缴纳税款。

②纳税义务人未按期缴纳税款的，相关部门从滞纳税款之日起，按日加收滞纳税款万分之5的滞纳金。

③纳税义务人因不可抗力或者在国家税收政策调整的情形下，不能按期缴纳税款的，经海关总署批准，可以延期缴纳税款，但是最长不得超过6个月。

（3）纳税地点。为了方便纳税人，经申请和海关同意，进出口货物的纳税人可以在设有海关的指定地（启运地）办理海关申报、纳税手续。

[**例题**] 业务（6）：3月21日，经海关审查，3月4日从美国进口的开心果，公司少报抵

港前运输费 2 万元（假定开心果进口关税税率为 50%）。

请问该公司是否需要补缴关税？如果需要补缴关税，该公司应补缴的关税税额是多少？

解析： 货物抵港前运输费属于起卸前费用，应当计入完税价格征收关税，该公司应补缴关税。应补缴关税税额 $= 20\,000 \times 50\% = 10\,000$（元）。

任务实训

一、理论知识训练

1. 单项选择题

（1）（　　）是以进出口货物的价格或者价值作为计税依据。

A. 从量税　　　　　　B. 从价税　　　　　　C. 复合税　　　　　　D. 滑准税

（2）关税的纳税义务人应当自海关填发税款缴款书之日起（　　）日内向指定银行缴纳税款。

A. 10　　　　　　B. 15　　　　　　C. 30　　　　　　D. 60

2. 多项选择题

（1）从量税应当以进口货物的（　　　　）等计量单位为计税依据计算关税。

A. 长度　　　　　　B. 面积　　　　　　C. 体积　　　　　　D. 容积

（2）下列应计入进口货物完税价格的有（　　　　）。

A. 由买方负担的购货佣金以外的佣金和经纪费

B. 由买方负担的在审查确定完税价格时与该货物视为一体的容器的费用

C. 由买方负担的包装材料费用和包装劳务费用

D. 进口关税及国内税收

（3）进出口货物的成交价格不能确定时，海关可以采用下列哪些方法估定该货物的完税价格？（　　　　）

A. 相同货物成交价格法　　　　　　　　B. 类似货物成交价格法

C. 倒扣价格法　　　　　　　　　　　　D. 计算价格法

二、综合能力训练

1. 用思维导图软件，画出完税价格和关税税额的逻辑关系图。

2. 以会计的身份叙述完税价格的确定方法和关税税额的计算方法。

三、思政园地

扫描二维码并阅读《海南自贸区建设的三大重要意义》一文，思考国家建设海南自由贸易港具有哪些意义，海南自由贸易港如何推动我国经济的发展。

阅读材料：海南自贸区建设的三大重要意义

任务评价

评价类目	评价内容及标准	分值	自己评分	小组评分	教师评分
学习态度	√ 全勤（5 分）	10			
	√ 遵守课堂纪律（5 分）				

续表

评价类目	评价内容及标准	分值	自己评分	小组评分	教师评分
学习过程	➢ 能说出本任务的学习目标（5分） ➢ 上课积极发言，积极回答"想一想"中的问题（5分） ➢ 掌握关税的计算方法（10分） ➢ 知道如何确定进出口货物的完税价格（10分） ➢ 掌握应纳关税税额的计算和申报（10分）	40			
学习结果	◆ "理论知识训练"考评（2分×5＝10分） ◆ "综合能力训练"考评（10分×2＝20分） ◆ "思政园地"考评（20分）	50			
合计		100			
所占比例/%		100	30	30	40
综合评分					

任务4.3　足够友好——关税与增值税的友好会谈

工作任务单及思维导图

工作任务	进口环节增值税的计算与申报	教学模式	任务驱动
建议学时	1	教学地点	一体化实训室
任务描述	瓦伦丁公司于2021年12月进口一批铝合金，关税完税价格为160万元，已缴纳关税24万元。请你帮助小张计算该公司进口环节应缴纳的增值税税额		
学习目标	知识目标	1. 明确关税价内税的概念； 2. 掌握含有关税的产品核算增值税的方法	
	能力目标	能够正确计算含有关税的产品的增值税额	
	思政目标	1. 了解中国近代史，提升民族自豪感 2. 培养爱国尚技的职业精神	
KPI指标	掌握进口环节增值税的计算与申报		
思维导图			

任务实施

※ 想一想

有人说关税条款的执行是和国力直接挂钩的，也有人说现在是法治社会，关税是否缴纳应根据各国法律的具体规定确定。

那么，关税与国力有关吗？请同学们思考。

_____

_____

_____

根据《增值税暂行条例》的规定，申报进入中华人民共和国境内的货物，均应缴纳增值税。报关进境的应税货物，不论是用于贸易还是自用，不论是购进还是国外捐赠，均应按照规定缴纳进口环节增值税（免税进口的货物除外）。

4.3.1　进口环节增值税计算

由国外进口需要缴纳关税的商品，同时在国内流通时需要缴纳增值税时，则涉及增值税与关税同时计算的问题。关税是在商品入关时申报缴纳，增值税是在流通后由企业统一缴纳，因此从报税流程上说，先报关税后报增值税。

关税的完税价格是由海关确定或估计的纳税义务人用以缴纳关税税款的进出口货物的价格，即完税价格实际上是进出口货物的价格。而增值税的计税依据是纳税人销售货物，提供应税劳务和服务，销售无形资产或不动产时向购买方收取的全部价款和价外费用。增值税的计税依据中含有全部价款和价外费用。进口货物增值税率与增值税一般纳税人在国内销售同类货物的税率相同。纳税人进口货物，关税与增值税的计算公式如下：

$$应纳关税税额 = 完税价格 \times 关税税率$$

$$应纳增值税 = 组成计税价格 \times 增值税税率$$

$$= （关税完税价格 + 关税） \times 增值税税率$$

[例题] 业务（7）：3 月 21 日，从国外进口一批机器设备，成交价格为 100 万元，货物运抵我国关境前发生运输费 5 万元，保险费无法确定，另外销售商单独向公司收取境内安装费 5 万元、境外技术援助费 3 万元、设备包装材料费 1 万元（假定该设备进口关税税率为 50%）。

请计算进口货物的完税价格、进口环节应缴纳的关税税额、应缴纳的增值税税额。

解析：

第一步，计算完税价格。

进口货物价款中单独列明设备进口后发生的安装、技术援助费，不计入该货物的完税价格。

$$进口货物的完税价格 = 1\,000\,000 + 10\,000 = 1\,010\,000（元）$$

第二步，计算应纳关税税额：

$$应纳关税税额 = 完税价格 \times 关税税率$$

$$= 1\,010\,000 \times 50\% = 505\,000（元）$$

第三步，计算组成计税价格：

$$组成计税价格 = 完税价格 + 关税$$
$$= 1\ 010\ 000 + 505\ 000 = 1\ 515\ 000(元)$$

第四步，计算应纳增值税税额：

$$应纳增值税税额 = 1\ 515\ 000 \times 13\% = 196\ 950(元)$$

通过以上分析可知，进口货物的完税价格是 1 010 000 元，进口环节应纳关税税额是 505 000元，应纳增值税税额是 196 950 元。

4.3.2　进口环节增值税申报

（1）纳税人。根据《增值税暂行条例》的规定，进口货物增值税的纳税人是指进口货物的收货人或办理报关手续的单位和个人，即进口货物增值税的纳税人包括国内一切从事进口业务的企事业单位、机关团体和个人。对企业、单位和个人委托代理进口征税的货物，一律由进口代理人代缴进口环节的增值税。纳税后由代理人将已纳税款和进口货物价款、费用等与委托方结算，由委托方承担已缴纳的税款。

（2）纳税义务发生时间。进口货物增值税纳税义务发生时间为报关进口的当天。

（3）纳税地点。进口货物增值税应当由报关人或其代理人向报关地海关申报缴纳。进口货物增值税由海关代征。

（4）纳税期限。进口货物增值税应当自海关填发海关进口增值税专用缴款书之日起 15 日内缴纳。

任务实训

一、理论知识训练

1. 单项选择题

（1）A 公司是增值税一般纳税人，该公司在 2021 年 8 月进口一批设备，关税完税价格为 200 万元，已知关税税率为 20%，A 公司进口该批设备应缴纳增值税（　　　）万元。

A. 21.2　　　　　　　　B. 26　　　　　　　　C. 31.2　　　　　　　　D. 66

（2）进口货物增值税纳税义务发生时间是（　　　）的当天。

A. 取得增值税专用发票　　　　　　　B. 支付购货款的当天

C. 报关进口　　　　　　　　　　　　D. 实际收到货物

2. 多项选择题

（1）进口货物发生的下列支出中，哪些要计入完税价格？（　　　　）

A. 进口环节增值税　　　　　　　　　B. 进口环节关税

C. 由卖方负担的包装劳务费用　　　　D. 由买方负担的包装材料费用

（2）下列税种，属于价内税的有（　　　　）。

A. 增值税　　　　　　　　　　　　　B. 关税

C. 消费税　　　　　　　　　　　　　D. 资源税

（3）下列说法，正确的有（　　　　）。

A. 进口货物增值税的纳税人包括国内一切从事进口业务的企事业单位、机关团体和个人

B. 进口货物增值税应当由报关人或其代理人向报关地海关申报缴纳

C. 纳税人进口货物，其纳税义务发生时间为从海关提货的当天

D. 进口货物的增值税由海关代征

二、综合能力训练

1. 用思维导图软件，画出关税与增值税的逻辑关系图。
2. 以会计的身份处理进口环节的关税和增值税。

三、思政园地

扫描二维码并阅读《细说〈南京条约〉中"协定关税"始末》一文，思考征收关税的力度是否可以在一定程度上反映国力？关税税收政策的实施如何影响国家的经济。

阅读材料：细说《南京条约》
中"协定关税"始末

任务评价

评价类目	评价内容及标准	分值	自己评分	小组评分	教师评分
学习态度	√ 全勤（5分） √ 遵守课堂纪律（5分）	10			
学习过程	➤ 能说出本任务的学习目标（5分） ➤ 上课积极发言，积极回答"想一想"中的问题（5分） ➤ 掌握关税与增值税的关系（10分） ➤ 知道进口货物在进口环节应缴纳关税和增值税的金额（10分） ➤ 掌握在进口环节如何申报关税和增值税（10分）	40			
学习结果	◆ "理论知识训练"考评（2分×5=10分） ◆ "综合能力训练"考评（10分×2=20分） ◆ "思政园地"考评（20分）	50			
合计		100			
所占比例/%		100	30	30	40
综合评分					

任务 4.4　眼花缭乱——关税与消费税的有机结合

工作任务单及思维导图

工作任务	进口环节消费税的计算与申报	教学模式	任务驱动
建议学时	1	教学地点	一体化实训室
任务描述	瓦伦丁公司的业务涉及化妆品等一系列应税消费品，小张一直不太明白消费税和关税如何结合计算，请为小张画一张思维导图，帮助她理解消费税、增值税和关税的结合		

学习目标	知识目标	1. 明确关税价内税的概念； 2. 掌握进口应税消费品核算消费税和增值税的方法
	能力目标	能够正确计算进口应税消费品的消费税和增值税税额
	思政目标	1. 理解设置关税的主要目的； 2. 从现实层面思考西方国家与中国在意识形态方面的不同
KPI 指标		掌握进口环节消费税的计算与申报

思维导图

（思维导图）关税与消费税的有机结合——消费税的计税依据——完税价格、关税、消费税；关税的计算

任务实施

※ 想一想

如果全世界都实现零关税，自由贸易会变成什么样？

_____

_____

_____

单位和个人进口应税消费品，于报关进口时缴纳消费税。为了降低征税成本，进口环节消费税由海关代征。

4.4.1　进口环节消费税的计算

由国外进口需要缴纳关税的商品，同时在国内流通时需要缴纳增值税和消费税时，则涉及增值税、消费税与关税同时计算的问题。关税是在商品入关时申报缴纳，增值税和消费税是在流通后由企业统一缴纳，因此从报税流程上说，先报关税后报增值税、消费税。

关税完税价格是由海关确定或估计的纳税义务人用以缴纳关税税款的进出口货物的价格。增值税的计税依据是纳税人销售货物，提供应税劳务和服务，销售无形资产或不动产时向购买方收取的全部价款和价外费用。消费税的计税依据分别采用从价定率和从量定额两种计税办法。实行从价计税办法征税的应税消费品，计税依据为应税消费品的销售额。实行从量定额办法计税时，通常以每单位应税消费品的质量、容积或数量为计税依据。

纳税人进口应税消费品，按照组成计税价格和规定的税率计算应纳税额。

（1）实行从价定率计征消费税的，其计算公式如下：

$$组成计税价格 = 完税价格 + 关税 + 消费税$$
$$= （完税价格 + 关税）÷（1 - 消费税比例税率）$$
$$应纳税额 = 组成计税价格 × 比例税率$$

（2）实行从量定额计征消费税的，其计算公式如下：

$$应纳税额 = 进口数量 × 单位税额$$

（3）实行复合计税办法计征消费税的，其计算公式如下：

$$组成计税价格 = 完税价格 + 关税 + 消费税$$
$$= （完税价格 + 关税 + 进口数量 × 单位税额）÷（1 - 消费税比例税率）$$
$$应纳税额 = 进口数量 × 单位税额 + 组成计税价格 × 消费税比例税率$$

进口环节消费税除国务院另有规定之外，一律不得给予减免税优惠。

[例题] 业务（8）：3月20日，从德国进口一辆豪华小汽车自用。该小汽车买价为128万元，货物运抵我国关境前发生的运输费、保险费和其他费用共计3万元（假定该小汽车进口关税税率为30%，消费税税率为25%，增值税税率为13%，零售环节加征10%消费税）。

请计算该公司进口超豪华小汽车应缴纳的关税税额、应缴纳的消费税税额、应缴纳的增值税税额。

解析： 对于超豪华小汽车，在生产（进口）环节按现行税率征收消费税的基础上，在零售环节加征消费税，税率为10%。

第一步，计算完税价格：

$$超豪华小汽车的完税价格 = 1\ 280\ 000 + 30\ 000 = 158\ 000（元）$$

第二步，计算应纳关税税额：

$$应纳关税税额 = 完税价格 × 关税税率$$
$$= 1\ 580\ 000 × 30\% = 474\ 000（元）$$

第三步，计算组成计税价格：

$$组成计税价格 = （完税价格 + 关税）/（1 - 消费税税率）$$
$$= （1\ 580\ 000 + 474\ 000）÷ [1 - （25\% + 10\%）]$$
$$= 3\ 160\ 000（元）$$

第四步，计算应纳消费税税额：

$$应纳消费税税额 = 组成计税价格 × 消费税税率$$
$$= 3\ 160\ 000 × （25\% + 10\%）= 1\ 106\ 000（元）$$

第五步，计算应纳增值税税额：

$$应纳增值税税额 = 组成计税价格 × 增值税税率$$
$$= 3\ 160\ 000 × 13\% = 410\ 800（元）$$

通过以上分析可知，该公司进口超豪华小汽车应缴纳的关税税额是474 000元，消费税税额是1 106 000元，增值税税额是410 800元。

[例题] 业务（9）：3月22日，从国外进口一批高档化妆品，买价为80万元，货物运抵我国关境前发生的运输费、保险费和其他费用分别为5万元、4万元、3万元。从海关运往该公司仓库取得运费专票，注明运费为1万元，增值税为900元（假定该化妆品关税税率为20%，消费税税率为15%，增值税税率为13%）。

请计算该公司进口高档化妆品的应纳税额。

第一步，计算完税价格。

进口货物从海关运往该公司仓库的运费不计入完税价格。

进口化妆品的完税价格 = 800 000 + 50 000 + 40 000 + 30 000 = 920 000(元)

第二步，计算应纳关税税额：

应纳关税税额 = 完税价格 × 关税税率

= 920 000 × 20% = 184 000(元)

第三步，计算组成计税价格：

组成计税价格 = (完税价格 + 关税)/(1 - 消费税税率)

= (920 000 + 184 000) ÷ (1 - 15%) = 1 298 823.53(元)

第四步，计算应纳消费税税额：

应纳消费税税额 = 组成计税价格 × 消费税税率

= 1 298 823.53 × 15% = 194 823.53(元)

第五步，计算应纳增值税税额：

应纳增值税税额 = 组成计税价格 × 增值税税率 = 1 298 823.53 × 13% = 168 847.058 9(元)

第六步，计算应纳税额：

应纳税额 = 184 000 + 194 823.53 + 168 847.058 9 = 547 670.588 9(元)

通过以上分析，该公司进口高档化妆品的应纳税额为 547 670.588 9 元。

4.4.2　进口环节消费税申报

(1) 纳税义务发生时间。纳税人进口应税消费品的，为报关进口的当天。

(2) 纳税地点。进口的应税消费品，由进口人或者其代理人向报关地海关申报纳税。

(3) 纳税期限。纳税人进口应税消费品，应自海关填发海关进口消费税专用缴款书之日起 15 日内缴纳税款。

任务实训

一、理论知识训练

1. 单项选择题

(1) 某公司进口一批高档手表，海关审定的完税价格为 150 万元，应缴纳关税为 45 万元，已知高档手表消费税税率为 20%，则该公司进口高档手表应缴纳消费税（　　）万元。

A. 21　　　　　　　　B. 30　　　　　　　　C. 39　　　　　　　　D. 48.75

(2) A 公司在 2022 年 2 月进口一批小汽车，关税的完税价格为 1 000 万元，假定关税税率为 20%，消费税税率为 25%，则 A 公司进口这批小轿车应缴纳消费税（　　）万元。

A. 250　　　　　　　B. 300　　　　　　　C. 400　　　　　　　D. 600

2. 多项选择题

(1) 企业在进口应税消费品时，进口环节可能涉及的税种有（　　　　）。

A. 增值税　　　　　　　　　　　　　B. 关税

C. 消费税　　　　　　　　　　　　　D. 个人所得税

(2) 甲公司是增值税一般纳税人，该公司进口一批高档化妆品，海关估定的完税价格为 200 万元，应缴纳关税为 100 万元，已知该批高档化妆品的消费税税率为 30%，增值税税率为 13%，则进口环节应纳税额有（　　　　）。

A. 消费税 90 万元　　　　　　　　　B. 消费税 128.57 万元

C. 增值税 55.71 万元　　　　　　　　D. 增值税 39 万元

（3）根据税法的规定，下列有关组成计税价格计算公式正确的有（　　　　　）。

A. 组成计税价格＝（完税价格＋关税＋进口数量×单位税额）÷（1－消费税比例税率）

B. 组成计税价格＝（完税价格＋关税）/（1－消费税税率）

C. 组成计税价格＝（完税价格＋关税）

D. 组成计税价格＝完税价格＋关税＋增值税

二、综合能力训练

1. 用思维导图软件，画出进口环节的关税、消费税和增值税逻辑关系图。

2. 以会计的身份处理进口环节的应纳税额。

三、思政园地

扫描二维码并阅读《＜斯穆特－霍利关税法＞的历史教训》一文，思考纳税主体在税收法律关系中如何行使自身权力，双主体的平等法律关系如何体现。

阅读材料：《斯穆特－霍利关税法》的历史教训

■ 任务评价

评价类目	评价内容及标准	分值	自己评分	小组评分	教师评分
学习态度	√ 全勤（5分）	10			
	√ 遵守课堂纪律（5分）				
学习过程	➤ 能说出本任务的学习目标（5分）	40			
	➤ 上课积极发言，积极回答"想一想"中的问题（5分）				
	➤ 掌握关税与消费税的关系（10分）				
	➤ 知道进口货物在进口环节应缴纳关税和消费税的金额（10分）				
	➤ 掌握在进口环节如何申报消费税（10分）				
学习结果	◆ "理论知识训练"考评（2分×5＝10分）	50			
	◆ "综合能力训练"考评（10分×2＝20分）				
	◆ "思政园地"考评（20分）				
合计		100			
所占比例/%		100	30	30	40
综合评分					

项目实施

（1）由于中国与泰国属于 RCEP 成员国，榴莲属于农副产品，所以免征关税。

（2）残疾人专用品属于特定减免类型，因此不需要缴纳关税。

（3）在展览活动中展示的货物，在会展期内销售限额未超过规定销售限额的，暂时免征关税。

（4）货物起卸前的费用为 5 万元，进口货物的完税价格＝450 000＋50 000＝500 000

（元），应纳进口关税 = 500 000 × 50% = 250 000（元）。

（5）在保险费无法确定的情况下应按"货价加运费"总额的3‰计算保险费，因此货物的完税价格 = (300 000 + 30 000) × (1 + 3‰) = 330 990（元），应纳进口关税 = 330 990 × 5% = 16 549.5（元）。

（6）货物抵港前运输费属于起卸前费用，应当计入完税价格征收关税，该公司应补征关税，应纳进口关税 = 20 000 × 50% = 10 000（元）。

（7）进口货物价款中单独列明的设备进口后发生的安装、技术援助费，不计入货物的完税价格，进口设备的完税价格 = 1 000 000 + 10 000 = 1 010 000（元），应纳进口关税 = 1 010 000 × 50% = 505 000（元）。

（8）小汽车的完税价格 = 1 280 000 + 30 000 = 1 580 000（元），应纳进口关税 = 1 580 000 × 30% = 474 000（元），消费税组成计税价格 = (1 580 000 + 474 000) ÷ [1 − (25% + 10%)] = 3 160 000（元），应纳消费税 = 3 160 000 × (25% + 10%) = 1 106 000（元）。

（9）进口货物从海关运往该公司仓库的运费不计入完税价格，进口化妆品的完税价格 = 800 000 + 50 000 + 40 000 + 30 000 = 920 000（元），应纳进口关税 = 920 000 × 20% = 184 000（元）。消费税组成计税价格 = (920 000 + 184 000) ÷ (1 − 15%) = 1 298 823.53（元），应纳消费税 = 1 298 823.53 × 15% = 194 823.53（元）。

海关进口税专用缴款书如图 4－1 所示。

GS01　　长沙　　海关进口关税　　专用缴款书

1912新一代支付自报自缴

收入系统：海关系统　　填发日期：2021年3月4日　　号码 No.492120191219004676-A01

收款单位	收入机关	中央金库			缴款单位（人）	名称	湖南金仕达国际贸易有限公司
	科目	进口关税	预算级次	中央		账号	4303454647475685317
	收款国库	国家金库长沙中心支库 180000000002278001				开户银行	中国建设银行股份有限公司

税号	货物名称	数量	单位	完税价格(¥)	税率(%)	税款金额(¥)
913445363827847282	开心果	10000.00	千克	500000.00	50.000	250000.00
金额人民币（大写）	贰拾伍万元整				合计(¥)	250000.00

申请单位编号	430166K003	报关单编号	4922436457676	填制单位	收款国库（银行）
合同（批文）号	CH	运输工具（号）	131415252	长沙海关	
缴款期限	2021年3月19日前	提/装货单号	42566783		
备注	一般贸易 照章征税 2019-11-27 国标代码91430721MA4PU3LW45　USD　7.0746　系统类别：01 交易流水号2019120300044900			制单人9999 复核人	

（收据）银行收缴签章后交缴款单位或缴款人

自填发缴款书之日起15日内缴纳税款（期末遇星期六、星期日或法定节假日顺延），逾期缴纳按日加收税款总额万分之五的滞纳金。

图 4－1　海关进口关税专用缴款书

项目 5

经济政策晴雨表——企业所得税

内容导图

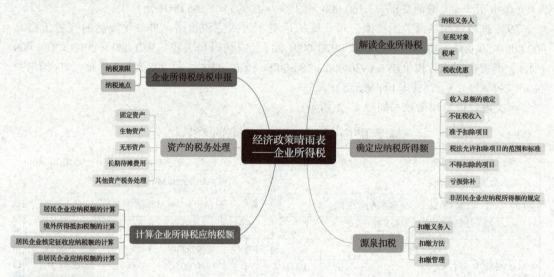

项目引入

湖南金伯利纸业有限公司（以下简称"金伯利公司"）为增值税一般纳税人，2021年金伯利公司自行计算会计利润为1 130万元，利润表如表5-1所示。

表5-1 利润表

会企02表

单位：湖南金伯利纸业有限公司　　　　　2021年12月　　　　　单位：元

项目	本期金额	本年累计
一、营业收入	8 333 333.33	100 000 000.00
减：营业成本	4 583 333.33	55 000 000.00
税金及附加	350 000.00	4 200 000.00
销售费用	2 166 666.67	26 000 000.00
管理费用	466 666.67	5 600 000.00
研发费用	0.00	

续表

项目	本期金额	本年累计
财务费用	183 333.33	2 200 000.00
其中：利息费用	179 166.67	2 150 000.00
利息收入	0.00	
加：其他收益	0.00	
投资收益（损失以"—"号填列）	5 100 000.00	5 100 000.00
其中：对联营企业和合营企业的投资收益	0.00	
以摊余成本计量的金融资产终止确认收益（损失以"—"号填列）	0.00	
净敞口套期收益（损失以"—"号填列）	0.00	
公允价值变动收益（损失以"—"号填列）	0.00	
信用减值损失（损失以"—"号填列）	0.00	
资产减值损失（损失以"—"号填列）	0.00	
资产处置收益（损失以"—"号填列）	0.00	
二、营业利润（亏损以"—"号填列）	1 008 333.33	12 100 000.00
加：营业外收入	0.00	
减：营业外支出	600 000.00	800 000.00
三、利润总额（亏损总额以"—"号填列）	941 666.67	11 300 000.00
减：所得税费用	706 250.00	2 825 000.00
四、净利润（净亏损以"—"号填列）	706 250.00	8 475 000.00
（一）持续经营净利润（净亏损以"—"号填列）	706 250.00	8 475 000.00
（二）终止经营净利润（净亏损以"—"号填列）	0.00	
五、其他综合收益的税后净额	0.00	
六、综合收益总额	706 250.00	8 475 000.00
七、每股收益：		
（一）基本每股收益		
（二）稀释每股收益		

2022年2月，金伯利公司进行2021年所得税汇算清缴时，发现如下事项。

（1）投资收益中包含直接投资居民企业分回的股息400万元，转让成本法下核算的非上市公司股权的收益为110万元。

（2）成本费用中含实际发放员工工资 2 500 万元、福利费 100 万元、职工教育经费 220 万元、拨缴工会经费 40 万元，工会经费取得相关收据。

（3）境内自行研发产生的研发费用为 240 万元。

（4）发生广告宣传费 2 200 万元。

（5）发生业务招待费 60 万元。

（6）营业外支出中含通过县级民政局进行公益性捐赠 60 万元、直接对某山区捐款 10 万元，其中公益性捐赠包含 10 万元用于目标脱贫地区的扶贫捐赠支出、40 万元用于应对新型冠状病毒肺炎疫情捐赠支出。

（7）营业外支出中含缴纳税收滞纳金 5 万元、因合同违约支付给其他企业的违约金 5 万元。

（8）财务费用中含利息支出 220 万元，其中含 2021 年 3 月向非金融企业借款（借款期限为 3 年）1 000 万元所支付的当年的借款利息 75 万元（金融企业同期同类贷款年利率为 8%），140 万元为向金融机构借款所支付的利息，5 万元为银行手续费。

（9）为保障抗疫物资的供应，2021 年 2 月 12 日，金伯利公司新开一条医用口罩生产线，购进一批专用机器设备，取得专票，注明金额为 30 万元，当月投入使用，会计上将其按直线法分 10 年折旧，税法允许一次性计入当期成本费用在企业所得税税前扣除。

（10）金伯利公司从 2015 年以来经税务机关审核后的应纳税所得额数据如表 5 - 2 所示。

表 5 - 2　应纳税所得额数据　　　　　　　　　　　　　　　　万元

年份	2015 年	2016 年	2017 年	2018 年	2019 年	2020 年
应纳税所得额	- 5 000	- 300	- 100	1 000	1 500	2 000

任务 5.1　围着政策打转转——解读企业所得税

工作任务单及思维导图

工作任务	解读企业所得税法		教学模式	任务驱动
建议学时	2		教学地点	一体化实训室
任务描述	假如你是税务局普法人员，即将去一家高新企业普法。在开始导入的环节，你需要举例说明国家在税收上对高新企业的支持。请在企业所得税的领域找出对应的案例			
学习目标	知识目标	1. 理解企业所得税的概念； 2. 掌握企业所得税优惠条例		
	能力目标	1. 能够区分免税收入和不征税收入的区别； 2. 能够区分居民企业和非居民企业		
	思政目标	1. 提高自身修养，增强社会责任感； 2. 提升服务意识，立志成为传播税收政策的税务人		
KPI 指标	企业所得税优惠政策解释到位、高新技术企业资格理解到位			

续表

思维导图
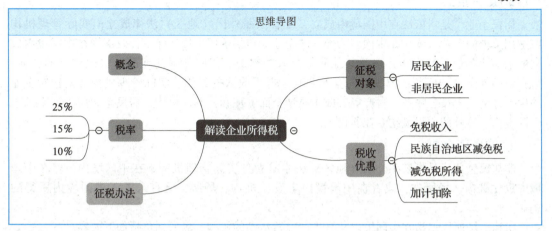

📘 任务实施

◈ 想一想

2022年，李克强总理在政府工作报告中指出："……实施新的组合式税费支持政策。坚持阶段性措施和制度性安排相结合，减税与退税并举。一方面，延续实施扶持制造业、小微企业和个体工商户的减税降费政策，并提高减免幅度、扩大适用范围。对小规模纳税人阶段性免征增值税。对小微企业年应纳税所得额100万元至300万元部分，再减半征收企业所得税。"

为什么要对小微企业的企业所得税进行减免？请谈谈你的看法。

_____

_____

_____

所得税是以纳税人的法定所得为征税对象的一类税收，其计税依据通常是纳税人的收入扣除法定开支后的余额，类似会计上的本年利润。所得税按照纳税人的不同一般分为两类：公司所得税和个人所得税。我国对公司所得税按照习惯叫法称为企业所得税。它是在合并原企业所得税以及外商投资企业和外国企业所得税的基础上于2008年1月1日开始征收的一个重要税种。

5.1.1 纳税义务人

在中国境内，企业和其他取得收入的组织（以下统称企业）为企业所得税的纳税人。纳税义务人包括各类企事业单位、社会团体、民办非企业单位和从事经营活动的其他经济组织。由于个人独资企业和合伙企业属于自然人性质企业，不具有法人资格，股东承担无限责任。因此，个人独资企业和合伙企业不属于企业所得税的纳税义务人。

知识讲解：围着政策打转转——解读企业所得税法

企业所得税采取收入来源地管辖权和居民管辖权相结合的双重管辖权，把企业分为居民企业和非居民企业，分别确定不同的纳税义务。

1. 居民企业

居民企业，是指依法在中国境内成立，或者依照外国（地区）法律成立但实际管理机构在中国境内的企业。依法在中国境内成立的企业，包括依照中国法律、行政法规在中国境内成立的企事业单位、社会团体以及其他取得收入的组织。依照外国（地区）法律成立的企业，包括依照外国（地区）法律成立的企业和其他取得收入的组织。实际管理机构，是指对企业的生产经营、人员、账务、财产等实施实质性全面管理和控制的机构。居民企业应当就来源于中国境内、境外的所得缴纳企业所得税。

2. 非居民企业

非居民企业，是指依照外国（地区）法律成立且实际管理机构不在中国境内，但在中国境内设立机构、场所的，或者在中国境内未设立机构、场所，但有来源于中国境内所得的企业。

机构、场所，是指在中国境内从事生产经营活动的机构、场所，包括如下内容。

（1）管理机构、营业机构、办事机构。

（2）工厂、农场、开采自然资源的场所。

（3）提供劳务的场所。

（4）从事建筑、安装、装配、修理、勘探等工程作业的场所。

（5）其他从事生产经营活动的机构、场所。

非居民企业委托营业代理人在中国境内从事生产经营活动的，包括委托单位或者个人经常代其签订合同，或者储存、交付货物等，该营业代理人视为非居民企业在中国境内设立的机构、场所。

5.1.2 征税对象

企业所得税的征税对象是企业取得的生产经营所得、其他所得和清算所得。

1. 居民企业的征税对象

居民企业应当就其来源于中国境内、境外的所得缴纳企业所得税，但为了避免重复课税，对居民企业在境外已纳的所得税税款可以抵扣。所得包括销售货物所得、提供劳务所得、转让财产所得、股息红利等权益性投资所得，以及利息所得、租金所得、特许权使用费所得、接受捐赠所得和其他所得。

2. 非居民企业的征税对象

非居民企业在中国境内设立机构、场所的，应当就其所设机构、场所取得的来源于中国境内的所得，以及发生在中国境外，但与其所设机构、场所有实际联系的所得，缴纳企业所得税，但其在境外已纳的所得税税款可以抵扣。

非居民企业在中国境内未设立机构、场所的，或者虽设立机构、场所，但取得的所得与其所设机构、场所没有实际联系的，应当就其来源于中国境内的所得缴纳企业所得税。实际联系，是指非居民企业在中国境内设立的机构、场所拥有的据以取得所得的股权、债券，以及拥有、管理、控制据以取得所得的财产。

3. 来源于中国境内、境外的所得

来源于中国境内、境外的所得，按照以下原则确定。

（1）销售货物所得，按照交易活动发生地确定。

（2）提供劳务所得，按照劳务发生地确定。

（3）转让财产所得，不动产转让所得按照不动产所在地确定，动产转让所得按照转让动产的企业或者机构、场所所在地确定，权益性投资资产转让所得按照被投资企业所在地确定。

（4）股息、红利等权益性投资所得，按照分配所得的企业所在地确定。

（5）利息所得、租金所得、特许权使用费所得，按照负担、支付所得的企业或者机构、场所所在地确定，或者按照负担、支付所得的个人的住所地确定。

（6）租金所得，按实际负担或支付租金的企业或机构、场所所在地确定。

（7）其他所得，由国务院财政、税务主管部门确定。

5.1.3　税率

1. 基本税率为 25%

适用于居民企业和在中国境内设有机构、场所且所得与机构、场所有关联的非居民企业。

2. 低税率为 20%（减按 10% 执行）

适用于在中国境内未设立机构、场所，或者虽设立机构、场所，但所得与其所设机构、场所没有实际联系的非居民企业。

3. 优惠税率

（1）符合条件的小型微利企业，减按 20% 的税率征收。

（2）国家需要重点扶持的高新技术企业，减按 15% 的税率征收。

2022 年 1 月 1 日—12 月 31 日，符合规定条件的小型微利企业，年应纳税所得额低于 100 万元（含 100 万元）的，其所得减按 12.5% 计入应纳税所得额，年应纳税所得额 100 万元至 300 万元的部分减按 25% 计入应纳税所得额，按 20% 的税率缴纳企业所得税；自 2019 年 1 月 1 日起，对经认定的技术先进型服务企业（服务贸易类），减按 15% 的税率征收企业所得税。

5.1.4　税收优惠

企业所得税的税收优惠，是指国家根据经济和社会发展的需要，在一定的期限内对特定地区、行业和企业的纳税人应缴纳的企业所得税，给予减征或者免征的一种照顾和鼓励措施。税收优惠具有很强的政策导向作用，正确制定并运用这种措施，可以更好地发挥税收的调节功能，促进国民经济健康发展。

1. 免税收入

免税收入，是指企业的应税所得，但是按照税法规定免予征收企业所得税的收入。企业的免税收入包括如下内容。

（1）国债利息收入，是指企业持有国务院财政部门发行的国债取得的利息收入。

（2）符合条件的居民企业之间股息、红利等权益性投资收益，是指居民企业直接投资其他居民企业取得的投资收益。

（3）在中国境内设立机构、场所的非居民企业从居民企业取得与该机构、场所有实际联系的股息、红利等权益性投资收益，不包括连续持有居民企业公开发行并上市流通的股票不足 12 个月取得的投资收益。

（4）符合条件的非营利组织的收入。符合条件的非营利组织是指以下组织。

①依法履行非营利组织登记手续。

②从事公益性或者非营利性活动。

③取得的收入除用于与该组织有关的、合理的支出外，全部用于登记核定或者章程规定的公益性或者非营利性事业。

④财产及其利息不用于分配。

⑤按照登记核定或者章程规定，该组织注销后的剩余财产用于公益性或者非营利性目的，或者由登记管理机关转赠给与该组织性质、宗旨相同的组织，并向社会公告。

⑥投入人对投入该组织的财产不保留或者享有任何财产权利。

⑦工作人员工资福利开支控制在规定的比例内，不变相分配该组织的财产。

符合条件的非营利组织的收入，不包括非营利组织从事营利性活动取得的收入，但国务院财政、税务主管部门另有规定的除外。

2. 减免税所得

（1）企业从事下列项目的所得，免征企业所得税。

①蔬菜、谷物、薯类、油料、豆类、棉花、麻类、糖料、水果、坚果的种植。

②农作物新品种的选育。

③中药材的种植。

④林木的培育和种植。

⑤牲畜、家禽的饲养。

⑥林产品的采集。

⑦灌溉、农产品初加工、兽医、农技推广、农机作业和维修等农、林、牧、渔服务业项目。

⑧远洋捕捞。

（2）企业从事下列项目的所得，减半征收企业所得税。

①花卉、茶及其他饮料作物和香料作物的种植。

②海水养殖、内陆养殖。企业从事国家限制和禁止发展的项目，不得享受本条规定的企业所得税优惠。

③企业从事国家重点扶持的公共基础设施项目的投资经营的所得，自项目取得第一笔生产经营收入所属纳税年度起，第一年至第三年免征企业所得税，第四年至第六年减半征收企业所得税。

④企业从事符合条件的环境保护、节能节水项目的所得，自项目取得第一笔生产经营收入所属纳税年度起，第一年至第三年免征企业所得税，第四年至第六年减半征收企业所得税。

⑤符合条件的技术转让所得免征、减半征收企业所得税，是指一个纳税年度内，居民企业技术转让所得不超过 500 万元的部分，免征企业所得税；超过 500 万元的部分，减半征收企业所得税。

■ 任务实训

一、理论知识训练

1. 单项选择题

（1）以下哪个不属于企业所得税税率？（   ）

A. 25%   B. 20%   C. 10%   D. 5%

（2）下列不属于企业所得税纳税义务人的是（　　　）。

A. 企业　　　　　B. 事业单位　　　　　C. 社会团体　　　　　D. 个人合伙企业

2. 多项选择题

（1）以下哪些企业所得税减免税所得优惠政策是合法的？（　　　　　）

A. 新疆维吾尔自治区宣布自治区全境企业所得税减半征收

B. 某小型微利企业纳税后实际承担税负率为4%

C. 某高新技术企业企业所得税减按10%征收

D. 某非居民企业企业所得税减按10%征收

（2）以下说法正确的有（　　　　　）。

A. 根据2021年的最新政策，研发费用可以加计100%扣除。

B. 创业投资公司采取现金投资方式投资于未上市的小高新技术企业2年以上的，可以按其投资额的70%在股权持有满2年的当年抵扣该创投企业的应纳税所得额。

C. 某企业固定资产由于更新换代快，将原定于10年的有效期缩短至7年。

D. 某企业以规定的资源作为主要原材料，获得的符合条件的收入可以90%计入收入。

（3）企业从事以下哪些项目可以免征企业所得税？（　　　　　）

A. 蔬菜种植　　　B. 紫薯运输　　　C. 中药材的炒制研磨　D. 林木的培育

E. 农林灌溉　　　F. 智利捕捞　　　G. 兽医　　　　　　　H. 淡水养殖

二、综合能力训练

1. 用思维导图软件，画出企业所得税概念图。

2. 完成税务员宣讲导入材料的撰写。

三、思政园地

扫描二维码并阅读《小微企业在市场中的重要性愈发凸显》一文，思考小微企业在国家经济中的作用。

阅读材料：小微企业在市场中的重要性愈发凸显

■ 任务评价

评价类目	评价内容及标准	分值	自己评分	小组评分	教师评分
学习态度	√ 全勤（5分）	10			
	√ 遵守课堂纪律（5分）				
学习过程	➤ 能说出本任务的学习目标（5分）	40			
	➤ 上课积极发言，积极回答"想一想"中的问题（5分）				
	➤ 掌握了企业所得税的概念（10分）				
	➤ 知道企业所得税征税对象并能判断居民企业和非居民企业（10分）				
	➤ 能够简述企业所得税的税收优惠（10分）				

续表

评价类目	评价内容及标准	分值	自己评分	小组评分	教师评分
学习结果	◆ "理论知识训练"考评（2分×5＝10分） ◆ "综合能力训练"考评（10分×2＝20分） ◆ "思政园地"考评（20分）	50			
合计		100			
所占比例/%		100	30	30	40
综合评分					

任务 5.2　肚内有乾坤——确定应纳税所得额

工作任务单及思维导图

工作任务	确定应纳税所得额	教学模式	任务驱动
建议学时	6	教学地点	一体化实训室
任务描述	假设你是税务局普法人员，即将去一家高新企业普法。你应按照怎样的顺序和节奏讲述该企业的企业所得税应纳税所得额计算方法？		
学习目标	知识目标	1. 认识准予扣除的项目； 2. 识别允许扣除的标准	
	能力目标	1. 能够正确计算允许扣除额度； 2. 能够正确计算应纳税所得额	
	思政目标	1. 提高自身修养，增强社会责任感； 2. 提升服务意识，立志成为传播税收政策的税务人	
KPI 指标	税收法律关系表述准确、税制基本要素辨别到位		
思维导图			

思维导图

- 收入总额
  - 基本收入
  - 不征税收入
- 准予扣除项目
  - 成本
  - 费用
  - 损失
  - 税金
  - 其他支出
- 不得扣除费用
  - 向投资者支付的股息、红利
  - 企业所得税税款
  - 税收滞纳金
  - 罚金、罚款和被没收财产的损失

确定应纳税所得额

- 允许扣除项目
  - 工资、资金支出
  - "三项"经费支出
  - 社会保险费
  - 借款费用、利息费用、汇总损失
  - 公益性捐赠支出
  - 业务招待费
  - 广告费
  - 业务宣传费
  - 总机构分摊费用
  - 有关资产的费用
  - 租赁费
  - 保险费
  - 劳动保护费

■ 任务实施

◈ 想一想

　　你刚入职一家企业，作为会计的你在核对和交接账目时发现该企业有将业务招待费归口到管理费用中的惯例。作为财务人员，你认为这样做的后果是什么？你会怎样做？

_____

_____

_____

　　企业所得税的计税依据，就是企业的应纳税所得额。企业每一纳税年度的收入总额，减除不征税收入、免税收入、各项扣除以及允许弥补的以前年度亏损后的余额，为应纳税所得额。其计算公式为：

　　应纳税所得额 = 收入总额 − 不征税收入 − 免税收入 − 准予扣除项目金额 − 允许弥补的以前年度亏损

　　上式中的亏损，是指企业依照《企业所得税法》的规定将每一纳税年度的收入总额减除不征税收入、免税收入和各项扣除后小于零的数额。

　　在计算应纳税所得额时，企业财务、会计处理办法与税收法律、行政法规的规定不一致的，应当依照税收法律、行政法规的规定计算。

5.2.1　收入总额的确定

知识讲解：肚内有乾坤——确定应纳税所得额

　　企业以货币形式和非货币形式从各种来源取得的收入，为收入总额。企业取得收入的货币形式，包括现金、存款、应收账款、应收票据、准备持有至到期的债券投资以及债务的豁免等；企业取得收入的非货币形式，包括固定资产、生物资产、无形资产、股权投资、存货、不准备持有至到期的债券投资、劳务以及有关权益等。非货币形式取得的收入，应当按照公允价值确定收入额。具体包括以下收入。

　　（1）销售货物收入，是指企业销售商品、产品、原材料、包装物、低值易耗品以及其他存货取得的收入。

　　（2）提供劳务收入，是指企业从事建筑安装、修理修配、交通运输、仓储租赁、金融保险、邮电通信、咨询经纪、文化体育、科学研究、技术服务、教育培训、餐饮住宿、中介代理、卫生保健、社区服务、旅游、娱乐、加工以及其他劳务服务活动取得的收入。

　　（3）转让财产收入，是指企业转让固定资产、生物资产、无形资产、股权、债权等财产取得的收入。

　　（4）股息、红利等权益性投资收益，是指企业因权益性投资从被投资方取得的收入。股息、红利等权益性投资收益，除国务院财政、税务主管部门另有规定外，按照被投资方做出利润分配决定的日期确认收入的实现。

　　（5）利息收入，是指企业将资金提供给他人使用，但不构成权益性投资，或者因他人占用本企业资金取得的收入，包括存款利息、贷款利息、债券利息、欠款利息等收入。利息收入，按照合同约定的债务人应付利息的日期确认收入的实现。

　　（6）租金收入，是指企业提供固定资产、包装物或者其他有形资产的使用权取得的收入。

租金收入，按照合同约定的承租人应付租金的日期确认收入的实现。

（7）特许权使用费收入，是指企业提供专利权、非专利技术、商标权、著作权以及其他特许权的使用权取得的收入。特许权使用费收入，按照合同约定的特许权使用人应付特许权使用费的日期确认收入的实现。

（8）接受捐赠收入，是指企业接受的来自其他企业、组织或者个人无偿给予的货币性资产、非货币性资产。接受捐赠收入，按照实际收到捐赠资产的日期确认收入的实现。

（9）其他收入，是指企业取得的除《企业所得税法》具体列举的收入以外的其他收入，包括企业资产溢余收入、逾期未退包装物押金收入、确实无法偿付的应付款项、已作坏账损失处理后又收回的应收款项、债务重组收入、补贴收入、违约金收入、汇兑收益等。

（10）特殊收入的确认。

①以分期收款方式销售货物的，按照合同约定的收款日期确认收入的实现。

②企业受托加工制造大型机械设备、船舶、飞机，以及从事建筑、安装、装配工程业务或者提供其他劳务等，持续时间超过 12 个月的，按照纳税年度内完工进度或者完成的工作量确认收入的实现。

③采取产品分成方式取得收入的，按照企业分得产品的日期确认收入的实现，其收入额按照产品的公允价值确定。

④企业发生非货币性资产交换，以及将货物、财产、劳务用于捐赠、偿债、赞助、集资、广告、样品、职工福利或者利润分配等用途的，应当视同销售货物、转让财产或者提供劳务，但国务院财政、税务主管部门另有规定的除外。

5.2.2　不征税收入

不征税收入，是指从性质和根源上不属于企业营利性活动带来的经济利益、不作为应纳税所得额组成部分的收入。下列收入为不征税收入。

（1）财政拨款。财政拨款，是指各级人民政府对纳入预算管理的事业单位、社会团体等组织拨付的财政资金，但国务院和国务院财政、税务主管部门另有规定的除外。

（2）依法收取并纳入财政管理的行政事业性收费、政府性基金。行政事业性收费，是指依照法律法规等有关规定，按照国务院规定程序批准，在实施社会公共管理，以及在向公民、法人或者其他组织提供特定公共服务过程中，向特定对象收取并纳入财政管理的费用。政府性基金，是指企业依照法律、行政法规等有关规定，代政府收取的具有专项用途的财政资金。

（3）国务院规定的其他不征税收入。国务院规定的其他不征税收入，是指企业取得的，由国务院财政、税务主管部门规定专项用途并经国务院批准的财政性资金。

5.2.3　准予扣除项目

企业实际发生的与取得收入有关的、合理的支出，包括成本、费用、税金、损失和其他支出，准予在计算应纳税所得额时扣除。合理的支出，是指符合生产经营活动常规，应当计入当期损益或者有关资产成本的必要和正常的支出。除另有规定外，企业实际发生的成本、费用、税金、损失和其他支出，不得重复扣除。

企业发生的支出应当区分收益性支出和资本性支出。收益性支出在发生当期直接扣除；资本性支出应当分期扣除或者计入有关资产成本，不得在发生当期直接扣除。企业在 2018 年 1 月 1 日—2020 年 12 月 31 日期间新购进的设备、器具，单价不超过 500 万元的，允许一次性计入当期成本费用扣除，不再分年度计算折旧；单价超过 500 万元的，仍按相关规定执行。

企业的不征税收入用于支出所形成的费用或者财产时，不得扣除或者计算对应的折旧、摊销扣除。

（1）成本。成本，是指企业在生产经营活动中发生的销售成本、销货成本、业务支出以及其他耗费。

（2）费用。费用，是指企业在生产经营活动中发生的销售费用、管理费用和财务费用，已经计入成本的有关费用除外。

（3）税金。税金，是指企业发生的除企业所得税和允许抵扣的增值税以外的各项税金及其附加。

（4）损失。损失，是指企业在生产经营活动中发生的固定资产和存货的盘亏、毁损、报废损失，转让财产损失，呆账损失，坏账损失，自然灾害等不可抗力因素造成的损失以及其他损失。

企业发生的损失，减除责任人赔偿和保险赔款后的余额，依照国务院财政、税务主管部门的规定扣除。企业已经作为损失处理的资产，在以后纳税年度又全部收回或者部分收回时，应当计入当期收入。

（5）其他支出。其他支出，是指除成本、费用、税金、损失外，企业在生产经营活动中发生的与生产经营活动有关的、合理的支出。

5.2.4　税法允许扣除项目的范围和标准

1. 工资、薪金支出

企业发生的合理的工资、薪金支出税前据实扣除。工资、薪金，是指企业每一纳税年度支付在本企业任职或者受雇的员工的所有现金形式或者非现金形式的劳动报酬，包括基本工资、奖金、津贴、补贴、年终加薪、加班工资，以及与员工任职或者受雇有关的其他支出。

2. "三项"经费支出

"三项"经费包括职工福利费、工会经费、职工教育经费。企业发生的职工福利费支出，不超过工资、薪金总额14%的部分，准予扣除。企业拨缴的工会经费，不超过工资、薪金总额2%的部分，准予扣除。除国务院财政、税务主管部门另有规定外，企业发生的职工教育经费支出，不超过工资、薪金总额8%的部分，准予扣除；超过部分，准予在以后纳税年度结转扣除。

3. 社会保险费

（1）企业依照国务院有关主管部门或者省级人民政府规定的范围和标准为职工缴纳的基本养老保险费、基本医疗保险费、失业保险费、工伤保险费、生育保险费等基本社会保险费和住房公积金，准予扣除。

（2）企业根据国家有关政策规定，为在本企业任职或者受雇的全体员工支付的补充养老保险费、补充医疗保险费，分别在不超过职工工资总额5%标准内的部分，在计算应纳税所得额时准予扣除；超过的部分，不予扣除。

（3）除企业依照国家有关规定为特殊工种职工支付的人身安全保险费和国务院财政、税务主管部门规定可以扣除的其他商业保险费外，企业为投资者或者职工支付的商业保险费，不得扣除。

4. 借款费用

（1）企业在生产经营活动中发生的合理的不需要资本化的借款费用，准予扣除。

（2）企业为购置、建造固定资产、无形资产和经过12个月以上的建造才能达到预定可销售状态的存货发生借款的，在有关资产购置、建造期间发生的合理的借款费用，应当作为资本性支出计入有关资产的成本，并依照《企业所得税法实施条例》的规定扣除。

5. 利息费用

企业在生产经营活动中发生的下列利息支出，准予扣除。

（1）非金融企业向金融企业借款的利息支出、金融企业的各项存款利息支出和同业拆借利息支出、企业经批准发行债券的利息支出。

（2）非金融企业向非金融企业借款的利息支出，不超过按照金融企业同期同类贷款利率计算的数额的部分。

6. 汇兑损失

企业在货币交易中，以及纳税年度终了时，将人民币以外的货币性资产、负债，按照期末即期人民币汇率中间价折算为人民币时产生的汇兑损失，除已经计入有关资产成本以及与向所有者进行利润分配相关的部分外，准予扣除。

7. 公益性捐赠支出

企业当年发生以及以前年度结转的公益性捐赠支出，不超过年度利润总额 12% 的部分，准予扣除；超过年度利润总额 12% 的部分，准予结转以后 3 年内在计算应纳税所得额时扣除。公益性捐赠，是指企业通过公益性社会组织或者县级以上人民政府及其部门，用于符合法律规定的慈善活动、公益事业的捐赠。年度利润总额，是指企业依照国家统一会计制度的规定计算的年度会计利润。

8. 业务招待费

企业发生的与生产经营活动有关的业务招待费支出，按照发生额的 60% 扣除，但最高不得超过当年销售（营业）收入的 5‰。

9. 广告费与业务宣传费

企业发生的符合条件的广告费和业务宣传费支出，除国务院财政、税务主管部门另有规定外，不超过当年销售（营业）收入 15% 的部分，准予扣除；超过部分，准予在以后纳税年度结转扣除。烟草企业的烟草广告费和业务宣传费支出，一律不得在计算应纳税所得额时扣除；对化妆品制造或销售、医药制造和饮料制造（不含酒类制造）企业发生的广告费和业务宣传费支出，不超过当年销售（营业）收入 30% 的部分，准予扣除；超过部分，准予在以后纳税年度结转扣除。

10. 环境保护专项资金

企业依照法律、行政法规有关规定提取的用于环境保护、生态恢复等方面的专项资金，准予扣除。上述专项资金提取后改变用途的，不得扣除。

11. 保险费

企业参加财产保险，按照规定缴纳的保险费，准予扣除。

12. 租赁费

企业根据生产经营活动的需要租入固定资产支付的租赁费，按照以下方法扣除。

（1）以经营租赁方式租入固定资产发生的租赁费支出，按照租赁期限均匀扣除。

（2）以融资租赁方式租入固定资产发生的租赁费支出，按照规定构成融资租入固定资产价值的部分应当提取折旧费用，分期扣除。

13. 劳动保护费

企业发生的合理的劳动保护支出，准予扣除。

14. 有关资产的费用

企业转让各类固定资产发生的费用，允许扣除。企业按照规定计算的固定资产折旧费、无形资产和递延资产的摊销费，准予扣除。

15. 总机构分摊的费用

非居民企业在中国境内设立的机构、场所，就其中国境外总机构发生的与该机构、场所生产经营有关的费用，能够提供总机构出具的费用汇集范围、定额、分配依据和方法等证明文件，并合理分摊的，准予扣除。企业发生的支出应当区分收益性支出和资本性支出。收益性支出在发生当期直接扣除；资本性支出应当分期扣除或者计入有关资产成本，不得在发生当期直接扣除。企业新购进的设备、器具，单价不超过 500 万元的，允许一次性计入当期成本费用扣除，不再分年度计算折旧；单价超过 500 万元的，仍按相关规定执行。

5.2.5　不得扣除的项目

在计算应纳税所得额时，下列支出不得从收入总额中扣除。

（1）向投资者支付的股息、红利等权益性投资收益款项。

（2）企业所得税税款。

（3）税收滞纳金。

（4）罚金、罚款和被没收财物的损失。纳税人因违反税法规定，被处以的罚款，不得扣除。在"项目引入"案例中，鲁中化工公司营业外支出中，有违反税法罚款支出的 100 000 元，不得在税前扣除。

但纳税人逾期归还银行贷款，银行按规定加收的罚息，以及企业间的违约罚款，不属于行政性罚款，允许在税前扣除。

（5）超过税法规定允许扣除的公益性捐赠支出以及非公益性捐赠支出。

（6）赞助支出。赞助支出是指企业发生的与生产经营活动无关的各种非广告性质支出。

（7）未经核定的准备金支出。未经核定的准备金支出，具体是指不符合国务院财政、税务主管部门规定的各项资产减值准备、风险准备等准备金支出。

（8）不符合规定的其他费用。企业之间支付的管理费、企业内营业机构之间支付的租金和特许权使用费，以及非银行企业内营业机构之间支付的利息，不得扣除。

（9）与取得收入无关的其他各项支出。

5.2.6　亏损弥补

税法规定，纳税人发生年度亏损的，可以用下一纳税年度的所得弥补；下一纳税年度的所得不足弥补的，可以逐年延续弥补，但是延续弥补期最长不得超过 5 年。5 年内不论是盈利或亏损，都作为实际弥补期限计算。这里所说的亏损，是指企业依照税法规定将每一纳税年度的收入总额扣除不征税收入、免税收入和各项扣除后小于零的数额。

亏损弥补的含义有两个：一是自亏损年度的下一个年度起连续 5 年不间断地计算；二是连续发生年度亏损，也必须从第一个亏损年度算起，先亏先补，按顺序连续计算亏损弥补期，不得将每个亏损年度的连续弥补期相加，更不得断开计算。

5.2.7　非居民企业应纳税所得额的规定

在中国境内未设立机构、场所，或者虽设立机构、场所，但取得的所得与其所设机构、场所没有实际联系的非居民企业，应就其来源于中国境内的所得按照下列方法计算应纳税所得额。

（1）股息、红利等权益性投资收益和利息、租金、特许权使用费所得，以收入全额为应纳税所得额，不得扣除税法规定之外的税费支出。

（2）转让财产所得，以收入全额减除财产净值后的余额为应纳税所得额。

（3）其他所得，参照前两项规定的方法计算应纳税所得额。

■ 任务实训

一、理论知识训练

1. 单项选择题

（1）某企业在 2020 年取得出售货物收入 400 万、包装物出租收入 2 万元，发放工资 120 万元、职工福利费 10 万元、广告及业务宣传费 100 万元，则广告费扣除上限为（   ）万元。

    A. 60.3   B. 100   C. 120   D. 60

（2）假定某航空公司为居民企业，适用 15% 税率，2020 年取得销售收入 3 150 万元，发生销售成本 800 万元，发生销售费用 720 万元（其中广告费 500 万元）、管理费用 420 万元（其中业务招待费 25 万元）、财务费用 120 万元（其中向非金融机构贷款利息为 80 万元，已知非金融机构利率为 10%，同期同类金融机构贷款利率为 6%），销售税金为 320 万元（不含增值税），直接向武汉市江汉医院（防控疫情医院）捐赠 30 万元的防疫物资，支付税收滞纳金和罚款 20 万元。计入成本、费用中支付职工工资总额 300 万元，职工福利费 50 万元和职工教育经费 20 万元。则该航空公司 2020 年度的应纳税所得额和应纳税额为（   ）。

    A. 447.5 万元，67.125 万元   B. 447.5 万元，111.88 万元

    C. 587.25 万元，88.09 万元   D. 587.25 万元，146.81 万元

2. 多项选择题

（1）以下哪些捐赠行为可以全额在税前扣除？（   ）

    A. 企业直接向武汉捐赠的活鱼

    B. 企业通过红十字会捐赠的口罩

    C. 企业直接向肺科医院捐赠的盒饭

    D. 企业通过政府向武汉市民免费发放的大白菜

（2）以下哪些企业所得税减免税所得优惠政策是合法的？（   ）

    A. 新疆维吾尔自治区政府宣布自治区全境企业所得税减半征收

    B. 某小型微利企业纳税后实力承担税负率为 8%

    C. 某高新技术企业企业所得税减按 10% 征收

    D. 某非居民企业企业所得税减按 10% 征收

（3）根据企业所得税法律制度的规定，企业当年发生的某些费用，超过税法规定的扣除标准，允许结转以后纳税年度扣除，下列各项中属于此类费用的有（   ）。

    A. 广告费   B. 业务宣传费

    C. 工会经费   D. 职工教育经费

3. 简单题

（1）甲企业是国家重点扶持的大型环保高新技术企业，主要从事节能减排技术改造，2021 年经营情况如下。

①全年产品销售收入为 4 900 万元。

②全年实际发生合理工资 300 万元、职工福利费 54 万元、职工教育经费 7 万元、工会经

费 4 万元、按照规定缴纳的基本社会保险费 66 万元。

③全年实际发生业务招待费 38 万元、新技术研究开发费用 430 万元。

④当年闲置厂房计提折旧 15 万元，未投入使用的机器设备折旧 10 万元。

⑤当年直接向疫情发生地肺科医院捐赠 20 万元。

⑥发生广告性质的赞助支出 8 万元。

⑦购入运输车辆支付价款 20 万元。

计算企业所得税应纳税所得额。

（2）某工业企业为居民企业，2021 年度生产经营情况如下。

①主营业务收入为 8 000 万元，主营业务成本为 4 800 万元，增值税为 1 360 万元。

②其他业务收入为 100 万元，其他业务支出为 70 万元。

③销售费用为 800 万元，其中广告费用为 700 万元。

④管理费用为 400 万元，其中业务招待费为 120 万元，研究新产品开发费用为 200 万元。

⑤财务费用为 200 万元，其中含向非金融机构借款利息 50 万元，年息为 10%（同期银行贷款利率为 6%）。

⑥营业外支出为 80 万元，其中包括行政罚款支出 15 万元。

⑦投资收益全部为国债利息收入，为 4 万元。

该企业 2021 年度的企业所得税应纳税所得额为多少万元？（取小数点后两位）

二、综合能力训练

1. 用思维导图软件，画出企业所得税纳税所得额的计算流程图。

2. 组织语言，以税务员的口吻向当地高新技术企业进行普法宣传。

三、思政园地

扫描二维码并阅读《古茗奶茶因偷逃税被罚 1 161 万元》一文，思考企业偷逃税所面临的风险和处罚。

阅读材料：古茗奶茶因偷逃税被罚 1 161 万元

任务评价

评价类目	评价内容及标准	分值	自己评分	小组评分	教师评分
学习态度	√ 全勤（5 分）	10			
	√ 遵守课堂纪律（5 分）				
学习过程	➢ 能说出本任务的学习目标（5 分）	40			
	➢ 上课积极发言，积极回答"想一想"中的问题（5 分）				
	➢ 掌握免税收入和不征税收入（10 分）				
	➢ 掌握各扣除上限的扣除标准和计算方法（10 分）				
	➢ 掌握应纳税所得额的计算过程（10 分）				

续表

评价类目	评价内容及标准	分值	自己评分	小组评分	教师评分
学习结果	◆ "理论知识训练"考评（2分×7＝14分） ◆ "综合能力训练"考评（10分×2＝20分） ◆ "思政园地"考评（16分）	50			
合计		100			
所占比例/%		100	30	30	40
综合评分					

任务5.3 左膀右臂——资产的税务处理

工作任务单及思维导图

工作任务	资产的税务处理		教学模式	任务驱动
建议学时	1		教学地点	一体化实训室
任务描述	假设你是税务局普法人员，你去你所在辖区的高新技术企业进行普法宣传，请列出一张清单来概述各类资产应该如何进行税务处理			
学习目标	知识目标	1. 认识各类资产的区别； 2. 区分各资产不同的税务处理方式		
	能力目标	1. 能够进行资产的正常税务处理； 2. 能够就优惠条款进行特殊税务处理		
	思政目标	1. 提高自身修养，增强社会责任感； 2. 提升服务意识，立志成为传播税收政策的税务人		
KPI指标	掌握资产的分类处理、资产的正确税务处理			
思维导图				

任务实施

◈ 想一想

允许扣除项目中，所有商品基本都是将标准和实际发生的金额比较后，以较小数为扣除额，只有业务招待费是按标准和实际发生的60%来扣除，也就是说业务招待费充其量只能税前扣除实际发生的60%。税法为什么要这样规定？请同学们思考，留下你们的答案。

_____

_____

企业资产，是指企业拥有或者控制的、用于经营管理活动且与取得应税收入有关的资产。企业的各项资产，包括固定资产、生物资产、无形资产、长期待摊费用、投资资产、存货等，以历史成本为计税基础。历史成本，是指企业取得该项资产时实际发生的支出。企业持有各项资产期间资产增值或者减值，除国务院财政、税务主管部门规定可以确认损益外，不得调整该资产的计税基础。

5.3.1 固定资产

固定资产，是指企业为生产产品、提供劳务、出租或者经营管理而持有的、使用时间超过12个月的非货币性资产，包括房屋、建筑物、机器、机械、运输工具以及其他与生产经营活动有关的设备、器具、工具等。在计算应纳税所得额时，企业按照规定计算的固定资产折旧，准予扣除。

知识讲解：左膀右臂——资产的税务处理

（1）下列固定资产不得计算折旧扣除。

①房屋、建筑物以外未投入使用的固定资产。

②以经营租赁方式租入的固定资产。

③以融资租赁方式租出的固定资产。

④已足额提取折旧仍继续使用的固定资产。

⑤与经营活动无关的固定资产。

⑥单独估价作为固定资产入账的土地。

⑦其他不得计算折旧扣除的固定资产。

（2）固定资产按照以下方法确定计税基础。

①外购的固定资产，以购买价款和支付的相关税费以及直接归属于使该资产达到预定用途所发生的其他支出为计税基础。

②自行建造的固定资产，以竣工结算前发生的支出为计税基础。

③融资租入的固定资产，以租赁合同约定的付款总额和承租人在签订租赁合同过程中发生的相关费用为计税基础；租赁合同未约定付款总额的，以该资产的公允价值和承租人在签订租赁合同过程中发生的相关费用为计税基础。

④盘盈的固定资产，以同类固定资产的重置完全价值为计税基础。

⑤通过捐赠、投资、非货币性资产交换、债务重组等方式取得的固定资产，以该资产的公允价值和支付的相关税费为计税基础。

⑥改建的固定资产，除法定的支出外，以改建过程中发生的改建支出增加计税基础。

（3）固定资产按照直线法计算的折旧，准予扣除。

企业应当自固定资产投入使用月份的次月起计算折旧；停止使用的固定资产，应当自停止使用月份的次月起停止计算折旧。企业应当根据固定资产的性质和使用情况，合理确定固定资产的预计净残值。固定资产的预计净残值一经确定，不得变更。

（4）除国务院财政、税务主管部门另有规定外，固定资产计算折旧的最低年限如下。

①房屋、建筑物，为20年。

②飞机、火车、轮船、机器、机械和其他生产设备，为10年。

③与生产经营活动有关的器具、工具、家具等，为5年。

④飞机、火车、轮船以外的运输工具，为4年。

⑤电子设备，为3年。

5.3.2　生物资产

生物资产又称为生产性生物资产，是指企业为生产农产品、提供劳务或者出租等而持有的生物资产，包括经济林、薪炭林、产畜和役畜等。

（1）生产性生物资产按照以下方法确定计税基础。

①外购的生产性生物资产，以购买价款和支付的相关税费为计税基础。

②通过捐赠、投资、非货币性资产交换、债务重组等方式取得的生产性生物资产，以该资产的公允价值和支付的相关税费为计税基础。

（2）生产性生物资产按照直线法计算的折旧，准予扣除。

企业应当自生产性生物资产投入使用月份的次月起计算折旧；停止使用的生产性生物资产，应当自停止使用月份的次月起停止计算折旧。企业应当根据生产性生物资产的性质和使用情况，合理确定生产性生物资产的预计净残值。生产性生物资产的预计净残值一经确定，不得变更。

（3）生产性生物资产计算折旧的最低年限如下。

①林木类生产性生物资产，为10年。

②畜类生产性生物资产，为3年。

5.3.3　无形资产

在计算应纳税所得额时，企业按照规定计算的无形资产摊销费用，准予扣除。无形资产，是指企业为生产产品、提供劳务、出租或者经营管理而持有的、没有实物形态的非货币性长期资产，包括专利权、商标权、著作权、土地使用权、非专利技术、商誉等。

（1）下列无形资产不得计算摊销费用扣除。

①自行开发的支出已在计算应纳税所得额时扣除的无形资产。

②自创商誉。

③与经营活动无关的无形资产。

④其他不得计算摊销费用扣除的无形资产。

（2）无形资产按照以下方法确定计税基础。

①外购的无形资产，以购买价款和支付的相关税费以及直接归属于使该资产达到预定用途发生的其他支出为计税基础。

②自行开发的无形资产，以开发过程中该资产符合资本化条件后至达到预定用途前发生的支出为计税基础。

③通过捐赠、投资、非货币性资产交换、债务重组等方式取得的无形资产，以该资产的公允价值和支付的相关税费为计税基础。

（3）无形资产按照直线法计算的摊销费用，准予扣除。无形资产的摊销年限不得低于10年。作为投资或者受让的无形资产，有关法律规定或者合同约定了使用年限的，可以按照规定或者约定的使用年限分期摊销。外购商誉的支出，在企业整体转让或者清算时，准予扣除。

5.3.4　长期待摊费用

在计算应纳税所得额时，企业发生的下列支出作为长期待摊费用，按照规定摊销的，准予扣除。

（1）已足额提取折旧的固定资产的改建支出，按照固定资产预计尚可使用年限分期摊销。

（2）租入固定资产的改建支出，按照合同约定的剩余租赁期限分期摊销。固定资产的改建支出，是指改变房屋或者建筑物结构、延长使用年限等发生的支出。

改建的固定资产延长使用年限的，除前述规定外，应当适当延长折旧年限。

（3）固定资产的大修理支出，按照固定资产尚可使用年限分期摊销。固定资产的大修理支出，是指同时符合下列条件的支出。

①修理支出达到取得固定资产时的计税基础50%以上。

②修理后固定资产的使用年限延长2年以上。

（4）其他应当作为长期待摊费用的支出，自支出发生月份的次月起，分期摊销，摊销年限不得低于3年。

5.3.5　其他资产税务处理

1. 投资资产

投资资产，是指企业对外进行权益性投资和债权性投资形成的资产。企业对外投资期间，投资资产的成本在计算应纳税所得额时不得扣除。企业在转让或者处置投资资产时，投资资产的成本，准予扣除。投资资产按照以下方法确定成本。

（1）通过支付现金方式取得的投资资产，以购买价款为成本。

（2）通过支付现金以外的方式取得的投资资产，以该资产的公允价值和支付的相关税费为成本。

2. 存货

存货，是指企业持有以备出售的产品或者商品、处在生产过程中的在产品、在生产或者提供劳务过程中耗用的材料和物料等。企业使用或者销售存货，按照规定计算的存货成本，准予在计算应纳税所得额时扣除。

存货按照以下方法确定成本。

（1）通过支付现金方式取得的存货，以购买价款和支付的相关税费为成本。

（2）通过支付现金以外的方式取得的存货，以该存货的公允价值和支付的相关税费为成本。

（3）生产性生物资产收获的农产品，以产出或者采收过程中发生的材料费、人工费和分摊的间接费用等必要支出为成本。

企业使用或者销售的存货的成本计算方法，可以在先进先出法、加权平均法、个别计价法中任选用一种。计价方法一经选用，不得随意变更。

3. 资产损失

资产损失，是指企业在生产经营活动中实际发生的、与取得应税收入有关的资产损失，包括现金损失、存款损失、坏账损失、贷款损失、股权投资损失、固定资产和存货盘亏、毁损、报废、被盗的损失，自然灾害等不可抗力因素造成的损失以及其他损失。企业发生上述资产损失时，应在按税法规定实际确认或实际发生的当年申报扣除，不得提前或延后扣除。

任务实训

一、理论知识训练

1. 单项选择题

（1）通过支付现金方式取得的投资资产，以（　　　）为成本。

A. 购买价款　　　　　　　　　　　　B. 市场同类产品的平均价格

C. 市场同类商品的最高价格　　　　　D. 重置成本

（2）无形资产的摊销年限不得低于（　　　）。

A. 10 年　　　　　　　B. 20 年　　　　　　C. 15 年　　　　　　D. 5 年

2. 多项选择题

（1）固定资产的大修理支出，是指同时符合下列哪些条件的支出？（　　　　　）

A. 修理支出达到取得固定资产时的计税基础 50% 以上

B. 修理后固定资产的使用年限延长 2 年以上

C. 修理置换的资产价值占到固定资产计税依据的 40% 以上

D. 修理时间超过 1 个月

（2）下列哪些无形资产不得计算摊销费用扣除？（　　　　　）

A. 自行开发的支出已在计算应纳税所得额时扣除的无形资产

B. 自创商誉

C. 与经营活动无关的无形资产

D. 外购的无形资产

（3）企业使用或者销售的存货的成本计算方法，可以在以下哪些方法中任选用一种？（　　　　　）

A. 先进先出法　　　　　　　　　　　B. 加权平均法

C. 个别计价法　　　　　　　　　　　D. 动态平均法

二、综合能力训练

1. 用思维导图软件，画出资产税务处理的分类处理流程图。

2. 从税务局普法人员的角度，总结资产税务处理方式并制作相关表格。

三、创新创业项目训练

扫描二维码并阅读《山西省纪委监委公开曝光第二批违反中央八项规定精神典型问题》一文，思考企业所得税的相关规定中有哪些体现提倡勤俭节约、廉洁从政的规定。

任务评价

评价类目	评价内容及标准	分值	自己评分	小组评分	教师评分
学习态度	√ 全勤（5分） √ 遵守课堂纪律（5分）	10			
学习过程	➢ 能说出本任务的学习目标（5分） ➢ 上课积极发言，积极回答"想一想"中的问题（5分） ➢ 掌握资产的具体分类方式（10分） ➢ 知道不同种类资产的具体处置方式（10分） ➢ 能够将资产税务处理进行归类（10分）	40			
学习结果	◆ "理论知识训练"考评（2分×5＝110分） ◆ "综合能力训练"考评（10分×2＝20分） ◆ "创新创业项目训练"考评（20分）	50			
合计		100			
所占比例/%		100	30	30	40
综合评分					

任务5.4　临门一脚——计算企业所得税应纳税额

工作任务单及参考流程图

工作任务	计算企业所得税应纳税额		教学模式	任务驱动
建议学时	4		教学地点	一体化实训室
任务描述	假设你是税务局普法人员，你去你所在辖区的企业进行税收普法讲座，你需要准备一份讲稿来简单介绍各类型企业如何计算企业所得税应纳税额。你将如何写稿？			
学习目标	知识目标	1. 掌握企业所得税应纳税额的计算方法； 2. 理解间接法计算的原理		
	能力目标	1. 能够正确计算企业所得税应纳税额； 2. 能够正确进行企业所得税汇算清缴		
	思政目标	1. 提高自身修养，增强社会责任感； 2. 提升服务意识，立志成为传播税收政策的税务人		
KPI指标	精简、高效、快速地将税收政策传达到位			

续表

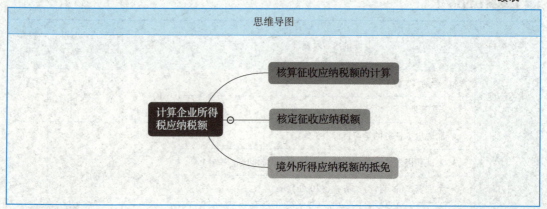

思维导图

计算企业所得税应纳税额
- 核算征收应纳税额的计算
- 核定征收应纳税额
- 境外所得应纳税额的抵免

任务实施

❖ 想一想

2021年8月，外交部发言人华春莹主持例行记者会时指出，中方从一开始就强调孟晚舟事件是一起彻头彻尾的政治事件，美国政府炮制这一事件绝不是出于什么法律的原因，真正的目的是要打压中国的高科技企业，阻挠中国的科技发展，越来越多的事实已经充分证明了这一点，也有越来越多的人充分认识到这一点。

面对美国政府的无理阻挠，中国政府在税收政策上是如何向高新技术企业倾斜从而促进中国科技发展的？

_____

_____

根据企业应纳税所得额核算的基本公式为：应纳税所得额＝收入总额－不征税收入－免税收入－允许扣除项目金额－准予扣除项目金额－弥补以前年度亏损。企业在确定各个项目的金额以后，就可以开始按照《企业所得税法》的规定来核算当年应纳企业所得税了。

知识讲解：临门一脚——计算企业所得税应纳税额

5.4.1　居民企业应纳税额的计算

居民企业应缴纳所得税税额的基本计算公式为：

应纳税额＝应纳税所得额×适用税率－减免税额－抵免税额

从计算公式可以看出，应纳税额的多少与应纳税所得额和适用税率相关。在实际计算过程中，应纳税所得额的计算一般有以下两种方法。

1. 直接计算法

在直接计算法下，企业每一纳税年度的收入总额减除不征税收入、免税收入、各项扣除以及允许弥补的以前年度亏损后的余额为应纳税所得额。

计算公式为：

应纳税所得额＝收入总额－不征税收入－免税收入－允许扣除项目金额－准予扣除项目金额－弥补以前年度亏损

2. 间接计算法

在间接计算法下，在会计利润总额的基础上加或减按照税法规定调整的项目金额后，即应纳税所得额，现行企业所得税年度纳税申报表采取该方法。

计算公式为：

$$应纳税所得额 = 会计利润总额 \pm 纳税调整项目金额$$

纳税调整项目金额包括两方面的内容。

（1）企业财务会计制度规定的项目范围与税收法规规定的项目范围不一致应予以调整的金额。

（2）企业财务会计制度规定的扣除标准与税法规定的扣除标准不一致应予以调整的金额。

5.4.2 境外所得抵扣税额的计算

企业取得的下列所得已在境外缴纳的所得税税额，可以从其当期应纳税额中抵免，抵免限额为该项所得依照《企业所得税法》规定计算的应纳税额；超过抵免限额的部分，可以在以后5个年度内，用每年度抵免限额抵免当年应抵税额后的余额进行抵补。

（1）居民企业来源于中国境外的应税所得。

（2）非居民企业在中国境内设立机构、场所，取得发生在中国境外，但与该机构、场所有实际联系的应税所得。

抵免限额应当分国（地区）不分项计算，计算公式为：

$$抵免限额 = 中国境内、境外所得依照企业所得税法和条例规定计算的应纳税总额 \times (来源于某国地区)的应纳税所得额 - 中国境内、境外应纳税所得总额$$

5.4.3 居民企业核定征收应纳税额的计算

企业所得税的主要征收方式是查账征收和核定征收。对账簿健全、核算准确的企业，一般采用查账征收方式；对其他企业可以采用核定征收的方法。有关规定如下。

1. 核定征收的范围

对居民企业纳税人有下列情形之一的，核定征收企业所得税。

（1）依照法律、行政法规的规定可以不设置账簿的。

（2）依照法律、行政法规的规定应当设置但未设置账簿的。

（3）擅自销毁账簿或者拒不提供纳税资料的。

（4）虽设置账簿，但账目混乱或者成本资料、收入凭证、费用凭证残缺不全，难以查账的。

（5）发生纳税义务，未按照规定的期限办理纳税申报，经税务机关责令限期申报，逾期仍不申报的。

（6）申报的计税依据明显偏低，又无正当理由的。

2. 应纳税额核定方法

税务机关采用下列方法核定征收企业所得税。

（1）参照当地同类行业或者类似行业中经营规模和收入水平相近的纳税人的税负水平核定。

（2）按照应税收入额或成本费用支出额定率核定。

（3）按照耗用的原材料、燃料、动力等推算或测算核定。

（4）按照其他合理方法核定。

3. 核定应纳税所得率

税务机关应根据纳税人的具体情况，对核定征收企业所得税的纳税人，核定应纳税所得率或者核定应纳所得税额。具有下列情形之一的，核定其应纳税所得率。

（1）能正确核算（查实）收入总额，但不能正确核算（查实）成本费用总额的。

（2）能正确核算（查实）成本费用总额，但不能正确核算（查实）收入总额的。

（3）通过合理方法，能计算和推定纳税人收入总额或成本费用总额的。纳税人不属于以上情形的，核定其应纳所得税额。

实行应纳税所得率方式核定征收企业所得税的纳税人，经营多业的，无论其经营项目是否单独核算，均由税务机关根据其主营项目确定适用的应纳税所得率。

主营项目应为纳税人所有经营项目中，收入总额或者成本（费用）支出额或者耗用原材料、燃料、动力数量所占比重最大的项目。

应纳税所得率按表5-3规定的幅度标准确定。

表5-3　应纳税所得率幅度标准

行业	应税所得率/%
农、林、牧、渔业	3～10
制造业	5～15
批发和零售贸易业	4～15
交通运输业	7～15
建筑业	8～20
饮食业	8～25
娱乐业	15～30
其他行业	10～30

纳税人的生产经营范围、主营业务发生重大变化，或者应纳税所得额或应纳税额增减变化达到20%的，应及时向税务机关申报调整已确定的应纳税额或应纳税所得率。

4. 应纳税额的计算

采用应纳税所得率方式核定征收企业所得税的，应纳所得税税额计算公式如下：

$$应纳所得税税额 = 应纳税所得额 \times 适用税率$$
$$应纳税所得额 = 应税收入额 \times 应纳税所得率$$

或：

$$应纳税所得额 = 成本（费用）支出额 - (1 - 应纳税所得率) \times 应纳税所得率$$

5.4.4　非居民企业应纳税额的计算

对于在中国境内未设立机构、场所的，或者虽设立机构、场所，但所得与其所设机构、场所没有实际联系的非居民企业，按照下列方法计算其应纳税所得额。

（1）股息、红利等权益性投资收益和利息、租金、特许权使用费所得，以收入全额为应纳税所得额。

（2）转让财产所得，以收入全额减除财产净值后的余额为应纳税所得额。

（3）其他所得，参照前两项规定的方法计算应纳税所得额。应纳税额的计算公式同上。

任务实训

一、理论知识训练

1. 单项选择题

（1）2021年甲企业实现利润总额为600万元，发生公益性捐赠支出62万元。上年度未在税前扣除完的符合条件的公益性捐赠支出为8万元。已知公益性捐赠支出在年度利润总额12%以内的部分，准予扣除。计算甲企业2021年度企业所得税应纳税所得额时，准予扣除的公益性捐赠支出是（　　）。

A. 72万元　　　　B. 84万元　　　　C. 70万元　　　　D. 74万元

（2）2020年A公司取得销售（营业）收入1 000万元，发生与生产经营活动有关的业务招待费支出10万元，已知业务招待费支出按照发生额的60%扣除，但最高不得超过当年销售（营业）收入的5‰，A公司在计算2020年度企业所得税应纳税所得额时，准予扣除的业务招待费金额为（　　）万元。

A. 8　　　　　　B. 7　　　　　　C. 6　　　　　　D. 5

2. 多项选择题

（1）M公司2021年会计利润为3 000万元，取得销售收入10 000万元、其他收入2 000万元，发生广告费和业务宣传费2 500万元，已知M公司适用的企业所得税税率为25%，假设M公司无其他纳税调整事项，则M公司2021年应缴纳所得税的下列说法中错误的有（　　）。

A. 如M公司为化妆品销售企业，则应纳税额为3 000×25%＝750（万元）

B. 如M公司为白酒制造企业，则应纳税额为3 000×25%＝750（万元）

C. 如M公司为汽车销售企业，则应纳税额为3 000×25%＝750（万元）

D. 如M公司为烟草企业，则应纳税额为3 000×25%＝750（万元）

（2）居民企业纳税人有下列哪些情形之一的，对其核定征收企业所得税？（　　）

A. 依照法律、行政法规的规定可以不设置账簿的。

B. 依照法律、行政法规的规定应当设置但未设置账簿的。

C. 擅自销毁账簿或者拒不提供纳税资料的。

D. 虽设置账簿，但账目混乱或者成本资料、收入凭证、费用凭证残缺不全，难以查账的。

3. 简答题

（1）某企业所得税居民纳税人，是经国家认定的高新技术企业，在2021年取得主营业务收入1 000万元，发生主营业务成本800万元，发生的税金及附加为10万元，发生销售费用80万元（其中广告费50万元）、管理费用50万元（其中业务招待费支出10万元）、财务费用20万元，发生营业外支出2万元（为罚款支出）。

①请用直接法计算该企业2019年度的应纳税所得额。

②请用间接法计算该企业2019年度的应纳税所得额。

③假定该企业不存在以前年度可弥补亏损，请计算该企业2019年度应缴纳的企业所得税额。

（2）某企业在2021年发生如下业务。

①2021年度营业收入为8 100万元，营业成本为4 870万元。

②销售费用为800万元，其中广告费用为700万元。

③管理费用为400万元，业务招待费为120万元。

④营业外支出为80万元，其中行政罚款支出15万元。

⑤投资收益全部为国债利息收入，为4万元。

问：

①当年可以税前扣除的广告费是多少？

②当年可以税前扣除的业务招待费是多少？

③当年可以税前扣除的营业外支出是多少？

④计算2021年该企业应纳税所得额。

⑤计算2021年该企业应纳税额。

二、综合能力训练

1. 用思维导图软件，画出不同类型企业计算企业所得税应纳税额的方法和步骤。

2. 以税务局普法人员的身份，撰写企业所得税应纳税额的简要计算步骤。

三、思政园地

扫描二维码并阅读《定期定额户未申报可否定性为偷税》一文，思考法院判决的主要依据是什么，核定征税的主要服务对象是什么。

阅读材料：定期定额户未申报可否定性为偷税

任务评价

评价类目	评价内容及标准	分值	自己评分	小组评分	教师评分
学习态度	√ 全勤（5分）	10			
	√ 遵守课堂纪律（5分）				
学习过程	➢ 能说出本任务的学习目标（5分）	40			
	➢ 上课积极发言，积极回答"想一想"中的问题（5分）				
	➢ 掌握企业所得税应纳税额的计算流程（10分）				
	➢ 知道具体企业的具体纳税方法（10分）				
	➢ 能够描述居民企业应纳税额的计算方法（10分）				
学习结果	◆ "理论知识训练"考评（2分×6＝12分）	50			
	◆ "综合能力训练"考评（10分×2＝20分）				
	◆ "思政园地"考评（18分）				
合计		100			
所占比例/%		100	30	30	40
综合评分					

任务5.5 给你减税不容易——源泉扣税

工作任务单及参考流程图

工作任务	源泉扣税	教学模式	任务驱动
建议学时	2	教学地点	一体化实训室
任务描述	假设你是税务局普法人员，你去你所在辖区的企业进行税收普法讲座，你需要准备一份讲稿来简单介绍各类型企业如何计算应纳税额，你将如何写稿？		
学习目标	知识目标	1. 理解源泉扣税的概念； 2. 熟记源泉扣税管理方法	
	能力目标	1. 能够正确计算源泉扣税应纳税额； 2. 能够帮助企业进行源泉扣税申报	
	思政目标	1. 提高自身修养，增强社会责任感； 2. 提升服务意识，立志成为传播税收政策的税务人	
KPI 指标	精简、高效、快速地将税收政策传达到位		
思维导图			

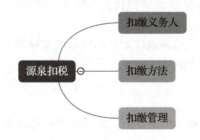

任务实施

❖ 想一想

　　当前，复杂的国际环境使我国经济发展面临较大的不确定性，尽管困难重重，但商务部近期发布的数据显示，不含银行、证券、保险领域，今年前四个月，我国实际使用外资金额4 786.1亿元人民币，同比增长20.5%，实现了去年同期高基数增长基础上的再次两位数增长。

　　商务部新闻发言人束珏婷表示，跨国公司积极扩大对华投资，充分体现了外国投资者对中国经济发展前景的坚定信心。中国经济韧性强、潜力足、回旋余地广、长期向好的基本面不会改变，将继续为世界经济企稳复苏提供强大动能。

　　同学们，你们认为外资对华投资有哪些好处和坏处？

_____

_____

5.5.1　扣缴义务人

知识讲解：给你减税
不容易——源泉扣税

在中国境内未设立机构、场所的，或者虽然设立机构、场所，但取得的所得与其所设机构、场所没有实际联系的非居民企业，应当缴纳的企业所得税，实行源泉扣缴，以支付人为扣缴义务人。税款由扣缴义务人在每次支付或者到期应支付时，从支付或者到期应支付的款项中扣缴。

支付人，是指依照有关法律规定或者合同约定对非居民企业直接负有支付相关款项义务的单位或者个人。支付，包括现金支付、汇拨支付、转账支付和权益兑价支付等货币支付和非货币支付。到期应支付的款项，是指支付人按照权责发生制原则应当计入相关成本、费用的应付款项。

对非居民企业在中国境内取得工程作业和劳务所得应缴纳的所得税，税务机关可以指定工程价款或者劳务费的支付人为扣缴义务人。

可以指定扣缴义务人的情形包括以下几种。

（1）预计工程作业或者提供劳务期限不足一个纳税年度，且有证据表明不履行纳税义务的。

（2）没有办理税务登记或者临时税务登记，且未委托中国境内的代理人履行纳税义务的。

（3）未在规定期限内办理企业所得税纳税申报或者预缴申报的。

5.5.2　扣缴方法

扣缴企业所得税应纳税额的计算公式为：

$$扣缴企业所得税应纳税额 = 应纳税所得额 \times 实际征收率$$

（1）股息、红利等权益性投资收益和利息、租金、特许权使用费所得，以收入全额为应纳税所得额，不得扣除税法规定之外的税费支出。

（2）转让财产所得，以收入全额减除财产净值后的余额为应纳税所得额。

其他所得，参照前两项规定的方法计算应纳税所得额。

5.5.3　扣缴管理

扣缴义务人，由县级以上税务机关指定，并同时告知扣缴义务人所扣税款的计算依据、计算方法、扣缴期限和扣缴方式。

扣缴义务人未依法扣缴或者无法履行扣缴义务的，由纳税人在所得发生地缴纳。纳税人未依法缴纳的，税务机关可以从该纳税人在中国境内其他收入项目的支付人应付的款项中，追缴该纳税人的应纳税款。

税务机关在追缴该纳税人的应纳税款时，应当将追缴理由、追缴数额、缴纳期限和缴纳方式等告知该纳税人。

扣缴义务人每次代扣的税款，应当自代扣之日起 7 日内缴入国库，并向所在地的税务机关报送扣缴企业所得税报告表。

任务实训

一、理论知识训练

1. 单项选择题

（1）支付人，是指依照有关法律规定或者合同约定（　　　）。

A. 对居民企业直接负有支付相关款项义务的单位或者个人

B. 对非居民企业间接负有支付相关款项义务的单位或者个人

C. 对居民企业间接负有支付相关款项义务的单位或者个人

D. 对非居民企业直接负有收取相关款项义务的单位或者个人

（2）扣缴义务人每次代扣的税款，应当自代扣之日起（　　　）日内缴入国库。

A. 8　　　　　　　　　B. 7　　　　　　　　　C. 6　　　　　　　　　D. 5

2. 多项选择题

可以指定扣缴义务人的情形，包括以下哪几项？（　　　　　　）

A. 预计工程作业或者提供劳务期限不足一个纳税年度，且有证据表明不履行纳税义务的。

B. 没有办理税务登记或者临时税务登记，且未委托中国境内的代理人履行纳税义务的。

C. 未在规定期限内办理企业所得税纳税申报或者预缴申报的。

D. 非居民企业在中国进行经营活动

二、综合能力训练

1. 用思维导图软件，画出源泉扣税的具体流程图。

2. 以税务局普法人员的身份，撰写源泉扣税的简要计算步骤。

三、思政园地

扫描二维码并阅读《短期冲击不改长期发展大势　我国外商投资规模不降反增》一文，思考我国招商引资的积极作用和具体税收优惠举措。

任务评价

评价类目	评价内容及标准		分值	自己评分	小组评分	教师评分
学习态度	√ 全勤（5分）		10			
	√ 遵守课堂纪律（5分）					
学习过程	➤ 能说出本任务的学习目标（5分）		40			
	➤ 上课积极发言，积极回答"想一想"中的问题（5分）					
	➤ 掌握企业所得税源泉扣税的计算流程（10分）					
	➤ 知道具体企业的具体纳税方法（10分）					
	➤ 能够描述源泉扣税的设立初衷和主要对象（10分）					
学习结果	◆ "理论知识训练"考评（2分×3＝6分）		50			
	◆ "综合能力训练"考评（10分×2＝20分）					
	◆ "思政园地"考评（24分）					
合计			100			
所占比例/%			100	30	30	40
综合评分						

任务5.6 一年一度的盛会——企业所得税纳税申报

■ 工作任务单及参考流程图

工作任务	企业所得税纳税申报	教学模式	任务驱动
建议学时	1	教学地点	一体化实训室
任务描述	假设你是税务局普法人员，税务局办税大厅需要设计一系列纳税申报流程卡片以提示办税流程，请你设计企业所得税纳税申报流程卡片供办税人员参考		
学习目标	知识目标	1. 明确企业所得税征缴方式和种类； 2. 熟记企业所得税纳税期限	
	能力目标	1. 能够区分各征缴方式的纳税期限； 2. 能够帮助企业正确地进行纳税申报	
	思政目标	1. 提高自身修养，增强社会责任感； 2. 提升服务意识，立志成为传播税收政策的税务人	
KPI指标	精简、高效、快速地将税收政策传达到位		
思维导图			

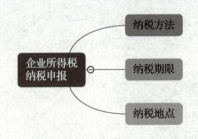

■ 任务实施

❋ 想一想

从19世纪50年代起的约90年间，在中国上海、厦门、天津、镇江、汉口、九江、广州、杭州、苏州、重庆等10个城市中林立着大大小小的专管租界25个、公共租界2个，租界内各国均设有独立税收体系。在这些外国人建立的租界中，甚至全国范围内英、美、法、日等国的公民犯罪，都不受中国的司法管辖，而是由本国领事审判；而在这些租界中犯法或只是违反租界章程的中国人，就要受到中国官员和外国领事官员的共同审判。

请阅读以上文字，思考税收对国力的影响。

_____

_____

企业所得税实行按纳税年度计算，分月或者分季预缴，年终汇算清缴，多退少补的缴纳办法。

分月或者分季预缴企业所得税时，应当按照月度或者季度的实际利润额预缴；按照月度或者季度的实际利润额预缴有困难的，可以按照上一纳税年度应纳税所得额的月度或者季度平均额预缴，或者按照经税务机关认可的其他方法预缴。预缴方法一经确定，该纳税年度内不得随意变更。

知识讲解：一年一度的盛会——企业所得税纳税申报

依法缴纳的企业所得税，以人民币计算。所得以人民币以外的货币计算的，应当折合成人民币计算并缴纳税款。企业在报送企业所得税纳税申报表时，应当按照规定附送财务会计报告和其他有关资料。

5.6.1　纳税期限

企业所得税的纳税年度，自公历 1 月 1 日起至 12 月 31 日止。

企业在一个纳税年度中间开业，或者终止经营活动，使该纳税年度的实际经营期不足 12 个月的，应当以其实际经营期为 1 个纳税年度。企业依法清算时，应当以清算期间作为 1 个纳税年度。

企业应当自月度或者季度终了之日起 15 日内，向税务机关报送预缴企业所得税纳税申报表，预缴税款。

企业应当自年度终了之日起 5 个月内，向税务机关报送年度企业所得税纳税申报表，并汇算清缴，结清应缴应退税款。

企业在年度中间终止经营活动的，应当自实际经营终止之日起 60 日内，向税务机关办理当期企业所得税汇算清缴。

5.6.2　纳税地点

1. 居民企业的纳税地点

除税收法规、行政法规另有规定外，居民企业以企业登记注册地为纳税地点；登记地在境外的，以实际管理机构所在地为纳税地点。

2. 非居民企业的纳税地点

非居民企业在中国境内设立机构、场所的，以机构、场所所在地为纳税地点。非居民企业在中国境内设立两个或者两个以上的机构、场所的，经税务机关审核批准，可以选择由其主要机构、场所汇总缴纳企业所得税。

非居民企业在中国未设立机构、场所的，或者虽然设立机构、场所，但取得的所得与其所设机构、场所没有实际联系的，以扣缴义务人所在地为纳税地点。

任务实训

一、理论知识训练

1. 单项选择题

（1）除税收法规、行政法规另有规定外，居民企业以（　　）为纳税地点。

A. 企业登记注册地　　　　　　　　　　B. 企业经营所在地

C. 法人所在地　　　　　　　　　　　　D. 企业主要管理机构所在地

（2）企业在年度中间终止经营活动的，应当自实际经营终止之日起（　　）内，向税务机关办理当期企业所得税汇算清缴。

A. 60 日　　　　B. 45 日　　　　C. 30 日　　　　D. 50 日

二、综合能力训练

1. 用思维导图软件，画出企业所得税纳税申报流程图。

2. 以税务局普法人员的身份，设计纳税申报卡片。

三、思政园地

扫描二维码并阅读《上清寺曾是"洋人街"老照片讲述这里百年变迁》一文，思考国力与税收的关系是什么，大国与小家之间的利益如何选择。

阅读材料：上清寺曾是"洋人街"老照片讲述这里百年变迁

📖 任务评价

评价类目	评价内容及标准	分值	自己评分	小组评分	教师评分
学习态度	√ 全勤（5 分） √ 遵守课堂纪律（5 分）	10			
学习过程	➤ 能说出本任务的学习目标（5 分） ➤ 上课积极发言，积极回答"想一想"中的问题（5 分） ➤ 掌握企业所得税纳税申报流程（10 分） ➤ 知道具体企业纳税地点区分；（10 分） ➤ 能够描述居民企业所得税的具体申报流程。（10 分）	40			
学习结果	◆ "理论知识训练"考评（2 分×7＝14 分） ◆ "综合能力训练"考评（10 分×2＝20 分） ◆ "思政园地"考评（16 分）	50			
合计		100			
所占比例/%		100	30	30	40
综合评分					

项目实施

（1）股息红利属于免税收入，需要纳税调减，而股权转让所得不免税，无须纳税调整，纳税调减 400 万元。

（2）职工福利费扣除限额＝2 500×14%＝350（万元），实际发生福利费 100 万元，可以全额扣除，无须纳税调整；职工教育经费扣除限额＝2 500×8%＝200（万元），实际发生职工教育经费 220 万元，需纳税调增 20 万元，工会经费扣除限额＝2 500×2%＝50（万元），实际发生工会经费 40 万元，可以全额扣除，无须纳税调整。

（3）自2021年1月1日起，制造企业研发费用加计100%扣除，研发费用应调减应纳税所得额 = 240 × 100% = 240（万元）。

（4）广告宣传费扣除限额 = 10 000 × 30% = 3 000（万元），实际发生2 200万元，未超过限额，无须纳税调整。

（5）业务招待费实际发生额的60% = 60 × 60% = 36（万元），业务招待费的扣除限额 = 10 000 × 0.5% = 50（万元），税前扣除36万元，纳税调增 = 60 − 36 = 24（万元）。

（6）用于目标脱贫地区的扶贫和用于应对新型冠状病毒肺炎疫情捐赠支出，准予在计算应纳税所得额时据实扣除；其他捐赠扣除限额 = 1 130 × 12% = 135.6（万元），其他公益性捐赠支出 = 60 − 10 − 40 = 10（万元），未超过限额，可以全额扣除；直接对某山区的捐款，不属于公益性捐赠，不能在税前扣除，纳税调增10万元。

（7）缴纳税收滞纳金不得税前扣除，需要纳税调增，因合同违约支付给其他企业的违约金，不属于行政性罚款，准予在税前扣除，纳税调增5万元。

（8）不允许扣除的财务费用 = 75 − 1 000 × 8% × 10/12 = 8.33（万元），纳税调增8.33万元。

（9）会计上计提的折旧费用 = 30 ÷ 10 ÷ 12 × 10 = 2.5（万元），税法允许一次性扣除30万元，纳税调减 = 30 − 2.5 = 27.5（万元）。

（10）弥补亏损前的应纳税所得额 = 1 130 − 400 + 20 − 240 + 24 + 10 + 5 + 8.33 − 27.5 = 529.83（万元），亏损弥补期最长不得超过5年，可以扣除2016年和2017年的年度亏损，2015年的亏损已经逾期，应纳企业所得税 = （529.83 − 400）× 25% = 32.46（万元）。

"A100000 中华人民共和国企业所得税年度纳税申报表（A类）"如表5−4所示。

其他相关表格（A101010、A102010、A107010、A107011、A107012、A104000、A105000、A105030、A105050、A105060、A105070、A105080、A106000）如表5−5~表5−17所示。

表5−4 A100000 **中华人民共和国企业所得税年度纳税申报表（A类）** 元

行次	类别	项目	金额
1	利润总额计算	一、营业收入（填写A101010/101020/103000）	100 000 000.00
2		减：营业成本（填写A102010/102020/103000）	55 000 000.00
3		减：税金及附加	4 200 000.00
4		减：销售费用（填写A104000）	26 000 000.00
5		减：管理费用（填写A104000）	5 600 000.00
6		减：财务费用（填写A104000）	2 200 000.00
7		减：资产减值损失	
8		加：公允价值变动收益	
9		加：投资收益	5 100 000.00
10		二、营业利润（1 − 2 − 3 − 4 − 5 − 6 − 7 + 8 + 9）	12 100 000.00
11		加：营业外收入（填写A101010/101020/103000）	
12		减：营业外支出（填写A102010/102020/103000）	800 000.00
13		三、利润总额（10 + 11 − 12）	11 300 000.00

行次	类别	项目	金额
14		减：境外所得（填写 A108010）	
15		加：纳税调整增加额（填写 A105000）	673 333.33
16		减：纳税调整减少额（填写 A105000）	275 000.00
17		减：免税、减计收入及加计扣除（填写 A107010）	6 400 000.00
18	应纳税所得额计算	加：境外应税所得抵减境内亏损（填写 A108000）	
19		四、纳税调整后所得（13－14＋15－16－17＋18）	5 298 333.33
20		减：所得减免（填写 A107020）	
21		减：弥补以前年度亏损（填写 A106000）	0.00
22		减：抵扣应纳税所得额（填写 A107030）	
23		五、应纳税所得额（19－20－21－22）	5 298 333.33
24		税率（25%）	
25		六、应纳所得税额（23×24）	1 324 583.33
26		减：减免所得税额（填写 A107040）	
27		减：抵免所得税额（填写 A107050）	
28		七、应纳税额（25－26－27）	1 324 583.33
29		加：境外所得应纳所得税额（填写 A108000）	
30	应纳税额计算	减：境外所得抵免所得税额（填写 A108000）	
31		八、实际应纳所得税额（28＋29－30）	1 324 583.33
32		减：本年累计实际已缴纳的所得税额	
33		九、本年应补（退）所得税额（31－32）	1 324 583.33
34		其中：总机构分摊本年应补（退）所得税额（填写 A109000）	
35		财政集中分配本年应补（退）所得税额（填写 A109000）	
36		总机构主体生产经营部门分摊本年应补（退）所得税额（填写 A109000）	
37	实际应纳税额计算	减：民族自治地区企业所得税地方分享部分：（□ 免征 □ 减征：减征幅度＿%）	
38		十、本年实际应补（退）所得税额（33－37）	1 324 583.33

表5-5 　A101010 **一般企业收入明细表**　　　　　　　　　　元

行次	项目	金额
1	一、营业收入（2+9）	100 000 000.00
2	（一）主营业务收入（3+5+6+7+8）	100 000 000.00
3	1. 销售商品收入	100 000 000.00
4	其中：非货币性资产交换收入	
5	2. 提供劳务收入	
6	3. 建造合同收入	
7	4. 让渡资产使用权收入	
8	5. 其他	
9	（二）其他业务收入（10+12+13+14+15）	
10	1. 销售材料收入	
11	其中：非货币性资产交换收入	
12	2. 出租固定资产收入	
13	3. 出租无形资产收入	
14	4. 出租包装物和商品收入	
15	5. 其他	
16	二、营业外收入（17+18+19+20+21+22+23+24+25+26）	
17	（一）非流动资产处置利得	
18	（二）非货币性资产交换利得	
19	（三）债务重组利得	
20	（四）政府补助利得	
21	（五）盘盈利得	
22	（六）捐赠利得	
23	（七）罚没利得	
24	（八）确实无法偿付的应付款项	
25	（九）汇兑收益	
26	（十）其他	

表 5-6 A102010 一般企业成本支出明细表   元

行次	项目	金额
1	一、营业成本（2+9）	55 000 000.00
2	（一）主营业务成本（3+5+6+7+8）	55 000 000.00
3	1. 销售商品成本	55 000 000.00
4	其中：非货币性资产交换成本	
5	2. 提供劳务成本	
6	3. 建造合同成本	
7	4. 让渡资产使用权成本	
8	5. 其他	
9	（二）其他业务成本（10+12+13+14+15）	
10	1. 销售材料成本	
11	其中：非货币性资产交换成本	
12	2. 出租固定资产成本	
13	3. 出租无形资产成本	
14	4. 包装物出租成本	
15	5. 其他	
16	二、营业外支出（17+18+19+20+21+22+23+24+25+26）	800 000.00
17	（一）非流动资产处置损失	
18	（二）非货币性资产交换损失	
19	（三）债务重组损失	
20	（四）非常损失	
21	（五）捐赠支出	700 000.00
22	（六）赞助支出	
23	（七）罚没支出	100 000.00
24	（八）坏账损失	
25	（九）无法收回的债券股权投资损失	
26	（十）其他	

表5-7　A107010 免税、减计收入及加计扣除优惠明细表（2021年版）　元

行次	项目	金额
1	一、免税收入（2+3+9+…+16）	4 000 000.00
2	（一）国债利息收入免征企业所得税	
3	（二）符合条件的居民企业之间的股息、红利等权益性投资收益免征企业所得税（4+5+6+7+8）	4 000 000.00
4	1. 一般股息红利等权益性投资收益免征企业所得税（填写A107011）	4 000 000.00
5	2. 内地居民企业通过沪港通投资且连续持有H股满12个月取得的股息红利所得免征企业所得税（填写A107011）	
6	3. 内地居民企业通过深港通投资且连续持有H股满12个月取得的股息红利所得免征企业所得税（填写A107011）	
7	4. 居民企业持有创新企业CDR取得的股息红利所得免征企业所得税（填写A107011）	
8	5. 符合条件的永续债利息收入免征企业所得税（填写A107011）	
9	（三）符合条件的非营利组织的收入免征企业所得税	
10	（四）中国清洁发展机制基金取得的收入免征企业所得税	
11	（五）投资者从证券投资基金分配中取得的收入免征企业所得税	
12	（六）取得的地方政府债券利息收入免征企业所得税	
13	（七）中国保险保障基金有限责任公司取得的保险保障基金等收入免征企业所得税	
14	（八）中国奥委会取得北京冬奥组委支付的收入免征企业所得税	
15	（九）中国残奥委会取得北京冬奥组委分期支付的收入免征企业所得税	
16	（十）其他	
17	二、减计收入（18+19+23+24）	
18	（一）综合利用资源生产产品取得的收入在计算应纳税所得额时减计收入	
19	（二）金融、保险等机构取得的涉农利息、保费减计收入（20+21+22）	
20	1. 金融机构取得的涉农贷款利息收入在计算应纳税所得额时减计收入	
21	2. 保险机构取得的涉农保费收入在计算应纳税所得额时减计收入	
22	3. 小额贷款公司取得的农户小额贷款利息收入在计算应纳税所得额时减计收入	
23	（三）取得铁路债券利息收入减半征收企业所得税	
24	（四）其他（24.1+24.2）	
24.1	1. 取得的社区家庭服务收入在计算应纳税所得额时减计收入	
24.2	2. 其他	
25	三、加计扣除（26+27+28+29+30）	2 400 000.00
26	（一）开发新技术、新产品、新工艺发生的研究开发费用加计扣除（填写A107012）	2 400 000.00
27	（二）科技型中小企业开发新技术、新产品、新工艺发生的研究开发费用加计扣除（填写A107012）	
28	（三）企业为获得创新性、创意性、突破性的产品进行创意设计活动而发生的相关费用加计扣除（加计扣除比例＿＿＿＿＿％）	
29	（四）安置残疾人员所支付的工资加计扣除	
30	（五）其他	
31	合计（1+17+25）	6 400 000.00

表 5 - 8　A107011　符合条件的居民企业之间的股息、红利等权益性投资收益优惠明细表

行次	被投资企业	被投资企业统一社会信用代码（纳税人识别号）	投资性质	投资成本/元	投资比例/%	被投资企业利润分配确认金额		被投资企业清算确认金额			撤回或减少投资确认金额						合计/元
						被投资企业做出利润分配或转股决定时间	依决定归属于本公司的股息、红利等权益性投资收益确认金额/元	分得的被投资企业清算剩余资产/元	被清算企业累计未分配利润和累计盈余公积应享有部分/元	应确认的股息所得/元	从被投资企业撤回或减少投资取得的资产/元	减少投资比例/%	收回初始投资成本/元	取得资产中超过收回初始投资成本部分/元	撤回或减少投资应享有被投资企业累计未分配利润和累计盈余公积/元	应确认的股息所得/元	合计/元
	1	2	3	4	5	6	7	8	9	10（8与9孰小）	11	12	13（4×12）	14（11-13）	15	16（14与15孰小）	17（7+10+16）
1	湖南南翔汽车制造股份有限公司	934598978684612	直接投资	4 000 000	20	2021年3月	4 000 000										
2																	
3																	
4																	
5																	
6																	
7																	
8	合计																

续表

次	被投资企业	被投资企业统一社会信用代码（纳税人识别号）	投资性质	投资成本/元	投资比例/%	被投资企业利润分配确认金额		被投资企业清算确认金额			撤回或减少投资确认金额						合计/元
						被投资企业做出利润分配或转股决定时间	依决定归属于本公司的股息、红利等权益性投资收益金额/元	分得的被投资企业清算剩余资产/元	被清算企业累计未分配利润和累计盈余公积应享有部分/元	应确认的股息所得/元	从被投资企业撤回或减少投资取得的资产/元	减少投资比例/%	收回初始投资成本/元	取得资产中超过收回初始投资成本部分/元	撤回或减少投资应享有被投资企业累计未分配利润和累计盈余公积/元	应确认的股息所得/元	
	1	2	3	4	5	6	7	8	9	10（8与9孰小）	11	12	13（4×12）	14（11-13）	15	16（14与15孰小）	17（7+10+16）
9	其中:直接投资或非股权投资H股投资																
10	股票投资—沪港通H股																
11	股票投资—深港通H股																
12	创新企业CDR																
13	永续债																

表5-9　A107012 研发费用加计扣除优惠明细表（2021年版）　　　元

行次	项目	金额（数量）
1	本年可享受研发费用加计扣除项目数量	
2	一、自主研发、合作研发、集中研发（3+7+16+19+23+34）	2 400 000.00
3	（一）人员人工费用（4+5+6）	
4	1. 直接从事研发活动人员工资薪金	
5	2. 直接从事研发活动人员五险一金	
6	3. 外聘研发人员的劳务费用	
7	（二）直接投入费用（8+9+10+11+12+13+14+15）	2 400 000.00
8	1. 研发活动直接消耗材料费用	2 400 000.00
9	2. 研发活动直接消耗燃料费用	
10	3. 研发活动直接消耗动力费用	
11	4. 用于中间试验和产品试制的模具、工艺装备开发及制造费	
12	5. 用于不构成固定资产的样品、样机及一般测试手段购置费	
13	6. 用于试制产品的检验费	
14	7. 用于研发活动的仪器、设备的运行维护、调整、检验、维修等费用	
15	8. 通过经营租赁方式租入的用于研发活动的仪器、设备租赁费	
16	（三）折旧费用（17+18）	
17	1. 用于研发活动的仪器的折旧费	
18	2. 用于研发活动的设备的折旧费	
19	（四）无形资产摊销（20+21+22）	
20	1. 用于研发活动的软件的摊销费用	
21	2. 用于研发活动的专利权的摊销费用	
22	3. 用于研发活动的非专利技术（包括许可证、专有技术、设计和计算方法等）的摊销费用	
23	（五）新产品设计费等（24+25+26+27）	
24	1. 新产品设计费	
25	2. 新工艺规程制定费	
26	3. 新药研制的临床试验费	

续表

行次	项目	金额（数量）
27	4. 勘探开发技术的现场试验费	
28	（六）其他相关费用（29＋30＋31＋32＋33）	
29	1. 技术图书资料费、资料翻译费、专家咨询费、高新科技研发保险费	
30	2. 研发成果的检索、分析、评议、论证、鉴定、评审、评估、验收费用	
31	3. 知识产权的申请费、注册费、代理费	
32	4. 职工福利费、补充养老保险费、补充医疗保险费	
33	5. 差旅费、会议费	
34	（七）经限额调整后的其他相关费用	
35	二、委托研发（36＋37＋39）	
36	（一）委托境内机构或个人进行研发活动所发生的费用	
37	（二）委托境外机构进行研发活动发生的费用	
38	其中：允许加计扣除的委托境外机构进行研发活动发生的费用	
39	（三）委托境外个人进行研发活动发生的费用	
40	三、年度研发费用小计（2＋36×80%＋38）	2 400 000.00
41	（一）本年费用化金额	2 400 000.00
42	（二）本年资本化金额	
43	四、本年形成无形资产摊销额	
44	五、以前年度形成无形资产本年摊销额	
45	六、允许扣除的研发费用合计（41＋43＋44）	2 400 000.00
46	减：特殊收入部分	
47	七、允许扣除的研发费用抵减特殊收入后的金额（45－46）	2 400 000.00
48	减：当年销售研发活动直接形成产品（包括组成部分）对应的材料部分	
49	减：以前年度销售研发活动直接形成产品（包括组成部分）对应材料部分结转金额	
50	八、加计扣除比例（%）	100
51	九、本年研发费用加计扣除总额（47－48－49）×50	2 400 000.00
52	十、销售研发活动直接形成产品（包括组成部分）对应材料部分结转以后年度扣减金额（当47－48－49≥0，本行＝0；当47－48－49＜0，本行＝47－48－49的绝对值）	

表 5 - 10　A104000 期间费用明细表　　　　　　　　元

行次	项目	销售费用	其中：境外支付	管理费用	其中：境外支付	财务费用	其中：境外支付
		1	2	3	4	5	6
1	一、职工薪酬	2 000 000.00	*	4 600 000.00	*	*	*
2	二、劳务费					*	*
3	三、咨询顾问费	400 000.00		200 000.00		*	*
4	四、业务招待费	600 000.00	*		*	*	*
5	五、广告费和业务宣传费	22 000 000.00	*		*	*	*
6	六、佣金和手续费						
7	七、资产折旧摊销费	100 000.00	*	200 000.00			
8	八、财产损耗、盘亏及毁损损失		*		*	*	*
9	九、办公费		*	200 000.00		*	*
10	十、董事会费		*		*	*	*
11	十一、租赁费			100 000.00		*	
12	十二、诉讼费		*		*	*	*
13	十三、差旅费	200 000.00	*	100 000.00		*	*
14	十四、保险费	100 000.00	*		*	*	*
15	十五、运输、仓储费	300 000.00				*	*
16	十六、修理费	200 000.00				*	*
17	十七、包装费	100 000.00	*		*	*	*
18	十八、技术转让费					*	*
19	十九、研究费用					*	*
20	二十、各项税费		*	100 000.00			
21	二十一、利息收支	*	*	*	*	2 200 000.00	
22	二十二、汇兑差额	*	*	*	*		
23	二十三、现金折扣	*	*	*	*		*
24	二十四、党组织工作经费	*	*	100 000.00	*	*	*
25	二十五、其他						
26	合计（1+2+3+…25）	26 000 000.00		5 600 000.00		2 200 000.00	

表 5-11   A105000 **纳税调整项目明细表**（2019 年版）   元

行次	项目	账载金额	税收金额	调增金额	调减金额
		1	2	3	4
1	一、收入类调整项目（2+3+…8+10+11）	*	*	0	0
2	（一）视同销售收入（填写 A105010）	*			*
3	（二）未按权责发生制原则确认的收入（填写 A105020）				
4	（三）投资收益（填写 A105030）				
5	（四）按权益法核算长期股权投资对初始投资成本调整确认收益	*	*	*	
6	（五）交易性金融资产初始投资调整	*	*		*
7	（六）公允价值变动净损益		*		
8	（七）不征税收入	*	*		
9	其中：专项用途财政性资金（填写 A105040）	*	*		
10	（八）销售折扣、折让和退回				
11	（九）其他				
12	二、扣除类调整项目（13+14+…24+26+27+28+29+30）	*	*		
13	（一）视同销售成本（填写 A105010）	*		*	
14	（二）职工薪酬（填写 A105050）	28 700 000.00	28 500 000.00	200 000.00	
15	（三）业务招待费支出	600 000.00	360 000.00	240 000.00	*
16	（四）广告费和业务宣传费支出（填写 A105060）	*	*	0	
17	（五）捐赠支出（填写 A105070）	700 000.00	600 000.00	100 000.00	
18	（六）利息支出	2 200 000.00	2 116 666.67	83 333.33	
19	（七）罚金、罚款和被没收财物的损失		*		*
20	（八）税收滞纳金、加收利息	50 000.00	*	50 000.00	*
21	（九）赞助支出		*		*
22	（十）与未实现融资收益相关在当期确认的财务费用				

行次	项目	账载金额 1	税收金额 2	调增金额 3	调减金额 4
23	（十一）佣金和手续费支出（保险企业填写 A105060）				
24	（十二）不征税收入用于支出所形成的费用	*	*		*
25	其中：专项用途财政性资金用于支出所形成的费用（填写 A105040）	*	*		*
26	（十三）跨期扣除项目				
27	（十四）与取得收入无关的支出		*		*
28	（十五）境外所得分摊的共同支出	*	*		*
29	（十六）党组织工作经费				
30	（十七）其他				
31	三、资产类调整项目（32＋33＋34＋35）	*	*		
32	（一）资产折旧、摊销（填写 A105080）	1 825 000.00	2 100 000.00		275 000.00
33	（二）资产减值准备金		*		
34	（三）资产损失（填写 A105090）				
35	（四）其他				
36	四、特殊事项调整项目（37＋38＋…＋43）	*	*		
37	（一）企业重组及递延纳税事项（填写 A105100）				
38	（二）政策性搬迁（填写 A105110）	*	*		
39	（三）特殊行业准备金（填写 A105120）				
40	（四）房地产开发企业特定业务计算的纳税调整额（填写 A105010）	*			
41	（五）合伙企业法人合伙人应分得的应纳税所得额				
42	（六）发行永续债利息支出				
43	（七）其他	*	*		
44	五、特别纳税调整应税所得	*	*		
45	六、其他	*	*		
46	合计（1＋12＋31＋36＋44＋45）	*	*	673 333.33	275 000.00

表5－12　A105030 投资收益纳税调整明细表

单位：元

行次	项目	持有收益			处置收益							纳税调整金额 11 (3+10)
		账载金额 1	税收金额 2	纳税调整金额 3 (2-1)	会计确认的处置收入 4	税收计算的处置收入 5	处置投资的账面价值 6	处置投资的计税基础 7	会计确认的处置所得或损失 8 (4-6)	税收计算的处置所得 9 (5-7)	纳税调整金额 10 (9-8)	
1	一、交易性金融资产				11 000 000.00	11 000 000.00	9 900 000.00	9 900 000.00	1 100 000.00	1 100 000.00	0.00	0.00
2	二、可供出售金融资产											0.00
3	三、持有至到期投资											0.00
4	四、衍生工具											0.00
5	五、交易性金融负债											0.00
6	六、长期股权投资											0.00
7	七、短期投资											0.00
8	八、长期债券投资											0.00
9	九、其他											0.00
10	合计(1+2+3+4+5+6+7+8+9)	0.00	0.00	0.00	11 000 000.00	11 000 000.00	9 900 000.00	9 900 000.00	1 100 000.00	1 100 000.00	0.00	0.00

表5－13　A105050 职工薪酬支出及纳税调整明细表（2019 年版）

行次	项目	账载金额/元 1	实际发生额/元 2	税收规定扣除率/% 3	以前年度累计结转扣除额/元 4	税收金额/元 5	纳税调整金额/元 6 (1-5)	累计结转以后年度扣除额/元 7 (2+4-5)
1	一、工资薪金支出	25 000 000.00	25 000 000.00	*	*	25 000 000.00	0.00	*
2	其中：股权激励			*	*			*
3	二、职工福利费支出	1 000 000.00	1 000 000.00	14%	*	1 000 000.00	0.00	*
4	三、职工教育经费支出	2 200 000.00	2 200 000.00	*		2 000 000.00	200 000.00	*
5	其中：按税收规定比例扣除的职工教育经费	200 000.00	200 000.00			0	200 000.00	
6	按税收规定全额扣除的职工培训费用	2 000 000.00	2 000 000.00	100%	*	2 000 000.00	0.00	*
7	四、工会经费支出	500 000.00	500 000.00		*	500 000.00	0.00	*
8	五、各类基本社会保障性缴款			*	*			*
9	六、住房公积金			*	*			*
10	七、补充养老保险			*	*			*
11	八、补充医疗保险			*	*			*
12	九、其他				*			*
13	合计（1+3+4+7+8+9+10+11+12）	28 700 000.00	28 700 000.00	*		28 500 000.00	200 000.00	*

表5－14　A105060 **广告费和业务宣传费跨年度纳税调整明细表**　　元

行次	项目	广告费和业务宣传费	保险企业手续费及佣金支出
		1	2
1	一、本年支出	22 000 000.00	
2	减：不允许扣除的支出		
3	二、本年符合条件的支出（1－2）	22 000 000.00	
4	三、本年计算扣除限额的基数	100 000 000.00	
5	乘：税收规定扣除率	30%	
6	四、本企业计算的扣除限额（4×5）	30 000 000.00	
7	五、本年结转以后年度扣除额 （3＞6，本行＝3－6；3≤6，本行＝0）	0	
8	加：以前年度累计结转扣除额		
9	减：本年扣除的以前年度结转额 ［3＞6，本行＝0；3≤6，本行＝8与（6－3）孰小值］	0	
10	六、按照分摊协议归集至其他关联方的金额（10≤3与6孰小值）		*
11	按照分摊协议从其他关联方归集至本企业的金额		*
12	七、本年支出纳税调整金额 （3＞6，本行＝2＋3－6＋10－11；3≤6，本行＝2＋10－11－9）		
13	八、累计结转以后年度扣除额（7＋8－9）	0	

表5-15　A105070 捐赠支出及纳税调整明细表

单位：元

行次	项目	账载金额	以前年度结转可扣除的捐赠额	按税收规定计算的扣除限额	税收金额	纳税调增金额	纳税调减金额	可结转以后年度扣除的捐赠额
		1	2	3	4	5	6	7
1	一、非公益性捐赠	100 000.00	*	*	*	100 000.00	*	*
2	二、全额扣除的公益性捐赠	600 000.00	*	*	600 000.00	*	*	*
3	其中：扶贫捐赠	100 000.00	*	*	100 000.00	*	*	*
4	三、限额扣除的公益性捐赠（5+6+7+8）		*	*		*	*	*
5	前三年度（　年）	*	*	*	*	*		*
6	前二年度（　年）	*		*	*	*		
7	前一年度（　年）	*		*	*	*		
8	本　年（　年）		*		*	*	*	
9	合计（1+2+4）	700 000.00		*	600 000.00	100 000.00	*	*
附列资料	2015年度至本年发生的公益性扶贫捐赠合计金额	100 000.00			600 000.00	100 000.00	*	*

表5-16 A105080 资产折旧、摊销及纳税调整明细表（2021年版）

单位：元

行次	项目	账载金额 资产原值 1	账载金额 本年折旧、摊销额 2	账载金额 累计折旧、摊销额 3	税收金额 资产计税基础 4	税收金额 税收折旧、摊销额 5	税收金额 享受加速折旧政策的资产按一般规定计算的折旧、摊销额 6	税收金额 加速折旧、摊销统计额 7(5-6)	累计折旧、摊销额 8	纳税调整金额 9(2-5)
1	一、固定资产（2+3+4+5+6+7）	26 800 000.00	1 825 000.00	13 525 000.00	26 800 000.00	2 100 000.00	*	*	13 800 000.00	-275 000.00
2	（一）房屋、建筑物	20 000 000.00	1 000 000.00	10 000 000.00	20 000 000.00	1 000 000.00	*	*	10 000 000.00	0.00
3	（二）飞机、火车、轮船、机器、机械和其他生产设备	5 000 000.00	500 000.00	2 500 000.00	5 000 000.00	500 000.00	*	*	2 500 000.00	0.00
4	（三）与生产经营活动有关的器具、工具、家具等	300 000.00	25 000.00	25 000.00	300 000.00	300 000.00	*	*	300 000.00	-275 000.00
5	（四）飞机、火车、轮船以外的运输工具	1 000 000.00	200 000.00	600 000.00	1 000 000.00	200 000.00	*	*	600 000.00	0.00
6	（五）电子设备	500 000.00	100 000.00	400 000.00	500 000.00	100 000.00	*	*	400 000.00	0.00
7	（六）其他						*	*		
8	其中：享受固定资产加速折旧及一次性扣除政策的资产加速折旧额大于一般折旧额的部分 （一）重要行业固定资产加速折旧（不含一次性扣除）									*
9	（二）其他行业研发设备加速折旧									*
10	（三）特定地区企业固定资产加速折旧（10.1+10.2）									

所有固定资产

续表

行次	项目	账载金额			资产计税基础	税收金额				纳税调整金额
		资产原值	本年折旧、摊销额	累计折旧、摊销额		税收折旧、摊销额	享受加速折旧政策的资产按税收一般规定计算的折旧、摊销额	加速折旧、摊销统计额	累计折旧、摊销额	
		1	2	3	4	5	6	7 (5-6)	8	9 (2-5)
10.1	1. 海南自由贸易港企业固定资产加速折旧									*
10.2	2. 其他特定地区企业固定资产加速折旧									*
11	（四）500万元以下设备器具一次性扣除	300 000.00	25 000.00	25 000.00	300 000.00	300 000.00	300 000.00	0.00	300 000.00	*
12	（五）疫情防控重点保障物资生产企业固定资产一次性扣除									
13	（六）特定地区企业固定资产一次性扣除（13.1+13.2）									*
13.1	1. 海南自由贸易港企业固定资产一次性扣除									
13.2	2. 其他特定地区企业固定资产一次性扣除									*
14	（七）技术进步、更新换代固定资产加速折旧									*
15	（八）常年强震动、高腐蚀固定资产加速折旧									*

其中：享受固定资产加速折旧及一次性扣除政策的资产加速折旧额大于一般折旧额的部分

续表

行次	项目	账载金额			税收金额					纳税调整金额
		资产原值	本年折旧、摊销额	累计折旧、摊销额	资产计税基础	税收折旧、摊销额	享受加速折旧政策的资产按税收一般规定计算的折旧、摊销额	加速折旧、摊销统计额	累计折旧、摊销额	纳税调整金额
		1	2	3	4	5	6	7 (5−6)	8	9 (2−5)
16	（九）外购软件加速折旧									*
17	（十）集成电路企业生产设备加速折旧									*
18	二、生产性生物资产（19＋20）						*	*		
19	（一）林木类						*	*		
20	（二）畜类						*	*		
21	三、无形资产（22＋23＋24＋25＋26＋27＋28＋29）						*	*		
22	（一）专利权						*	*		
23	（二）商标权						*	*		
24	（三）著作权						*	*		
25	（四）土地使用权						*	*		
26	（五）非专利技术						*	*		
27	（六）特许权使用费						*	*		
28	（七）软件						*	*		
29	（八）其他						*	*		

所有无形资产

续表

行次	项目	账载金额 资产原值	本年折旧、摊销额	累计折旧、摊销额	税收金额 资产计税基础	税收折旧、摊销额	享受加速折旧政策的资产按税收一般规定计算的折旧、摊销额	加速折旧、摊销统计额	累计折旧、摊销额	纳税调整金额
		1	2	3	4	5	6	7 (5-6)	8	9 (2-5)
30	（一）企业外购软件加速摊销									*
31	（二）特定地区企业无形资产加速摊销 (31.1+31.2)									*
31.1	1.海南自由贸易港企业无形资产加速摊销									*
31.2	2.其他特定地区企业无形资产加速摊销									*
32	（三）特定地区企业无形资产一次性摊销 (32.1+32.2)									*
	其中：享受无形资产加速摊销政策的资产及一次性摊销额大于一般摊销产加速摊销额的部分									*
32.1	1.海南自由贸易港企业无形资产一次性摊销									*
32.2	2.其他特定地区企业无形资产一次性摊销									*

续表

行次	项目	账载金额			资产计税基础	税收金额				纳税调整金额
		资产原值	本年折旧、摊销额	累计折旧、摊销额		税收折旧、摊销额	享受加速折旧政策的资产按税收一般规定计算的折旧、摊销额	加速折旧、摊销统计额	累计折旧、摊销额	
		1	2	3	4	5	6	7（5-6）	8	9（2-5）
33	四、长期待摊费用（34+35+36+37+38）									
34	（一）已足额提取折旧的固定资产的改建支出						*	*		
35	（二）租入固定资产的改建支出						*	*		
36	（三）固定资产的改建支出						*	*		
37	（四）开办费						*	*		
38	（五）其他						*	*		
39	五、油气勘探投资						*	*		
40	六、油气开发投资						*	*		
41	合计（1+18+21+33+39+40）	26 800 000.00	1 825 000.00	13 525 000.00	26 800 000.00	2 100 000.00	*	*	13 800 000.00	-275 000.00
	附列资料　全民所有制企业公司制改制资产评估增值政策资产						*			

表5-17 A106000 企业所得税弥补亏损明细表（2019年版）

单位：元

行次	项目	年度	当年境内所得额	分立转出的亏损额	合并、分立转入的亏损额		弥补亏损企业类型	当年亏损额	当年待弥补的亏损额	用本年度所得额弥补的以前年度亏损额		当年可结转以后年度弥补的亏损额
					可弥补年限5年	可弥补年限10年				使用境内所得弥补	使用境外所得弥补	
		1	2	3	4	5	6	7	8	9	10	11
1	前十年度											
2	前九年度											
3	前八年度											
4	前七年度											
5	前六年度	2015	-50 000 000.00				一般企业	-50 000 000.00	-50 000 000.00			0.00
6	前五年度	2016	-3 000 000.00				一般企业	-3 000 000.00	-3 000 000.00	3 000 000.00		0.00
7	前四年度	2017	-1 000 000.00				一般企业	-1 000 000.00	-1 000 000.00	1 000 000.00		0.00
8	前三年度	2018	10 000 000.00				一般企业					0.00
9	前二年度	2019	15 000 000.00				一般企业					0.00
10	前一年度	2020	20 000 000.00				一般企业					0.00
11	本年度	2021	5 298 333.33				一般企业			4 000 000.00		0.00
12	可结转以后年度弥补的亏损额合计											0.00

项目 6

可甜可咸小王子——个人所得税

内容导图

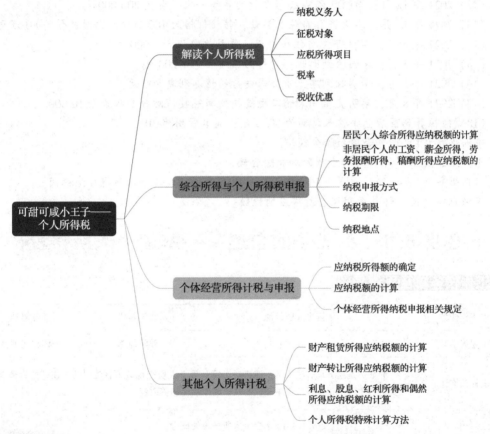

项目引入

李明，已婚，在北京 A 公司工作，妻子在长沙经营一家奶茶店，该店注册为个体工商户，登记的经营者为李明，家中父母健在，育有一儿一女，2021 年发生与个人所得税相关的业务如下。

(1) 2021 年 1—12 月每月工资为 40 000 元，每月个人缴纳养老保险费 3 200 元、失业保险费 200 元、医疗保险费 800 元、住房公积金 4 800 元。

(2) 李明为家中独子，其父母均年满 60 周岁。

(3) 李明的儿子正在读高三，女儿今年 8 月 30 日满 3 周岁，并于 9 月 1 日进入幼儿园学前教育。

（4）2016 年，李明使用商业银行贷款在长沙购买了 A 自住房，2020 年 11 月，用公积金贷款在长沙购买第二套 B 自住房，经夫妻双方协商住房贷款利息由李明全额抵扣。

（5）李明在北京租了一套公寓自住，每月租金为 5 000 元。

（6）2021 年 9 月，李明进入北京理工大学接受硕士学位继续教育。

（7）2021 年 11 月，李明取得高级工程师资格证书。

（8）2021 年 3 月，李明妻子因病住院，发生的与基本医保相关的医药费支出，扣除医保报销后个人负担 50 000 元。

（9）2021 年 1 月，甲公司聘请李明到单位进行技术指导，支付劳务报酬 5 000 元。

（10）2021 年 3 月，李明获得特许权使用费所得 20 000 元。

（11）2021 年 4 月，李明发表一篇论文，取得稿酬 5 000 元。

（12）2021 年 12 月，李明收到 A 公司发放的年终一次性奖金 200 000 元。

（13）2021 年 11 月，李明将 B 自住房转让，转让价格为 100 万元，房屋原值为 80 万元。

（14）2021 年 6 月，李明将 A 自住房出租，每月收取租金 3 000 元。

（15）2021 年 3 月，李明收到财政部发行的国债利息 1 200 元。

（16）2021 年 5 月，李明收到某上市公司发行的债券利息 800 元。

（17）2021 年 8 月，李明直接向湘雅二医院捐赠新冠疫情防疫专项资金 10 000 元。

（18）经核算奶茶店全年收入总额为 50 万元，成本费用为 30 万元。

根据业务（1）计算专项扣除金额。

根据业务（2）～（8）计算专项附加扣除金额。

根据业务（1）～（16）计算李明个人综合所得应纳税额以及个人所得应纳税额。

根据业务（18）计算李明经营所得应纳税额。

任务 6.1　小王子的自述——解读个人所得税

■ 工作任务单及思维导图

工作任务	解读个人所得税		教学模式	任务驱动
建议学时	2		教学地点	一体化实训室
任务描述	假如你是税务局普法人员，即将对市民开展个人所得税改革普法活动，在开始讲解前需要进行个人所得税税法改革知识普及，请你撰写相关内容			
学习目标	知识目标	1. 掌握个人所得税的概念； 2. 熟记个人所得税计税范围		
	能力目标	1. 能够区分各类收入； 2. 能够区分个人所得税的征缴方式		
	思政目标	1. 增强法律意识，守法遵法； 2. 提升服务意识，立志成为为人民服务的税务人		
KPI 指标	个人所得税优惠政策解释到位			

续表

思维导图
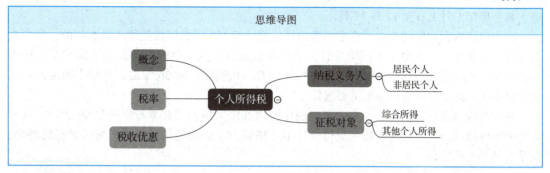

■ **任务实施**

❖ **想一想**

　　有人提出，交税是赚钱的大公司的事，公司做大了，自然要回馈社会。个人能力有限，养活自己已经不容易了，承担不了回馈社会的责任，不需要交税。

　　你认同这个观点吗？个人所得税的征收意义是什么？

_____

_____

_____

　　目前我国工资、薪金的个人所得税依据《中华人民共和国个人所得税法》（以下简称《个人所得税法》）代扣代缴，其他个人所得由个人自行申报，李明应首先确定个人所得的征税范围、纳税人以及对应的税率，然后根据《个人所得税法》中规定的核算方式对所有相关业务进行应纳个人所得税的核算，并完成"个人所得税扣缴申报表"或"个人所得税纳税申报表"提交给主管税务机关。

6.1.1　纳税义务人

　　个人所得税的纳税义务人是指在中国境内有住所，或无住所而一个纳税年度内在中国境内居住满183天，以及无住所又不居住，或者无住所而一个纳税年度内在中国境内居住不满183天的个人，包括中国公民，个体工商户，外籍人员，中国香港、澳门、台湾同胞等。个人独资企业和合伙企业不缴纳企业所得税，只对投资者个人或个人合伙人取得的生产经营所得征收个人所得税。

知识讲解：小王子的
自述——解读个人所得税

　　个人所得税的纳税人根据住所和居住时间两个标准，分为居民个人和非居民个人，分别承担不同的纳税义务。

　　居民个人，是指在中国境内有住所，或者无住所而一个纳税年度内在中国境内居住满183天的个人。居民个人负无限纳税义务，应就其从中国境内和境外取得的所得，缴纳个人所得税。

　　非居民个人，是指在中国境内无住所又不居住，或者无住所而一个纳税年度内在中国境内居住不满183天的个人。非居民个人负有限纳税义务，应就其来源于中国境内的所得，向中国缴纳个人所得税。

　　在中国境内有住所，是指因户籍、家庭、经济利益关系而在中国境内习惯性居住。从中国境内和境外取得的所得，分别是指来源于中国境内的所得和来源于中国境外的所得。纳税年度，自公历年 1 月 1 日至 12 月 31 日。

在中国境内无住所的个人，在中国境内居住累计满 183 天的年度连续不满 6 年的，经向主管税务机关备案，其来源于中国境外且由境外单位或者个人支付的所得，免予缴纳个人所得税；在中国境内居住累计满 183 天的任一年度中有一次离境超过 30 天的，其在中国境内居住累计满 183 天的年度的连续年限重新起算。

在中国境内无住所的个人，在一个纳税年度内在中国境内居住累计不超过 90 天的，其来源于中国境内的所得，由境外雇主支付并且不由该雇主在中国境内的机构、场所负担的部分，免予缴纳个人所得税。

6.1.2 征税对象和所得来源地的确认

1. 征税对象

个人所得税的征税对象是纳税人取得的各项应税所得。《个人所得税法》中列举的应税所得项目包括工资、薪金所得，劳务报酬所得，稿酬所得，特许权使用费所得，经营所得，利息、股息、红利所得，财产租赁所得，财产转让所得，偶然所得，共 9 项。

居民个人取得的工资、薪金所得，劳务报酬所得，稿酬所得和特许权使用费所得 4 项所得（以下称综合所得），按纳税年度合并计算个人所得税；非居民个人取得的工资、薪金所得，劳务报酬所得，稿酬所得，特许权使用费所得 4 项所得，按月或者按次分项计算个人所得税。纳税人取得的经营所得，利息、股息、红利所得，财产租赁所得，财产转让所得，偶然所得，依法分别计算个人所得税。

个人所得的形式，包括现金、实物、有价证券和其他形式的经济利益；所得为实物的，应当按照取得的凭证上所注明的价格计算应纳税所得额，无凭证的实物或者凭证上所注明的价格明显偏低的，参照市场价格核定应纳税所得额；所得为有价证券的，根据票面价格和市场价格核定应纳税所得额；所得为其他形式的经济利益的，参照市场价格核定应纳税所得额。

2. 所得来源地的确认

除国务院财政、税务主管部门另有规定外，下列所得，不论支付地点是否在中国境内，均为来源于中国境内的所得。

（1）因任职、受雇、履约等在中国境内提供劳务取得的所得。

（2）将财产出租给承租人在中国境内使用而取得的所得。

（3）许可各种特许权在中国境内使用而取得的所得。

（4）转让中国境内的不动产等财产或者在中国境内转让其他财产取得的所得。

（5）从中国境内企事业单位、其他组织以及居民个人取得的利息、股息、红利所得。

6.1.3 应税所得项目

1. 工资、薪金所得

1）工资、薪金所得的一般规定

工资、薪金所得，是指个人因任职或者受雇而取得的工资、薪金、奖金、年终加薪、劳动分红、津贴、补贴以及与任职或受雇有关的其他所得。

根据我国目前个人收入的构成情况，对于一些不属于工资、薪金性质的补贴、津贴或者不属于纳税人本人工资、薪金所得项目的收入，不予征税。这些项目如下。

（1）独生子女津贴。

（2）执行公务员工资制度，未纳入基本工资总额的补贴、津贴差额和家属成员的副食品补贴。

（3）托儿补助费。

（4）差旅费津贴、误餐补助（单位以误餐的名义发放的补助除外）。

2）工资、薪金所得的特殊规定

（1）居民个人取得全年一次性奖金的征税问题。居民个人取得全年一次性奖金，在2021年12月31日前，不并入当年综合所得，以全年一次性奖金收入除以12个月得到的数额，按照按月换算后的综合所得税率表（以下简称月度税率表），确定适用税率和速算扣除数，单独计算纳税。计算公式为

应纳税额 = 全年一次性奖金收入 × 适用税率 − 速算扣除数

居民个人取得全年一次性奖金，也可以选择并入当年综合所得计算纳税。

自2023年1月1日起，居民个人取得全年一次性奖金，应并入当年综合所得计算缴纳个人所得税。

（2）个人取得上市公司股权激励的征税问题。居民个人因任职、受雇从上市公司取得的股票期权、股票增值权、限制性股票、股权奖励等股权激励，在2021年12月31日前，不并入当年综合所得，全额单独适用综合所得税率表，计算纳税。计算公式为：

应纳税额 = 股权激励收入 × 适用税率 − 速算扣除数

2023年1月1日之后的股权激励政策另行明确。

（3）关于个人领取企业年金、职业年金的征税问题。个人达到国家规定的退休年龄所领取的企业年金、职业年金，不并入综合所得，全额单独计算应纳税款。其中按月领取的，适用月度税率表计算纳税；按季领取的，平均分摊计入各月，按每月领取额适用月度税率表计算纳税；按年领取的，适用综合所得税率表计算纳税。

个人因出境定居而一次性领取的年金个人账户资金，或个人死亡后，其指定的受益人或法定继承人一次性领取的年金个人账户余额，适用综合所得税率表计算纳税。对个人除上述特殊原因外一次性领取年金个人账户资金或余额的，适用月度税率表计算纳税。

（4）关于解除劳动关系、提前退休、内部退养的一次性补偿收入的征税问题。个人与用人单位解除劳动关系而取得的一次性补偿收入（包括用人单位发放的经济补偿金、生活补助费和其他补助费），在当地上年职工平均工资3倍数额以内的部分，免征个人所得税；超过3倍数额的部分，不并入当年综合所得，单独适用综合所得税率表，计算纳税。

个人办理提前退休手续而取得的一次性补贴收入，应按照办理提前退休手续至法定离退休年龄之间实际年度数平均分摊，确定适用税率和速算扣除数，单独适用综合所得税率表，计算纳税。计算公式为：

应纳税额 = {[（一次性补贴收入/办理提前退休手续至法定退休年龄的实际年度数）−费用扣除标准] × 适用税率 − 速算扣除数} × 办理提前退休手续至法定退休年龄的实际年度数

个人办理内部退养手续而取得的一次性补贴收入，应按办理内部退养手续至法定离退休年龄之间的所属月份进行平均，并与领取当月的工资、薪金所得合并后减除当月费用扣除标准，以余额为基数确定适用税率，再将当月工资、薪金加上取得的一次性收入，减去费用扣除标准，按适用税率计征个人所得税。

（5）单位低价向职工售房的征税问题。单位按低于购置或建造成本价格出售住房给职工，职工因此而少支出的差价部分，符合规定的，不并入当年综合所得，以差价收入除以12个月

得到的数额，按照月度税率表确定适用税率和速算扣除数，单独计算纳税。计算公式为：

应纳税额＝职工实际支付的购房价款低于该房屋的购置或建造成本价格的差额×适用税率－速算扣除数

2. 劳务报酬所得

劳务报酬所得，是指个人独立从事非雇佣的各种劳务所取得的所得，包括设计、装潢、安装、制图、化验、测试、医疗、法律、会计、咨询、讲学、新闻、广播、翻译、审稿、书画、雕刻、影视、录音、录像、演出、表演、广告、展览、技术服务、介绍服务、经济服务、代办服务及其他劳务。

如何区分工资、薪金所得与劳务报酬所得？工资、薪金所得是属于非独立个人劳务活动，即在机关、团体、学校、部队、企事业单位及其他组织中任职、受雇而得到的报酬；劳务报酬所得则是个人独立从事各种技艺、提供各项劳务取得的报酬。两者的主要区别在于，前者存在雇佣与被雇佣关系，后者则不存在这种关系。

（1）个人兼职取得的收入应按"劳务报酬所得"项目缴纳个人所得税。

（2）律师以个人的名义聘请其他人员为其工作所支付的报酬，应由该律师按"劳务报酬所得"项目代扣代缴个人所得税。

（3）保险营业员、证券经纪人取得的佣金收入，应按照"劳务报酬所得"项目缴纳个人所得税。以不含增值税的收入减除20%的费用后的余额为收入额，收入额减去展业成本以及附加税费后，并入当年综合所得，计算缴纳个人所得税。保险营业员、证券经纪人展业成本按照收入额的25%计算。

3. 稿酬所得

稿酬所得，是指个人因其作品以图书、报刊的形式出版、发行而取得的所得。作品包括文学作品、书画作品、摄影作品及其他作品。作者去世后，财产继承人取得的遗作稿酬，也应征收个人所得税。

4. 特许权使用费所得

特许权使用费所得，是指个人提供专利权、商标权、著作权、非专利技术以及其他特许的使用权取得的所得。

（1）作者将自己的文字作品手稿原件或复印件公开拍卖（竞价）取得的所得，属于提供著作权的使用所得，故应按"特许权使用费所得"项目缴纳个人所得税。

（2）个人取得特许权的经济赔偿收入，应按"特许权使用费所得"项目缴纳个人所得税，税款由支付赔偿的单位或个人代扣代缴。

（3）编剧从电视剧的制作单位取得的剧本使用费，统一按"特许权使用费所得"项目征收个人所得税。

5. 经营所得

经营所得包括下列所得。

（1）个体工商户从事生产、经营活动取得的所得，个人独资企业投资人、合伙企业的个人合伙人来源于境内注册的个人独资企业、合伙企业生产、经营的所得。

（2）个人依法从事办学、医疗、咨询以及其他有偿服务活动取得的所得。

（3）个人对企事业单位承包经营、承租经营以及转包、转租取得的所得。

（4）个人从事其他生产、经营活动取得的所得。

6. 利息、股息、红利所得

利息、股息、红利所得，是指个人拥有债券、股权而取得的利息、股息、红利所得。

7. 财产租赁所得

财产租赁所得，是指个人出租不动产、土地使用权、机器设备、车船以及其他财产取得的所得。其他规定如下。

（1）个人取得的财产转租收入，属于"财产租赁所得"项目。

（2）房地产开发企业与商店购买者个人签订协议，以优惠价格出售其商店给购买者个人，个人购买者在一定期限内必须将购买的商店无偿提供给房地开发企业对外出租使用。对购买者个人少支出的购房价款，按照"财产租赁所得"项目征收个人所得税。

8. 财产转让所得

财产转让所得，是指个人转让有价证券、股权、不动产、土地使用权、机器设备、车船以及其他财产取得的所得。

9. 偶然所得

偶然所得，是指个人得奖、中奖、中彩以及其他性质的偶然所得。其中，得奖，是指参加各种有奖竞赛活动，取得名次获得的奖金；中奖、中彩，是指参加各种有奖活动，如有奖销售、有奖储蓄或购买彩票，经过规定程序，抽中、摇中号码而取得的奖金。

个人因参加企业的有奖销售活动而取得的赠品所得，应按"偶然所得"项目计征个人所得税。税款一律由发奖单位或机构代扣代缴。

6.1.4 税率

我国个人所得税采用的税率形式有超额累进税率和比例税率。各项所得适用的税率具体规定如下。

1. 综合所得

居民个人的综合所得适用7级超额累进税率，税率为3%~45%，如表6-1所示。

表6-1 个人所得税税率表（综合所得适用）

级数	全年应纳税所得额	税率/%	速算扣除数
1	不超过 36 000 元的部分	3	0
2	超过 36 000 元至 144 000 元的部分	10	2 520
3	超过 144 000 元至 300 000 元的部分	20	16 920
4	超过 300 000 元至 420 000 元的部分	25	31 920
5	超过 420 000 元至 660 000 元的部分	30	52 920
6	超过 660 000 元至 960 000 元的部分	35	85 920
7	超过 960 000 元的部分	45	181 920

注：本表所称全年应纳税所得额是指依照税法规定，居民个人取得综合所得以每一纳税年度收入额减除费用 60 000 元以及专项扣除、专项附加扣除和依法确定的其他扣除后的余额。

非居民个人取得工资、薪金所得，劳务报酬所得，稿酬所得和特许权使用费所得，依照表6－1按月换算后计算应纳税额（表6－2）。

表6－2　个人所得税税率表（非居民个人工资、薪金所得，劳务报酬所得，稿酬所得，特许权使用费所得适用）

级数	全月应纳税所得额	税率/%	速算扣除数
1	不超过3 000元的部分	3	0
2	超过3 000元至12 000元的部分	10	210
3	超过12 000元至25 000元的部分	20	1 410
4	超过25 000元至35 000元的部分	25	2 660
5	超过35 000元至55 000元的部分	30	4 410
6	超过55 000元至80 000元的部分	35	7 160
7	超过80 000元的部分	45	15 160

2. 经营所得

经营所得适用5%～35%的5级超额累进税率（表6－3）。

表6－3　个人所得税税率表（经营所得适用）

级数	全年应纳税所得额	税率/%	速算扣除数
1	不超过30 000元的部分	5	0
2	超过30 000元至90 000元的部分	10	1 500
3	超过90 000元至300 000元的部分	20	10 500
4	超过300 000元至500 000元的部分	30	40 500
5	超过500 000元的部分	35	65 500

注：本表所称全年应纳税所得额是指依照税法规定，以每一纳税年度的收入总额减除成本、费用以及损失后的余额。

3. 利息、股息、红利所得，财产租赁所得，财产转让所得，偶然所得

利息、股息、红利所得，财产租赁所得，财产转让所得，偶然所得适用比例税率，税率为20%，

自2001年1月1日起，对个人出租住房取得的所得暂减按10%的税率征收个人所得税。

6.1.5　税收优惠

1. 免税项目

（1）省级人民政府、国务院部委和中国人民解放军军以上单位，以及外国组织、国际组

织颁发的科学、教育、技术、文化、卫生、体育、环境保护等方面的奖金。

（2）国债和国家发行的金融债券利息。其中，国债利息，是指个人持有中华人民共和国财政部发行的债券而取得的利息；国家发行的金融债券利息，是指个人持有经国务院批准发行的金融债券而取得的利息所得。

（3）按照国家统一规定发给的补贴、津贴，是指按照国务院规定发给的政府特殊津贴、院士津贴，以及国务院规定免纳个人所得税的其他补贴、津贴。

（4）福利费、抚恤金、救济金。福利费，是指根据国家有关规定，从企事业单位、国家机关、社会组织提留的福利费或者工会经费中支付给个人的生活补助费；救济金，是指各级人民政府民政部门支付给个人的生活困难补助费。

（5）保险赔款。

（6）军人的转业费、复员费、退役金。

（7）按照国家统一规定发给干部、职工的安家费、退职费、退休工资、离休工资、离休生活补助费。除离退休人员按规定领取离退休工资或养老金外，另从原任单位取得的各类补贴、奖金、实物，不属于免税的退休工资、离休工资、离休生活补助费，应按"工资、薪金所得"项目的规定缴纳个人所得税。

（8）依照我国有关法律规定应予免税的各国驻华使馆、领事馆的外交代表、领事官员和其他人员的所得。

（9）中国政府参加的国际公约、签订的协议中规定免税的所得。

（10）对外籍个人取得的探亲费免征个人所得税。可以享受免征个人所得税优惠待遇的探亲费，仅限于外籍个人在我国的受雇地与其家庭所在地（包括配偶或父母居住地）之间搭乘交通工具且每年不超过两次的费用。

（11）按照国家规定，单位为个人缴付和个人缴付的住房公积金、基本医疗保险费、基本养老保险费、失业保险费，从纳税义务人的应纳税所得额中扣除。

（12）个人取得的拆迁补偿款按有关规定免征个人所得税。

（13）经国务院财政部门批准免税的其他所得。

2. 减税项目

（1）残疾、孤老人员和烈属的所得。

（2）因严重自然灾害造成重大损失的。

（3）其他经国务院财政部门批准减税的。

（4）上述减税项目的减征幅度和期限，由省、自治区、直辖市人民政府规定。

3. 暂免征税项目

根据《财政部国家税务总局关于个人所得税若干政策问题的通知》《关于个人所得税法修改后有关优惠政策衔接问题的通知》等文件的规定，对下列所得暂免征收个人所得税。

（1）2019年1月1日—2021年12月31日期间，外籍个人符合居民个人条件的，可以选择享受个人所得税专项附加扣除，也可以选择按照《财政部国家税务总局关于个人所得税若干政策问题的通知》等文件的规定，享受住房补贴、语言训练费、子女教育费等津补贴免税优惠政策，但不得同时享受。外籍个人一经选择，在一个纳税年度内不得变更。

自2022年1月1日起，外籍个人不再享受住房补贴、语言训练费、子女教育费津补贴免税优惠政策，应按规定享受专项附加扣除。

（2）个人的股票转让所得暂不征收个人所得税。

（3）个人举报、协查各种违法、犯罪行为而获得的奖金。

（4）个人办理代扣代缴手续，按规定取得的扣缴手续费。

（5）个人转让自用达5年以上，并且唯一的家庭生活用房取得的所得，暂免征收个人所得税。

（6）对个人购买福利彩票、赈灾彩票、体育彩票，一次中奖收入在1万元以下的（含1万元）暂免征收个人所得税，超过1万元的，全额征收个人所得税。

（7）个人取得单张有奖发票奖金所得不超过800元（含800元）的，暂免征收个人所得税。

（8）达到离休、退休年龄，但确因工作需要，适当延长离休、退休年龄的高级专家（指享受国家发放的政府特殊津贴的专家、学者），其在延长离休、退休期间的工资、薪金所得，视同退休工资、离休工资，免征个人所得税。

（9）对国有企业职工，因企业依照《中华人民共和国企业破产法（试行）》宣告破产，从破产企业取得的一次性安置费收入，免予征收个人所得税。

（10）职工与用人单位解除劳动关系取得的一次性补偿收入（包括用人单位发放的经济补偿金、生活补助费和其他补助费用），在当地上年职工年平均工资3倍数额内的部分，可免征个人所得税。超过该标准的一次性补偿收入，应按照国家有关规定征收个人所得税。

（11）个人领取原提存的住房公积金、医疗保险金、基本养老保险金，以及具备《失业保险条例》中规定条件的失业人员领取的失业保险金，免予征收个人所得税。

（12）自2008年10月9日（含）起，对储蓄存款利息所得暂免征收个人所得税。

（13）自2015年9月8日起，个人从公开发行和转让市场取得的上市公司股票，持股期限超过1年的，对股息红利所得暂免征收个人所得税。

（14）房屋产权无偿赠予。

■ 任务实训

一、理论知识训练

1. 单项选择题

（1）下列在中国境内无住所的人员中，属于中国居民个人的是（　　　）。

A. 外籍个人甲在2019年9月1日入境，在2019年10月1日离境

B. 外籍个人乙来华学习180天

C. 外籍个人丙在2019年1月1日入境，2019年10月31日离境

D. 外籍个人丁在2018年12月1日入境，2019年6月30日离境

（2）根据个人所得税法律制度的规定，下列个人所得中，应缴纳个人所得税的是（　　　）。

A. 退休工资　　　　　　　　　　　B. 财产租赁所得

C. 保险赔款　　　　　　　　　　　D. 国债利息

2. 多项选择题

（1）下列个人所得中，不论支付地点是否在境内，均为来源于中国境内所得的有（　　　　）。

A. 境内转让房产取得的所得

B. 许可专利权在境内使用取得的所得

C. 因任职在境内提供劳务取得的所得

D. 将财产出租给承租人在境内使用取得的所得

（2）下列各项中，属于个人所得税纳税义务人的有（　　　　）。

A. 一人有限责任公司　　　　　　　B. 个人合伙企业

C. 个人独资企业　　　　　　　　　D. 股份有限公司

（3）个人的下列收入中，应按"劳务报酬所得"项目缴纳个人所得税的有（　　　　）。

A. 从事业务咨询取得的收入　　　　B. 从事讲学取得的收入

C. 从事演出取得的收入　　　　　　D. 从事推销取得的收入

二、综合能力训练

1. 用思维导图软件，画出个人所得税概念图。

2. 完成税务员宣讲导入材料的撰写。

三、思政园地

扫描二维码并阅读《财务信息要保密，上报信息要核实》一文，思考为什么要对财务信息保密。

任务评价

评价类目	评价内容及标准	分值	自己评分	小组评分	教师评分
学习态度	√ 全勤（5分）	10			
	√ 遵守课堂纪律（5分）				
学习过程	➢ 能说出本任务的学习目标（5分）	40			
	➢ 上课积极发言，积极回答"想一想"中的问题（5分）				
	➢ 掌握个人所得税的概念（10分）				
	➢ 知道个人所得税的征税对象并能判断居民个人和非居民个人（10分）				
	➢ 能够简述个人所得税的税收优惠（10分）				
学习结果	◆ "理论知识训练"考评（2分×5＝10分）	50			
	◆ "综合能力训练"考评（10分×2＝20分）				
	◆ "思政园地"考评（20分）				
合计		100			
所占比例/%		100	30	30	40
综合评分					

任务6.2　新晋"网红"大拇哥——综合所得与个人所得税申报

工作任务单及思维导图

工作任务	综合所得与个人所得税申报	教学模式	任务驱动
建议学时	4	教学地点	一体化实训室
任务描述	假如你是税务局普法人员，即将对市民开展个人所得税改革普法活动，你需要针对新修订的个人所得税综合所得预扣预缴与汇算清缴进行讲解，请用平实的语言表述相应内容		
学习目标	知识目标	1. 理解综合所得的范畴； 2. 理解预扣预缴和汇算清缴的计算方式	
	能力目标	1. 掌握综合所得预扣预缴填报方式； 2. 掌握综合所得汇算清缴申报流程	
	思政目标	1. 增强法律意识，守法遵法； 2. 提升服务意识，立志成为为人民服务的税务人	
KPI 指标	税收法律关系表述准确、综合所得内容辨别到位		
思维导图			

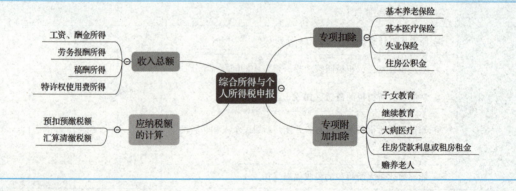

任务实施

想一想

个人所得税再一次迎来改革。个人所得税起征点从原来的 1 500 元上升到 3 500 元，现在又提升到 5 000 元。在十三届全国人大四次会议上，格力总裁董明珠再次提议将个人所得税起征点提升到 10 000 元。

个人所得税起征点的不断提高体现了什么？

_____

_____

_____

6.2.1　居民个人综合所得应纳税额的计算

要帮助李明及其妻子算清楚综合所得部分的个人所得税，应该先弄清楚哪些是应该纳税的，哪些是可以扣除的。

知识讲解：新晋"网红"大拇哥——综合所得与个税申报

1. 应纳税所得额的确定

以居民个人每一纳税年度的收入额减除费用 60 000 元以及专项扣除、专项附加扣除和依法确定的其他扣除后的余额，为综合所得应纳税所得额。其计算公式为：

应纳税所得额＝每一纳税年度的收入总额－费用 60 000 元－专项扣除－专项附加扣除－依法确定的其他扣除

综合所得，包括工资、薪金所得，劳务报酬所得，稿酬所得，特许权使用费所得 4 项。劳务报酬所得、稿酬所得、特许权使用费所得以收入减除 20% 的费用后的余额为收入额。稿酬所得的收入额减按 70% 计算。

专项扣除、专项附加扣除和依法确定的其他扣除，以居民个人一个纳税年度的应纳税所得额为限额；一个纳税年度扣除不完的，不结转以后年度扣除。

1）专项扣除

专项扣除包括居民个人按照国家规定的范围和标准缴纳的基本养老保险费、基本医疗保险费、失业保险费等社会保险费和住房公积金等。

2）专项附加扣除

专项附加扣除包括子女教育、继续教育、大病医疗、住房贷款利息和住房租金、赡养老人和婴幼儿照护 7 项。

（1）子女教育专项附加扣除。

纳税人的子女接受学前教育和学历教育的相关支出，按照每个子女每年 12 000 元（每月 1 000 元）的标准定额扣除。

学前教育指年满 3 岁至小学入学前教育。学历教育包括义务教育（小学、初中教育）、高中阶段教育（普通高中、中等职业、技工教育）、高等教育（大学专科、大学本科、硕士研究生、博士研究生教育）。

受教育子女的父母可以选择由其中一方按扣除标准的 100% 扣除，也可以选择由双方分别按扣除标准的 50% 扣除，具体扣除方式在一个纳税年度内不能变更。纳税人的子女在中国境外接受教育的，纳税人应当留存境外学校录取通知书、留学签证等相关教育的证明资料备查。

（2）继续教育专项附加扣除。

纳税人在中国境内接受学历（学位）继续教育的支出，在学历（学位）教育期间按照每月 400 元定额扣除。同一学历（学位）继续教育的扣除期限不能超过 48 个月。纳税人接受技能人员职业资格继续教育、专业技术人员职业资格继续教育的支出，在取得相关证书的当年，按照 3 600 元定额扣除。

个人接受本科及以下学历（学位）继续教育，符合上述除条件的，可以选择由其父母扣除，也可以选择由本人扣除。

（3）大病医疗专项附加扣除。

在一个纳税年度内，纳税人发生的与基本医保相关的医药费用支出，扣除医保报销后个人负担（指医保目录范围内的自付部分）累计超过 15 000 元的部分，由纳税人在办理年度汇算清缴时，在 80 000 元限额内据实扣除。

纳税人发生的医药费用支出可以选择由本人或者其配偶扣除；未成年子女发生的医药费用支出可以选择由其父母一方扣除。纳税人及其配偶、未成年子女发生的医药费用支出，按上述规定分别计算扣除额。纳税人应当留存医药服务收费及医保报销相关票据原件（或者复印件）等资料备查。

（4）住房贷款利息专项附加扣除。

纳税人本人或者配偶单独或者共同使用商业银行或者住房公积金个人住房贷款为本人或者其配偶购买中国境内住房，发生的首套住房贷款利息支出，在实际发生贷款利息的年度，按照每月1 000元的标准定额扣除，扣除期限最长不超过240个月。纳税人只能享受一次首套住房贷款的利息扣除。

经夫妻双方约定，可以选择由其中一方扣除，具体扣除方式在一个纳税年度内不能变更。夫妻双方婚前分别购买住房发生的首套住房贷款，其贷款利息支出，婚后可以选择其中一套购买的住房，由购买方按扣除标准的100%扣除，也可以由夫妻双方对各自购买的住房分别按扣除标准的50%扣除，具体扣除方式在一个纳税年度内不能变更。纳税人应当留存住房贷款合同、贷款还款支出凭证备查。

（5）住房租金专项附加扣除。

纳税人在主要工作城市没有自有住房而发生的住房租金支出，可以按照以下标准定额扣除。

承租的住房位于直辖市、省会（首府）城市、计划单列市以及国务院确定的其他城市，扣除标准为每月1 500元；承租的住房位于上述所列城市以外，市辖区户籍人口数量超过100万的城市，扣除标准为每月1 100元；市辖区户籍人口数量不超过100万的城市，扣除标准为每月800元。

纳税人的配偶在纳税人的主要工作城市有自有住房的，视同纳税人在主要工作城市有自有住房。市辖区户籍人口数量，以国家统计局公布的数据为准。

主要工作城市，是指纳税人任职受雇的直辖市、计划单列市、副省级城市、地级市（地区、州、盟）全部行政区域范围；纳税人无任职受雇单位的，为受理其综合所得汇算清缴的税务机关所在城市。

夫妻双方主要工作城市相同的，只能由一方扣除住房租金支出。住房租金支出由签订租赁住房合同的承租人扣除。纳税人及其配偶在一个纳税年度内不能同时分别享受住房贷款利息和住房租金专项附加扣除。纳税人应当留存住房租赁合同、协议等有关资料备查。

（6）赡养老人专项附加扣除。

纳税人赡养年满60岁的父母及其他法定赡养人的赡养支出，统一按照以下标准定额扣除。纳税人为独生子女的，按照每月2 000元的标准定额扣除；纳税人为非独生子女的，由其与兄弟姐妹分摊每月2 000元的扣除额度，每人分摊的额度不能超过每月1 000元。可以由赡养人均摊或者约定分摊，也可以由被赡养人指定分摊。约定或者指定分摊的须签订书面分摊协议，指定分摊优先于约定分摊。具体分摊方式和额度在一个纳税年度内不能变更。

（7）婴幼儿照护附加扣除

纳税人照护3岁以下婴幼儿子女的相关支出，按照每个婴幼儿每月1 000元的标准定额扣除。

父母可以选择由其中一方按扣除标准的100%扣除，也可以选择由双方分别按扣除标准的50%扣除，具体扣除方式在一个纳税年度内不能变更。该专项附加扣除自2022年1月1日起实施。

3）其他扣除

其他扣除包括个人缴付符合国家规定的企业年金、职业年金，个人购买符合国家规定的商业健康保险、税收递延型商业养老保险的支出，以及国务院规定可以扣除的其他项目。

2. 应纳税额的计算

居民个人的综合所得适用7级超额累进税率，其计算公式为：

$$应纳税额 = 应纳税所得额 \times 适用税率 - 速算扣除数$$

由于扣缴义务人向居民个人支付工资、薪金所得，劳务报酬所得，稿酬所得，特许权使用费所得时，预扣预缴个人所得税，所以在实际工作中，扣缴义务人需要按月或者按次预扣预缴税款，次年办理汇算清缴。

（1）扣缴义务人向居民个人支付工资、薪金所得时，应当按照累计预扣法计算预扣税款，并按月办理全员全额扣缴申报。具体计算公式为：

本期应预扣预缴税额 =（累计预扣预缴应纳税所得额 × 预扣率 - 速算扣除数）- 累计减免税额 - 累计已预扣预缴税额

累计预扣预缴应纳税所得额 = 累计收入 - 累计免税收入 - 累计减除费用 - 累计专项扣除 - 累计专项附加扣除 - 累计依法确定的其他扣除

其中，累计减除费用，按照5 000元/月乘以纳税人当年截至本月在本单位的任职受雇月份数计算。

上述公式中，计算居民个人工资、薪金所得预扣预缴税额的预扣率、速算扣除数，按表6-4执行。

表6-4　个人所得税预扣率表（居民个人工资、薪金所得预扣预缴适用）

级数	累计预扣预缴应纳税所得额	预扣率/%	速算扣除数
1	不超过36 000元的部分	3	0
2	超过36 000元至144 000元的部分	10	2 520
3	超过144 000元至300 000元的部分	20	16 920
4	超过300 000元至420 000元的部分	25	31 920
5	超过420 000元至660 000元的部分	30	52 920
6	超过660 000元至960 000元的部分	35	85 920
7	超过960 000元的部分	45	181 920

（2）扣缴义务人向居民个人支付劳务报酬所得、稿酬所得、特许权使用费所得，按次或者按月预扣预缴个人所得税。具体预扣预缴方法如下。

劳务报酬所得、稿酬所得、特许权使用费所得以收入减除费用后的余额为收入额。其中，稿酬所得的收入额减按70%计算。

①减除费用：劳务报酬所得、稿酬所得、特许权使用费所得每次收入不超过4 000元的，减除费用按800元计算；每次收入在4 000元以上的，减除费用按20%计算。

②应纳税所得额：劳务报酬所得、稿酬所得、特许权使用费所得，以每次收入额为预扣预缴应纳税所得额。劳务报酬所得适用20%～40%的超额累进预扣率，如表6-5所示，稿酬所得、特许权使用费所得适用20%的例预扣率。

劳务报酬所得应预扣预缴税额 = 预扣预缴应纳税所得额 × 预扣率 - 速算扣除数

稿酬所得、特许权使用费所得应预扣预缴税额 = 预扣预缴应纳税所得额 × 20%

表 6－5 个人所得税预扣率表

表 6－5　个人所得税预扣率表（居民个人劳务报酬所得预扣预缴适用）

级数	预扣预缴应纳税所得额	预扣率/%	速算扣除数
1	不超过 20 000 元的部分	20	0
2	超过 20 000 元至 50 000 元的部分	30	2 000
3	超过 50 000 元的部分	40	7 000

6.2.2　非居民个人的工资、薪金所得，劳务报酬所得，稿酬所得应纳税额的计算

1. 应纳税所得额的确定

非居民个人的工资、薪金所得，以每月收入额减除费用 5 000 元后的余额为应纳税所得额；劳务报酬所得、稿酬所得、特许权使用费所得，以每次收入额为应纳税所得额。其中，劳务报酬所得、稿酬所得、特许权使用费所得以收入减除 20% 的费用后的余额为收入额。稿酬所得的收入额减按 70% 计算。

非居民个人的劳务报酬所得、稿酬所得、特许权使用费所得，属于一次性收入的，以取得该项收入为一次；属于同一项目连续性收入的，以一个月内取得的收入为一次。

2. 应纳税额的计算

非居民个人工资、薪金所得，劳务报酬所得，稿酬所得，特许权使用费所得适用表 6－2 所列税率计算应纳税额，其计算公式为

$$应纳税额 = 应纳税所得额 \times 税率 - 速算扣除数$$

6.2.3　纳税申报方式

（1）个人所得税以所得人为纳税人，以支付所得的单位或者个人为扣缴义务人。扣缴义务人向个人支付应税款项时，应当依照《个人所得税法》的规定预扣或者代扣税款，按时缴库，并专项记载备查。居民个人预缴税额与年度应纳税额之间的差额，年度终了后可通过综合所得汇算清缴申报，税款多退少补。支付，包括现金支付，汇拨支付，转账支付和以有价证券、实物以及其他形式支付。对扣缴义务人按照所扣缴的税款，付给 2% 的手续费。

纳税人有中国公民身份号码的，以中国公民身份号码为纳税人识别号；纳税人没有中国公民身份号码的，由税务机关赋予其纳税人识别号。扣缴义务人扣缴税款时，纳税人应当向扣缴义务人提供纳税人识别号。

（2）有下列情形之一的，纳税人应当依法办理纳税申报。纳税申报可以采用远程办税端、邮寄等方式，也可以直接到主管税务机关申报。

①取得综合所得需要办理汇算清缴。具体情形包括以下几种。

a. 从两处以上取得综合所得，且综合所得年收入额减除专项扣除的余额超过 6 万元。

b. 取得劳务报酬所得、稿酬所得、特许权使用费所得中一项或者多项所得，且综合所得年收入额减除专项扣除的余额超过 6 万元。

c. 纳税年度内预缴税额低于应纳税额。

d. 纳税人申请退税。

②取得应税所得没有扣缴义务人。

③取得应税所得，扣缴义务人未扣缴税款。

④取得境外所得。

⑤因移居境外注销中国户籍。

⑥非居民个人在中国境内从两处以上取得工资、薪金所得。

⑦国务院规定的其他情形。

（3）居民个人取得工资、薪金所得时，可以向扣缴义务人提供专项附加扣除有关信息，由扣缴义务人扣缴税款时减除专项附加扣除。纳税人同时从两处以上取得工资、薪金所得，并由扣缴义务人减除专项附加扣除的，对同一专项附加扣除项目，在一个纳税年度内只能选择从一处取得的所得中减除。

居民个人取得劳务报酬所得、稿酬所得、特许权使用费所得，应当在汇算清缴时向税务机关提供有关信息，减除专项附加扣除。

非居民个人取得工资、薪金所得，劳务报酬所得，稿酬所得和特许权使用费所得，有扣缴义务人的，由扣缴义务人按月或者按次代扣代缴税款，不办理汇算清缴。

6.2.4 纳税期限

（1）居民个人取得综合所得，按年计算个人所得税；有扣缴义务人的，由扣缴义务人按月或者按次预扣预缴税款；需要办理汇算清缴的，应当在取得所得的次年3月1日—6月30日内办理汇算清缴。预扣预缴办法由国务院税务主管部门制定。

（2）非居民个人取得工资、薪金所得，劳务报酬所得，稿酬所得和特许权使用费所得，有扣缴义务人的，由扣缴义务人按月或者按次代扣代缴税款，不办理汇算清缴。

（3）纳税人取得应税所得没有扣缴义务人的，应当在取得所得的次月15日内向税务机关报送纳税申报表，并缴纳税款。

（4）纳税人取得应税所得，扣缴义务人未扣缴税款的，纳税人应当在取得所得的次年6月30日前缴纳税款；税务机关通知限期缴纳的，纳税人应当按照期限缴纳税款。

（5）居民个人从中国境外取得所得的，应当在取得所得的次年3月1日—6月30日内申报纳税。

（6）非居民个人在中国境内从两处以上取得工资、薪金所得的，应当在取得所得的次月15日内申报纳税。

（7）纳税人因移居境外而注销中国户籍的，应当在注销中国户籍前办理税款清算。

（8）扣缴义务人每月或者每次预扣、代扣的税款，应当在次月15日内缴入国库，并向税务机关报送扣缴个人所得税申报表。

各项所得的计算，以人民币为单位。所得为人民币以外货币的，按照办理纳税申报或者扣缴申报的上一月最后一日人民币汇率中间价，折合成人民币计算应纳税所得额。年度终了办理汇算清缴的，对已经按月、按季或者按次预缴税款的人民币以外货币所得，不再重新折算；对应当补缴税款的所得部分，按照上一纳税年度最后一日人民币汇率中间价，折合成人民币计算应纳税所得额。

6.2.5 纳税地点

（1）纳税人有两处以上任职、受雇单位的，选择向其中一处任职、受雇单位所在地主管税务机关办理纳税申报；纳税人没有任职、受雇单位的，向户籍所在地或经常居住地主管税务机关办理纳税申报。

（2）纳税人取得经营所得，按年计算个人所得税，纳税人向经营管理所在地主管税务机关办理预缴纳税申报；从两处以上取得经营所得的，选择向其中一处经营管理所在地主管税务机关办理年度汇总申报。

（3）居民个人从中国境外取得所得的，向中国境内任职、受雇单位所在地主管税务机关办理纳税申报；在中国境内没有任职、受雇单位的，向户籍所在地或中国境内经常居住地主管税务机关办理纳税申报；户籍所在地与中国境内经常居住地不一致的，选择其中一地主管税务机关办理纳税申报；在中国境内没有户籍的，向中国境内经常居住地主管税务机关办理纳税申报。

（4）纳税人因移居境外而注销中国户籍的，应当在申请注销中国户籍前，向户籍所在地主管税务机关办理纳税申报，进行税款清算。

（5）非居民个人在中国境内从两处以上取得工资、薪金所得的，应当向其中一处任职、受雇单位所在地主管税务机关办理纳税申报。

▎任务实训

一、理论知识训练

1. 单项选择题

（1）肖现在 2021 年共获得工资薪金应发工资 220 000 元，其中专项扣除 40 000 元，另有专项附加扣除项：①育有两个子女，均在接受教育，肖现与配偶均摊扣除；②肖现于当年取得高级会计师证书；③肖现妻子当年由于大病住院，花费 30 万元，其中医保报销 60%，其扣除由肖现享有。肖现该年度应缴纳的个人所得税为（　　　）元。

A. 180 000　　　　　B. 216 400　　　　　C. 95 400　　　　　D. 84 400

（2）在中国境内某高校任职的居民王斌，2021 年全年收入如下：全年应发工资为 240 000 元，1 月取得劳务报酬 2 000 元，2 月取得稿酬 40 000 元，3 月取得特许权使用费 7 000 元，已知王斌的五险一金专项扣除为 2 000 元/月，专项附加扣除为 3 000 元/月。王斌该年度应缴纳的个人所得税为（　　　）元。

A. 13 200　　　　　B. 12 920　　　　　C. 10 560　　　　　D. 123 302

2. 多项选择题

（1）下列人群可以享受专项附加扣除的有（　　　　　）。

A. 配偶有一方父母年龄超过 60 岁　　　B. 有一子未满 3 岁

C. 名下首套房正在还贷　　　　　　　　D. 北漂上班族租房

（2）以下哪些属于特许权使用费所得？（　　　　　）

A. 小王写的剧本被电视剧制作单位使用取得的剧本使用费

B. 小何在《读者》上发表诗歌取得的收入

C. 小陈将自己的手稿公开拍卖取得的收入

D. 小李的摄影作品被印刷成书收到的稿费

3. 简单题

（1）某中国公民在 2021 年全年取得如下收入。

①全年工资薪金收入为 230 000 元。

②"五险一金"共计扣除 46 000 元。

③该公民为独生子女，父母均已年满 60 岁。

④该公民有一子一女，儿子 8 岁，在上小学，女儿 2 岁，未接受教育。

要求：根据上述资料计算该公民应缴纳的个人所得税税额。

（2）中国境内高校教师王某 2021 年收入如下。

①全年工资薪金收入为 108 000 元，王某每月缴纳社会保险费核定的缴费工资基数为 9 000 元。

②8 月取得特许权使用费 14 000 元。

③9 月外出讲学取得劳务报酬 8 000 元。

④12 月出版教材一部，取得稿酬 3 000 元。

已知：当地规定的社会保险费和住房公积金个人缴付比例为：基本养老保险费 8%、基本医疗保险费 2%、失业保险费 0.5%、住房公积金 12%。王某正在偿还首套住房贷款及利息；其独生子正就读小学三年级；王某有一姐姐，父母均已年过 60 岁。王某夫妇约定由王某扣除贷款利息专项附加和子女教育专项附加。

二、综合能力训练

1. 用思维导图软件，画出个人所得税综合所得应纳税额的计算流程图。

2. 组织语言，以税务员的口吻在税收普法行动中进行普法宣传。

三、思政园地

扫描二维码并阅读《个税专项附加到底该怎么扣除，你所关心的问题都在这!》一文，思考国家税制改革为什么要从个人所得税开始。

阅读材料：个税专项附加到底该怎么扣除，你所关心的问题都在这!

📘 任务评价

评价类目	评价内容及标准	分值	自己评分	小组评分	教师评分
学习态度	√ 全勤（5分）	10			
	√ 遵守课堂纪律（5分）				
学习过程	➢ 能说出本任务的学习目标（5分）	40			
	➢ 上课积极发言，积极回答"想一想"中的问题（5分）				
	➢ 掌握综合所得的范围（10分）				
	➢ 掌握综合所得项目个人所得税应纳税所得额的计算标准（10分）				
	➢ 掌握个人所得税综合所得个人所得税的计算过程（10分）				
学习结果	◆ "理论知识训练"考评（2分×6＝12分）	50			
	◆ "综合能力训练"考评（10分×2＝20分）				
	◆ "思政园地"考评（18分）				
合计		100			
所占比例/%		100	30	30	40
综合评分					

任务6.3   晴雨表的缩小版——个体经营所得计税与申报

▌工作任务单及思维导图

工作任务	个体经营所得计税与申报		教学模式	任务驱动
建议学时	1		教学地点	一体化实训室
任务描述	假如你是税务局普法人员，即将对市民开展个人所得税改革普法活动，你需要用案例对个体经营所得税申报流程进行讲解，请用平实的语言表述相应内容			
学习目标	知识目标	1. 理解个体经营的概念； 2. 理解个体经营个人所得税的计算方式		
	能力目标	1. 了解个体经营和企业经营的区别； 2. 掌握个体经营所得税申报流程		
	思政目标	1. 增强法律意识，守法遵法； 2. 提升服务意识，立志成为为人民服务的税务人		
KPI指标	税务征收流程表述到位			
思维导图				

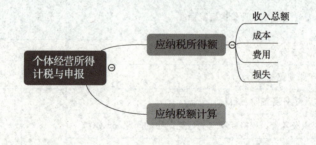

▌任务实施

❖ 想一想

2021年12月31日，国家税务总局在《财政部 税务总局关于权益性投资经营所得个人所得税征收管理的公告》中称："持有股权、股票、合伙企业财产份额等权益性投资的个人独资企业、合伙企业（以下简称独资合伙企业），一律适用查账征收方式计征个人所得税。"请问，下发这项规定的契机和目的是什么？

6.3.1　应纳税所得额的确定

经营所得的应纳税所得额为每一纳税年度的收入总额减除成本、费用以及损失后的余额。其计算公式为：

知识讲解：晴雨表的缩小版——
个体经营所得计税与申报

应纳税所得额 = 收入总额 − (成本 + 费用 + 损失)

成本、费用，是指生产、经营活动中发生的各项直接支出和分配计入成本的间接费用以及销售费用、管理费用、财务费用；损失，是指生产、经营活动中发生的固定资产和存货的盘亏、毁损、报废损失，转让财产损失，坏账损失，自然灾害等不可抗力因素造成的损失以及其他损失。

从事生产、经营活动未供完整、准确的纳税资料，不能正确计算应纳税所得额的，由主管税务机关核定应纳税所得额或者应纳税额。

(1) 取得经营所得的个人，没有综合所得的，计算其每一纳税年度的应纳税所得额时，应当减除费用60 000元、专项扣除、专项附加扣除以及依法确定的其他扣除。专项附加扣除在办理汇算清缴时减除。

(2) 个体工商户的生产经营所得准予扣除的项目。准予扣除的有个体工商户生产经营过程中发生的成本、费用、税金、损失、其他支出以及允许弥补的以前年度的亏损。其中税金是指个体工商户在生产经营过程中发生的除个人所得税和允许抵扣的增值税以外的各项税金及附加。

(3) 个体工商户的生产经营所得准予在税前列支的标准。

①个体工商户向其从业人员实际支付的合理的工资、薪金支出，以及为其从业人员和业主本人按规定和标准缴纳的"五险一金"，允许在税前据实扣除。

②个体工商户在生产经营过程中发生的合理的不需要资本化的借款费用，准予扣除。

③个体工商户在生产经营过程中向金融企业借款的利息支出，准予扣除；向非机构企业和个人借款的利息支出，未超过金融企业同类、同期贷款利率计算的数额部分，准予扣除。

④个体工商户拨缴的工会经费、发生的职工福利费、职工教育经费支出分别在工资、薪金总额2%、14%、2.5%的标准内据实扣除。

⑤个体工商户发生的与其生产经营业务活动有关的业务招待费支出，按照发生额的60%扣除，但最高不得超过当年销售（营业）收入的5%。

⑥个体工商户每一纳税年度发生的广告费和业务宣传费用不超过当年销售（营业）收入15%的部分，可据实扣除；超过部分，准予在以后纳税年度结转扣除。

⑦个体工商户通过公益性社会团体或者县级以上的人民政府及其部门进行的公益性捐赠支出，捐赠额不超过其应纳税所得额30%的部分，可以据实扣除。财政部、国家税务总局规定可以全额在税前扣除的捐赠支出项目，按有关规定执行。

⑧个体工商户研究开发新产品、新技术、新工艺所发生的开发费用，以及研究开发新产品、新技术而购置单台价值在10万元以下的测试仪器和试验性装置的购置费准予直接扣除；单台价值在10万元以上（含10万元）的测试仪器和试验性装置，按固定资产管理，不得在当期直接扣除。

(4) 个体工商户不得在税前列支的项目。个体工商户不得在税前列支的项目包括个人所得税税款；税收滞纳金；罚金、罚款和被没收的财物的损失；不符合规定的捐赠支出；赞助支出；计提的各种准备金；用于个人和家庭的支出；与取得生产经营收入无关的支出；国家税务总局规定的不准扣除的支出。

查账征收的个人独资企业和合伙企业的扣除项目比照个体工商户个人所得税计税办法的规定确定。

个人独资企业的投资者以全部生产经营所得为应纳税所得额；合伙企业的投资者按照合伙企业的全部生产经营所得和合伙协议约定的分配比例确定应纳税所得额，合伙协议没有约定分配比例的，以全部生产经营所得和合伙人数量平均计算每个投资者的应纳税所得额。生产经营所得，包括企业分配给投资者个人的所得和企业当年留存的所得（利润）。

6.3.2 应纳税额的计算

经营所得适用5级超额累进税率，其应纳税额的计算公式为：

$$应纳税额 = 应纳税所得额 \times 税率 - 速算扣除数$$

由于个体工商户生产、经营所得的应纳税额实行按年计算、分月或分季预缴、年终汇算清缴、多退少补的方法，因此在实际工作中，需要分别计算按月（季）预缴税款和年终汇算清缴税款。其计算公式为：

本月应预缴税额 = 本月累计应纳税所得额 × 适用税率 - 速算扣除数 - 上月累计已预缴税额

公式中的适用税率，是指与计算应纳税额的月份累计应纳税所得额对应的税率。

$$全年应纳税额 = 应纳税所得额 \times 适用税率 - 速算扣除数$$

$$应补(退)税额 = 全年应纳税额 - 全年累计已预缴税额$$

6.3.3 个体经营所得纳税申报相关规定

1. 纳税地点

纳税人取得经营所得，按年计算个人所得税，由纳税人在月度或者季度终了后15日内向税务机关报送纳税申报表，并预缴税款；在取得所得的次年3月31日前办理汇算清缴。

2. 纳税期限

纳税人取得经营所得，按年计算个人所得税，纳税人向经营管理所在地主管税务机关办理预缴纳税申报；从两处以上取得经营所得的，选择向其中一处经营管理所在地主管税务机关办理年度汇总申报。

■ 任务实训

一、理论知识训练

1. 单项选择题

（1）个体工商户李某在2021年取得营业收入500万元，当年发生的业务招待费是2.4万元，则张某在计算2021年度个人所得税时，允许扣除的业务招待是（　　）万元。

A. 2.4 　　　　　　　　　　　　　B. 2.5

C. 2 　　　　　　　　　　　　　　D. 1.44

（2）根据个人所得税法律制度的规定，个体工商户的下列支出，在计算个人所得税应纳税所得额时，不得扣除的是（　　）。

A. 生产经营成本

B. 不需要资本化的借款费用

C. 税收滞纳金

D. 在生产经营中因自然灾害造成的损失

2. 多项选择题

（1）在计算个体工商户生产经营所得时，下列税金中，允许扣除的有（　　　　）。

A. 房产税　　　　　　　　　　　　B. 城市维护建设税

C. 增值税　　　　　　　　　　　　D. 消费税

（2）根据个人所得税法律制度的规定，个人通过境内非营利社会团体进行的下列捐赠中，在计算应纳税额时，准予税前全额扣除的有（　　　　）。

A. 对贫困地区的捐赠　　　　　　　B. 对防疫医院的捐赠

C. 对红十字会的捐赠　　　　　　　D. 对地震灾区政府的捐赠

二、综合能力训练

1. 用思维导图软件，画出个人所得税个体经营所得税额计算流程图。

2. 从税务局普法人员的角度，总结个体经营所得税的计算与申报流程。

三、创新创业项目训练

扫描二维码并阅读《7 500万"个体户"崛起，灵活用工迎来新一春》一文，思考个体工商户在国家经济中的作用和地位。

任务评价

评价类目	评价内容及标准	分值	自己评分	小组评分	教师评分
学习态度	√ 全勤（5分）	10			
	√ 遵守课堂纪律（5分）				
学习过程	➢ 能说出本任务的学习目标（5分）	40			
	➢ 上课积极发言，积极回答"想一想"中的问题（5分）				
	➢ 掌握个体经营所得应纳税额的计算（10分）				
	➢ 知道个体经营所得纳税申报的类型（10分）				
	➢ 能够简单明了地讲述个体经营如何报税（10分）				
学习结果	◆ "理论知识训练"考评（2分×4＝8分）	50			
	◆ "综合能力训练"考评（10分×2＝20分）				
	◆ "创新创业项目训练"考评（22分）				
合计		100			
所占比例/%		100	30	30	40
综合评分					

任务 6.4 四个手指一边长——其他个人所得计税

工作任务单及参考流程图

工作任务	其他个人所得计税		教学模式	任务驱动
建议学时	4		教学地点	一体化实训室
任务描述	假设你是税务局普法人员，你去你所在辖区的企业进行税收普法讲座，你需要准备一份讲稿来简单介绍各类型个人如何计算应纳税额，你将如何写稿？			
学习目标	知识目标	1. 理解其他个人所得的概念和分类； 2. 理解其他个人所得税的计算方式		
	思政目标	1. 增强法律意识，守法遵法； 2. 提升服务意识，立志成为为人民服务的税务人		
KPI 指标	精简、高效、快速地将税收政策传达到位			
思维导图				

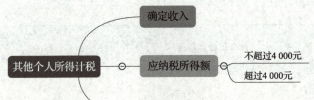

任务实施

❖ **想一想**

　　偶然所得税是对个人得奖、中奖、中彩以及其他偶然性质的所得而征收的一种税。有人提出，参加竞赛获得奖金应该区别于中奖和中彩。参加竞赛获得奖金是对参加竞赛的选手的一种表彰和回馈，应该属于劳务报酬，不应计入偶然所得税，对此你怎么看？

_____

_____

_____

_____

　　《个人所得税法》中列举的应税所得项目包括工资、薪金所得，劳务报酬所得，稿酬所得，特许权使用费所得，经营所得，利息、股息、红利所得，财产租赁所得，财产转让所得，偶然所得，共 9 项。除去综合所得和经营所得，其余的 4 项均为其他个人所得。

知识讲解：四个手指一边长——其他个人所得计税

6.4.1　财产租赁所得应纳税额的计算

1. 应纳税所得额的确定

财产租赁所得以一个月内取得的收入为一次、定额或定率减除规定的费用后的余额为应纳税所得额。每次收入不超过 4 000 元的，定额减除费用 800 元；每次收入超过 4 000 元的，定率减除费用 20%。

在确定财产租赁的应纳税所得额时，租金收入不含增值税，纳税人在出租财产的过程中缴纳的税金（增值税除外）和教育费附加，可持完税凭证，从其财产租赁收入中扣除。个人转租住房时，其向出租房支付的租金及增值税，在计算转租所得时准予扣除。准予扣除的项目除了规定费用和有关税、费外，还准予扣除能够提供有效凭证，证明由纳税人负担的该出租财产实际开支的修缮费用。

每次收入不超过 4 000 元的，其计算公式为：

应纳税所得额 = 每次（月）收入额 − 合理的税费 − 修缮费用（以 800 元为限）− 800

每次收入超过 4 000 元的，其计算公式为：

应纳税所得额 = [每次收入额 − 合理的税费 − 修缮费用（以 800 元为限）] × (1 − 20%)

2. 应纳税额的计算

财产租赁所得适用 20% 的比例税率，但对个人出租居民住房取得的所得，自 2001 年 1 月 1 日起暂减按 10% 的税率征税。其计算公式为：

应纳税额 = 应纳税所得额 × 适用税率

6.4.2　财产转让所得应纳税额的计算

1. 应纳税所得额的确定

财产转让所得以个人每次转让财产取得的收入额减除财产原值和合理费用后的余额为应纳税所得额。其中，"每次"是指以财产的所有权一次转让取得的收入为一次。"财产原值"是指有价证券为买入价以及买入时按照规定缴纳的有关费用，对于建筑物为建造费或者购进价格以及其他有关费用；对于土地使用权为取得土地使用权所支付的金额、开发土地的费用以及其他有关费用；对于机器设备、车船为购进价格、运输费、安装费以及其他有关费用；其他财产参照以上方法确定。"合理费用"是指卖出财产时按规定支付的有关费用。转让财产应纳税所得额的计算公式为：

应纳税所得额 = 每次收入额 − 财产原值 − 合理费用

注：（1）个人转让房屋的个人所得税应税收入不含增值税，其取得房屋时所支付价款中包含的增值税计入财产原值，计算转让所得时可扣除的税费不包括本次转让缴纳的增值税。

（2）个人出租房屋的个人所得税应税收入不含增值税，计算房屋出租所得可扣除的税费不包括本次出租缴纳的增值税。个人转租房屋的，其向房屋出租方支付的租金及增值税税额，在计算转租所得时予以扣除。

2. 应纳税额的计算

财产转让所得适用 20% 的比例税率。其应纳税额的计算公式为：

应纳税额 = 应纳税所得额 × 适用税率额

6.4.3　利息、股息、红利所得和偶然所得应纳税额的计算

利息、股息、红利所得和偶然所得，以个人每次取得的收入额为应纳税所得额，不得从收

入中扣除任何费用。利息、股息、红利所得，偶然所得适用20%的比例税率。其应纳税额的计算公式为：

$$应纳税额 = 应纳税所得额（每次收入）×适用税率$$

需要注意以下事项。

（1）我国从1999年11月1日起，对个人储蓄存款利息开征个人所得税，税率为20%；在2007年8月15日后孳生的利息所得适用5%的税率；自2008年10月9日起，对储蓄利息所得暂免征收个人所得税。

（2）个人从公开发行和转让市场取得的上市公司股票，持股期限在1个月以内（含1个月）的，其股息红利所得全额计入应纳税所得额；持股期限在1个月以上至1年（含1年）的，暂减按50%，计入应纳税所得额；自2015年9月8日起，个人从公开发行和转让市场取得的上市公司股票，持股期限超过1年的，股息红利所得暂免征收个人所得税。

6.4.4　个人所得税特殊计算方法

1. 公益救济性的捐赠

个人将其所得通过非营利的社会团体、国家机关对教育、公益性事业和遭受严重自然灾害地区、贫困地区的捐赠，捐赠额未超过应纳税所得额30%的部分，可以从其应纳税所得额中扣除。

个人通过非营利性的社会团体和国家机关进行的下列公益救济性捐赠支出，在计算缴纳个人所得税时，准予在税前的所得额中全额扣除。

（1）对红十字事业的捐赠。

（2）对教育事业的捐赠。

（3）对农村义务教育的捐赠。

（4）对公益性青少年活动场所（其中包括新建）的捐赠。

（5）对福利性、非营利性老年服务机构的捐赠。

（6）对宋庆龄基金会、中国医药卫生事业发展基金会、中国老龄事业发展基金会等单位的捐赠。

2. 境外缴纳税款的抵免

居民个人从中国境内和境外取得的所得，都应按照我国税法规定缴纳个人所得税。但纳税人的境外所得一般均已在境外缴纳或负担了该国的所得税税额。为了避免国家间对同一所得的重复征税，税法规定，居民个人从中国境外取得的所得，可以从其应纳税额中抵免已在境外缴纳的个人所得税税额，但抵免额不得超过该纳税人境外所得按《个人所得税法》规定计算的应纳税额。居民个人从中国境内和境外取得的综合所得、经营所得，应当分别合并计算应纳税额；从中国境内和境外取得的其他所得，应当分别单独计算应纳税额。

在境外缴纳的个人所得税税额，是指居民个人来源于中国境外的所得，依照该所得来源国家（地区）的法律应当缴纳并且实际已经缴纳的所得税税额。依照《个人所得税法》规定计算的应纳税额，是居民个人抵免已在境外缴纳的综合所得、经营所得以及其他所得的所得税税额的限额（以下简称抵免限额）。除国务院财政、税务主管部门另有规定外，来源于中国境外一个国家（地区）的综合所得抵免限额、经营所得抵免限额以及其他所得抵免限额之和，为来源于该国家（地区）所得的抵免限额。

来源于一国（地区）综合所得的抵免限额 = 中国境内、境外综合所得依照《个人所得税法》计算的综合所得应纳税总额×来源于该国（地区）的综合所得收入额/中国境内、境外综

合所得收入总额

来源于一国（地区）经营所得的抵免限额＝中国境内、境外经营所得依照《个人所得税法》计算的经营所得应纳税总额×来源于该国（地区）的经营所得收入额/中国境内、境外经营所得收入总额

来源于一国（地区）其他所得项目的抵免限额，为来源于该国（地区）的其他所得项目依照《个人所得税法》计算的应纳税额。

居民个人在中国境外一个国家（地区）实际已经缴纳的个人所得税税额，低于依照前款规定计算出来的源于该国家（地区）所得的抵免限额的，应当在中国缴纳差额部分的税款；超过来源于该国家（地区）所得的抵免限额的，其超过部分不得在本纳税年度的应纳税额中抵免，但是可以在以后纳税年度来源于该国家（地区）所得的抵免限额的余额中补扣。补扣期限最长不得超过5年。

任务实训

一、理论知识训练

单项选择题

（1）2021年12月，陈某出租住房取得不含税的租金收入2 000元，房屋租赁过程中产生的可以在税前扣除的税费为80元，支付出租房的修缮费1 600元，则王某12月应缴纳的个人所得税税额是（　　）元。

A. 40　　　　　　B. 32　　　　　　C. 80　　　　　　D. 64

（2）个人进行公益救济性的捐赠，可以从应纳税所得额中扣除的比例最高为（　　）。

A. 30%　　　　　B. 3%　　　　　C. 100%　　　　D. 50%

（3）根据个人所得税法律制度的规定，股息、利息、红利所得的应纳税所得额是（　　）。

A. 每年收入额　　B. 每季收入额　　C. 每月收入额　　D. 每次收入额

二、综合能力训练

1. 用思维导图软件，画出不同类型收入计算应纳税额的方法步骤图。

2. 以税务局普法人员的身份，制作各类个人所得税应纳税额计算步骤卡片。

三、思政园地

扫描二维码并阅读《中央再次定调：坚持房住不炒》一文，思考中央实施该项规定的背后用意，以及在财产租赁中如何体现这一政策。

阅读材料：中央再次定调：坚持房住不炒

任务评价

评价类目	评价内容及标准	分值	自己评分	小组评分	教师评分
学习态度	√ 全勤（5分）	10			
	√ 遵守课堂纪律（5分）				

续表

评价类目	评价内容及标准	分值	自己评分	小组评分	教师评分
学习过程	➢ 能说出本任务的学习目标（5分） ➢ 上课积极发言，积极回答"想一想"中的问题（5分） ➢ 掌握个人所得应纳税额的计算流程（10分） ➢ 知道具体收入的纳税方法（10分） ➢ 能够描述各类收入应纳税额的计算方法（10分）	40			
学习结果	◆ "理论知识训练"考评（2分×3＝6分） ◆ "综合能力训练"考评（10分×2＝20分） ◆ "思政园地"考评（22分）	50			
合计		100			
所占比例/%		100	30	30	40
综合评分					

项目实施

业务（1）中，基本养老保险费、基本医疗保险费、失业保险费和住房公积金均在国家规定的范围和标准内，因此可以全额抵扣，专项扣除金额＝（3 200＋200＋800＋4 800）×12＝108 000（元）。

业务（2）中，李明为独子，且父母均年满60周岁，李明无论是赡养一位还是一位以上被赡养人，均按每月2 000元的标准定额扣除。

业务（3）中，李明的儿子正在读高三，则可以按每月1 000元的标准定额扣除，女儿在8月30日年满3周岁，因此从8月开始每月可以按子女教育支出1 000元的标准定额扣除，女儿3岁前的婴幼儿照护费每月抵扣1 000元。

业务（4）中，李明使用商业银行贷款购买的A自住房，可以按每月1 000元的标准定额扣除，但只能享受一次首套住房贷款利息专项附加扣除，所以第二套B自住房的贷款利息不能享受住房贷款利息专项附加扣除。

业务（5）中，李明在北京工作，且没有自有住房，因此可以按照每月1 500元的标准定额扣除，但在一个纳税年度内不能同时分别享受住房贷款利息和住房租金专项附加扣除。

业务（6）中，李明在2021年9月接受学位继续教育，因此从9月开始可以按每月400元定额扣除继续教育专项附加。

业务（7）中，李明接受专业技术人员资格继续教育，并取得了相关证书，因此当年按照3 600元定额扣除继续教育专项附加。

业务（8）中，李明的妻子因住院发生医疗费用支出，扣除医保报销后负担50 000元，超过15 000元的部分，在80 000元限额内据实扣除。

根据业务（2）～（8），专项附加扣除金额＝2 000×12＋1 000×12＋1 000×5＋1 000×7＋1 500×12＋400×4＋3 600＋（50 000－15 000）＝106 200（元）。

根据业务（1）、(12) 可知，李明全年工资薪金所得 = 40 000 × 12 + 200 000 = 680 000 元，其中 200 000 元是全年一次性奖金。

业务（9）中，李明劳务报酬所得为 5 000 元，应纳税所得额 = 5 000 × 80% = 4 000（元）。

业务（10）中，李明获得特许权使用费所得 20 000 元，应纳税所得额 = 20 000 × 80% = 16 000（元）。

业务（11）中，李明获得稿酬 5 000 元，应纳税所得额 = 5 000 × 80% × 70% = 2 800（元）。

业务（13）中，李明转让个人 B 自住房，属于财产转让所得，由于该房屋自用未超过 5 年且不是家庭唯一生活用房，所以不能免征个人所得税，应纳税所得额 = 1 000 000 - 800 000 = 200 000（元）。

业务（14）中，李明出租 A 自住房的租金属于财产租赁所得，应纳税所得额 =（3 000 - 800）= 2 200（元）。

业务（15）中，国债利息收入属于免税项目。

业务（16）中，企业发行的债券利息收入属于利息所得，应纳税所得额 = 800 元。

业务（17）中，李明个人直接对承担疫情防治任务的医院捐赠，可以在个人所得税前扣除，而且可以全额税前扣除。

综合业务（1）~(17)，李明全年综合所得应纳税所得额 = 680 000 + 4 000 + 16 000 + 2 800 - 60 000 - 108 000 - 106 200 - 10 000 = 418 600（元）。

全额纳入个人综合所得计算，应纳个人所得税额 = 418 600 × 25% - 31 920 = 72 730（元）。

将年终一次性奖金单独计税，年终奖金数 = 200 000 ÷ 12 = 16 666.67（元），应纳个人所得税 = 200 000 × 20% - 1 410 + 218 600 × 20% - 16 920 = 65 390（元）。

业务（18）中，由于李明有综合所得，因此个体工商户经营所得全额交税，经营所得应纳税所得额 = 500 000 - 300 000 = 200 000（元），应纳个人所得税 = 200 000 × 20% - 10 500 = 29 500（元）。

"个人所得税年度自行纳税申报表（A 表）"如表 6 - 6 所示。

表6-6　个人所得税年度自行纳税申报表（A 表）
（仅取得境内综合所得年度汇算适用）

税款所属期：2021 年 1 月 1 日至 2021 年 12 月 31 日

纳税人姓名：李明

纳税人识别号：430321197302145513　　　　　　　　　金额单位：人民币元（列至角分）

基本情况					
手机号码	18673342323	电子邮箱	23878744@ qq. com	邮政编码	411000
联系地址	湖南省省（区、市）长沙市市 天心 区（县）XX 街道（乡、镇）＿＿＿＿＿				
纳税地点（单选）					
1. 有任职受雇单位的，需选本项并填写"任职受雇单位信息"：			□任职受雇单位所在地		
任职受雇单位信息	名称	北京新大地贸易有限公司			
	纳税人识别号	123456789123456788			

续表

纳税地点（单选）		
2. 没有任职受雇单位的，可以从本栏次选择一地：		□户籍所在地　□经常居住地　□主要收入来源地
户籍所在地/经常居住地/主要收入来源地		＿＿＿省（区、市）＿＿＿市＿＿＿区（县）＿＿＿街道（乡、镇）＿＿＿＿＿
申报类型（单选）		
√首次申报		□更正申报
综合所得个人所得税计算		

项目	行次	金额
一、收入合计（第1行=第2行+第3行+第4行+第5行）	1	510 000.00
（一）工资、薪金	2	480 000.00
（二）劳务报酬	3	5 000.00
（三）稿酬	4	5 000.00
（四）特许权使用费	5	20 000.00
二、费用合计[第6行=（第3行+第4行+第5行）×20%]	6	6 000.00
三、免税收入合计（第7行=第8行+第9行）	7	1 200.00
（一）稿酬所得免税部分[第8行=第4行×（1−20%）×30%]	8	1 200.00
（二）其他免税收入（附报《个人所得税减免税事项报告表》）	9	
四、减除费用	10	60 000.00
五、专项扣除合计（第11行=第12行+第13行+第14行+第15行）	11	108 000.00
（一）基本养老保险费	12	38 400.00
（二）基本医疗保险费	13	9 600.00
（三）失业保险费	14	2 400.00
（四）住房公积金	15	57 600.00
六、专项附加扣除合计（附报《个人所得税专项附加扣除信息表》）（第16行=第17行+第18行+第19行+第20行+第21行+第22行）	16	106 200.00
（一）子女教育	17	24 000.00
（二）继续教育	18	5 200.00
（三）大病医疗	19	35 000.00
（四）住房贷款利息	20	
（五）住房租金	21	18 000.00

续表

项目	行次	金额
（六）赡养老人	22	24 000.00
七、其他扣除合计（第23行＝第24行＋第25行＋第26行＋第27行＋第28行）	23	
（一）年金	24	
（二）商业健康保险（附报《商业健康保险税前扣除情况明细表》）	25	
（三）税延养老保险（附报《个人税收递延型商业养老保险税前扣除情况明细表》）	26	
（四）允许扣除的税费	27	
（五）其他	28	
八、准予扣除的捐赠额（附报《个人所得税公益慈善事业捐赠扣除明细表》）	29	10 000.00
九、应纳税所得额 （第30行＝第1行－第6行－第7行－第10行－第11行－第16行－第23行－第29行）	30	218 600.00
十、税率（%）	31	0.20
十一、速算扣除数	32	16 920.00
十二、应纳税额（第33行＝第30行×第31行－第32行）	33	26 800.00
全年一次性奖金个人所得税计算 （无住所居民个人预判为非居民个人取得的数月奖金，选择按全年一次性奖金计税的填写本部分）		
一、全年一次性奖金收入	34	200 000.00
二、准予扣除的捐赠额（附报《个人所得税公益慈善事业捐赠扣除明细表》）	35	
三、税率（%）	36	20%
四、速算扣除数	37	1 410.00
五、应纳税额［第38行＝（第34行－第35行）×第36行－第37行］	38	38 590.00
税额调整		
一、综合所得收入调整额（需在"备注"栏说明调整具体原因、计算方式等）	39	
二、应纳税额调整额	40	
应补/退个人所得税计算		
一、应纳税额合计（第41行＝第33行＋第38行＋第40行）	41	65 390.00
二、减免税额（附报《个人所得税减免税事项报告表》）	42	
三、已缴税额	43	
四、应补/退税额（第44行＝第41行－第42行－第43行）	44	65 390.00

续表

无住所个人附报信息			
纳税年度内在中国境内居住天数		已在中国境内居住年数	
退税申请 （应补/退税额小于 0 的填写本部分）			
□申请退税（需填写"开户银行名称""开户银行省份""银行账号"）　□放弃退税			
开户银行名称		开户银行省份	
银行账号			
备注			
谨声明：本表是根据国家税收法律法规及相关规定填报的，本人对填报内容（附带资料）的真实性、可靠性、完整性负责。 　　　　　　　　　　　　　　　　　　　　纳税人签字：　　　　年　月　日			
经办人签字： 经办人身份证件类型：经办人身份证件号码：代理机构签章： 代理机构统一社会信用代码：		受理人： 受理税务机关（章）： 受理日期：　　　年　月　日	

　　"个人所得税年度自行纳税申报表（A 表）"填表说明如下（仅取得境内综合所得年度汇算适用）。

1. 适用范围

　　本表适用于居民个人纳税年度内仅从中国境内取得工资薪金所得、劳务报酬所得、稿酬所得、特许权使用费所得（以下称"综合所得"），按照税法规定进行个人所得税综合所得汇算清缴。居民个人纳税年度内取得境外所得的，不适用本表。

2. 报送期限

　　居民个人取得综合所得需要办理汇算清缴的，应当在取得所得的次年 3 月 1 日至 6 月 30 日内，向主管税务机关办理个人所得税综合所得汇算清缴申报，并报送本表。

3. 本表各栏填写

1）表头项目

（1）税款所属期：填写居民个人取得综合所得当年的第1日至最后1日。如：2021年1月1日至2021年12月31日。

（2）纳税人姓名：填写居民个人姓名。

（3）纳税人识别号：有中国公民身份号码的，填写中华人民共和国居民身份证上载明的"公民身份号码"；没有中国公民身份号码的，填写税务机关赋予的纳税人识别号。

2）基本情况

（1）手机号码：填写居民个人中国境内的有效手机号码。

（2）电子邮箱：填写居民个人有效电子邮箱地址。

（3）联系地址：填写居民个人能够接收信件的有效地址。

（4）邮政编码：填写居民个人"联系地址"对应的邮政编码。

3）纳税地点

居民个人根据任职受雇情况，在选项1和选项2之间选择其一，并填写相应信息。若居民个人逾期办理汇算清缴申报被指定主管税务机关的，无需填写本部分。

（1）任职受雇单位信息：勾选"任职受雇单位所在地"并填写相关信息。按累计预扣法预扣预缴居民个人劳务报酬所得个人所得税的单位，视同居民个人的任职受雇单位。其中，按累计预扣法预扣预缴个人所得税的劳务报酬包括保险营销员和证券经纪人取得的佣金收入，以及正在接受全日制学历教育的学生实习取得的劳务报酬。

①名称：填写任职受雇单位的法定名称全称。

②纳税人识别号：填写任职受雇单位的纳税人识别号或者统一社会信用代码。

（2）户籍所在地/经常居住地/主要收入来源地：勾选"户籍所在地"的，填写居民户口簿中登记的住址。勾选"经常居住地"的，填写居民个人申领居住证上登载的居住地址；没有申领居住证的，填写居民个人实际居住地；实际居住地不在中国境内的，填写支付或者实际负担综合所得的境内单位或个人所在地。勾选"主要收入来源地"的，填写居民个人纳税年度内取得的劳务报酬、稿酬及特许权使用费三项所得累计收入最大的扣缴义务人所在地。

4）申报类型

未曾办理过年度汇算申报，勾选"首次申报"；已办理过年度汇算申报，但有误需要更正的，勾选"更正申报"。

5）综合所得个人所得税计算

（1）第1行"收入合计"：填写居民个人取得的综合所得收入合计金额。

第1行=第2行+第3行+第4行+第5行。

（2）第2~5行"工资、薪金""劳务报酬""稿酬""特许权使用费"：填写居民个人取得的需要并入综合所得计税的"工资、薪金""劳务报酬""稿酬""特许权使用费"所得收入金额。

（3）第6行"费用合计"：根据相关行次计算填报。

第6行=（第3行+第4行+第5行）×20%。

（4）第7行"免税收入合计"：填写居民个人取得的符合税法规定的免税收入合计金额。

第7行=第8行+第9行。

（5）第8行"稿酬所得免税部分"：根据相关行次计算填报。

第8行=第4行×（1−20%）×30%。

（6）第9行"其他免税收入"：填写居民个人取得的除第8行以外的符合税法规定的免税收入合计，并按规定附报《个人所得税减免税事项报告表》。

（7）第10行"减除费用"：填写税法规定的减除费用。

（8）第11行"专项扣除合计"：根据相关行次计算填报。

第11行＝第12行＋第13行＋第14行＋第15行。

（9）第12～15行"基本养老保险费""基本医疗保险费""失业保险费""住房公积金"：填写居民个人按规定可以在税前扣除的基本养老保险费、基本医疗保险费、失业保险费、住房公积金金额。

（10）第16行"专项附加扣除合计"：根据相关行次计算填报，并按规定附报《个人所得税专项附加扣除信息表》。

第16行＝第17行＋第18行＋第19行＋第20行＋第21行＋第22行。

（11）第17～22行"子女教育""继续教育""大病医疗""住房贷款利息""住房租金""赡养老人"：填写居民个人按规定可以在税前扣除的子女教育、继续教育、大病医疗、住房贷款利息、住房租金、赡养老人等专项附加扣除的金额。

（12）第23行"其他扣除合计"：根据相关行次计算填报。

第23行＝第24行＋第25行＋第26行＋第27行＋第28行。

（13）第24～28行"年金""商业健康保险""税延养老保险""允许扣除的税费""其他"：填写居民个人按规定可在税前扣除的年金、商业健康保险、税延养老保险、允许扣除的税费和其他扣除项目的金额。其中，填写商业健康保险的，应当按规定附报《商业健康保险税前扣除情况明细表》；填写税延养老保险的，应当按规定附报《个人税收递延型商业养老保险税前扣除情况明细表》。

（14）第29行"准予扣除的捐赠额"：填写居民个人按规定准予在税前扣除的公益慈善事业捐赠金额，并按规定附报《个人所得税公益慈善事业捐赠扣除明细表》。

（15）第30行"应纳税所得额"：根据相关行次计算填报。

第30行＝第1行－第6行－第7行－第10行－第11行－第16行－第23行－第29行。

（16）第31、32行"税率""速算扣除数"：填写按规定适用的税率和速算扣除数。

（17）第33行"应纳税额"：按照相关行次计算填报。

第33行＝第30行×第31行－第32行。

6）全年一次性奖金个人所得税计算

无住所居民个人预缴时因预判为非居民个人而按取得数月奖金计算缴税的，汇缴时可以根据自身情况，将一笔数月奖金按照全年一次性奖金单独计算。

（1）第34行"全年一次性奖金收入"：填写无住所的居民个人纳税年度内预判为非居民个人时取得的一笔数月奖金收入金额。

（2）第35行"准予扣除的捐赠额"：填写无住所的居民个人按规定准予在税前扣除的公益慈善事业捐赠金额，并按规定附报《个人所得税公益慈善事业捐赠扣除明细表》。

（3）第36、37行"税率""速算扣除数"：填写按照全年一次性奖金政策规定适用的税率和速算扣除数。

（4）第38行"应纳税额"：按照相关行次计算填报。

第38行＝（第34行－第35行）×第36行－第37行。

7）税额调整

（1）第39行"综合所得收入调整额"：填写居民个人按照税法规定可以办理的除第39行

之前所填报内容之外的其他可以进行调整的综合所得收入的调整金额，并在"备注"栏说明调整的具体原因、计算方式等信息。

（2）第40行"应纳税额调整额"：填写居民个人按照税法规定调整综合所得收入后所应调整的应纳税额。

8）应补/退个人所得税计算

（1）第41行"应纳税额合计"：根据相关行次计算填报。

第41行 = 第33行 + 第38行 + 第40行。

（2）第42行"减免税额"：填写符合税法规定的可以减免的税额，并按规定附报《个人所得税减免税事项报告表》。

（3）第43行"已缴税额"：填写居民个人取得在本表中已填报的收入对应的已经缴纳或者被扣缴的个人所得税。

（4）第44行"应补/退税额"：根据相关行次计算填报。

第44行 = 第41行 – 第42行 – 第43行。

9）无住所个人附报信息

本部分由无住所居民个人填写。不是，则不填。

（1）纳税年度内在中国境内居住天数：填写纳税年度内，无住所居民个人在中国境内居住的天数。

（2）已在中国境内居住年数：填写无住所居民个人已在中国境内连续居住的年份数。其中，年份数自2019年（含）开始计算且不包含本纳税年度。

10）退税申请

本部分由应补/退税额小于0且勾选"申请退税"的居民个人填写。

（1）"开户银行名称"：填写居民个人在中国境内开立银行账户的银行名称。

（2）"开户银行省份"：填写居民个人在中国境内开立的银行账户的开户银行所在省、自治区、直辖市或者计划单列市。

（3）"银行账号"：填写居民个人在中国境内开立的银行账户的银行账号。

11）备注

填写居民个人认为需要特别说明的或者按照有关规定需要说明的事项。

4. 其他事项说明

以纸质方式报送本表的，建议通过计算机填写打印，一式两份，纳税人、税务机关各留存一份。

项目 7

肉少也是菜——小税种之家

内容导图

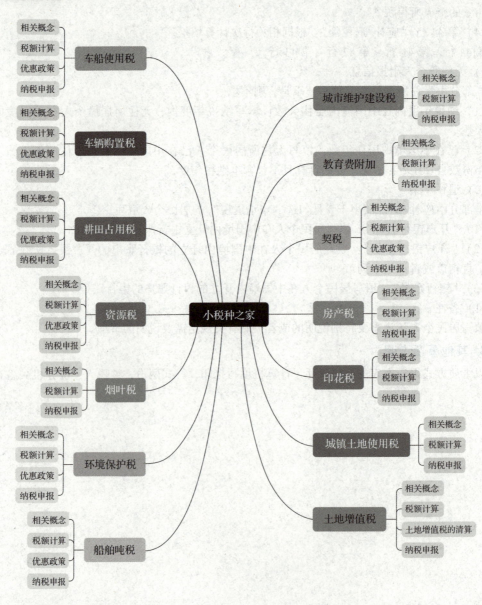

项目引入

1. 城市维护建设税及教育费附加

位于湖南某县城的湘南酒厂在 2021 年 3 月实际缴纳增值税 50 万元，期末留抵退税退还 20 万元，实际缴纳消费税 190 万元（其中包括由市区的甲企业代收代缴的消费税 20 万元）。计算湘南酒厂应向所在地县城税务机关缴纳的城市维护建设税、教育费附加、地方教育费附加。

2. 契税

一对夫妻于 2018 年在长沙购买了一套 60 平方米的两居室，后来由于生了二胎，所以在 2021 年 3 月又购买了一套 110 平方米的三居室，不含增值税的成交价格为 88 万元。计算这对夫妇需缴纳的契税金额。

3. 房产税

某公司办公楼的原值为 40 000 万元，在 2019 年 12 月 31 日将其中原值 8 000 万元的闲置房间出租，租期为 3 年。2021 年，因疫情的原因，免租 3 个月，当年取得当年不含增值税租金 200 万元。当地规定房产税原值减除比例为 20%。计算 2021 年该公司应缴纳的房产税金额。

4. 印花税

某公司于 2021 年 3 月开业，该公司实收资本 300 万元，资本公积 100 万元，与另一家公司签订了一份设备采购合同，合同金额为 1 000 万元，该设备资金来源于银行借款，与银行签订了 1 000 万元的借款合同。计算该公司应缴纳的印花税金额。

5. 城镇土地使用税

湖南某国家级森林公园在 2021 年共占地 3 000 万平方米，其中行政管理部门办公用房占地 5 000 平方米，所属酒店占地 2 万平方米，游乐设施经营场所占地 1 万平方米，其余为公共参观游览用地，该公园所在地土地使用税税率为 2 元/平方米。计算 2021 年度该以园应缴纳的城镇土地使用税。

6. 土地增值税

某石油公司在 2021 年 3 月转让一座市区加油站，该加油站于 2015 年购置，购置时取得发票上注明的价款为 1 200 万元，转让取得含增值税收入 5 000 万元，产权转移书据印花税税率为 0.5‰。计算该公司应缴纳的土地增值税金额。

7. 车船使用税

某船运公司在 2021 年 3 月购置机动船 5 艘，每艘净吨位为 2 000 吨，该船运公司适用的车船税为每吨 4 元。计算该公司应缴纳的车船税金额。

8. 车辆购置税

2021 年 3 月，小王购置了一辆排气量为 1.8 升的小汽车，支付含增值税的购车款 226 000 元，并取得"机动车销售统一发票"，支付代收保险费 6 000 元并取得保险公司开具的票据。计算小王应缴纳的车辆购置税金额。

9. 耕地占用税

村民李某在 2020 年占用耕地 1 000 平方米，在 2021 年将其中 200 平方米耕地用于新建住宅，其余耕地仍和上年一样使用，即 500 平方米种植水稻，300 平方米种植莲藕，当地耕地占用税税率为 25 元/平方米。计算李某应缴纳的耕地占用税金额。

10. 资源税

某油田开采企业在 2021 年 3 月生产原油 8 000 吨，当月销售 7 000 吨，对外赠送 10 吨，另有 5 吨在油田范围内运输原油过程中用于加热，每吨原油不含增值税售价为 5 000 元，增值税为 800 元，当地规定原油资源税税率为 8%。计算该企业应缴纳的资源税金额。

11. 烟叶税

2021 年 3 月，A 市某烟草公司向 B 市烟草种植户收购一批烟叶，收购货款为 200 万元，价外补贴 20 万元。计算 A 市某烟草公司应缴纳的烟叶税金额。

12. 环境保护税

某矿产开采企业在 2021 年 3 月的经营过程中产生煤矸石 600 吨、尾矿 300 吨。煤矸石的税额为每吨 5 元，尾矿的税额为每吨 15 元，其中按照国家资源综合利用要求以及国家和地方环保标准综合利用尾矿 50 吨。计算应税固体废物的环境保护税金额。

13. 船舶吨税

H 国与我国签订了相互给予船舶税费最惠国待遇条款的协议。2021 年 3 月，2 艘船舶自 H 国港口进入我国港口，一艘是净吨位为 8 000 吨的货轮，另一艘是发动机功率为 5 000 千瓦的拖船，这两艘船舶的执照期限均为 1 年，（优惠税率，1 年执照期限，超过 2 000 净吨位，但不超过 10 000 净吨位的，税率为 17.4 元/净吨位）。计算应缴纳的船舶吨税金额。

任务 7.1 "扛把子"的小跟班——城市维护建设税及教育费附加

▌工作任务单及思维导图

工作任务	城市维护建设税及教育费附加的申报		教学模式	任务驱动
建议学时	1		教学地点	一体化实训室
任务描述	假设你是某公司的办税员。该公司是增值税一般纳税人，于 2021 年 2 月缴纳进口关税 50 万元、进口环节增值税 15 万元、进口环节消费税 26.47 万元；2 月实际缴纳增值税 36 万元、消费税 85 万元。根据以上资料计算该公司应缴纳的城市维护建设税及教育费附加税额并申报纳税			
学习目标	知识目标	1. 熟悉城市维护建设税及教育费附加的概念； 2. 熟记城市维护建设税及教育费附加的各级税率		
	能力目标	1. 掌握城市维护建设税及教育费附加的计算方法； 2. 能够正确申报城市维护建设税及教育费附加		
	思政目标	1. 树立坚定的服务信念，紧守职业底线； 2. 提升职业能力，成为精益求精的税务人		
KPI 指标	城市维护建设税及教育费附加申报流程掌握到位			

续表

思维导图

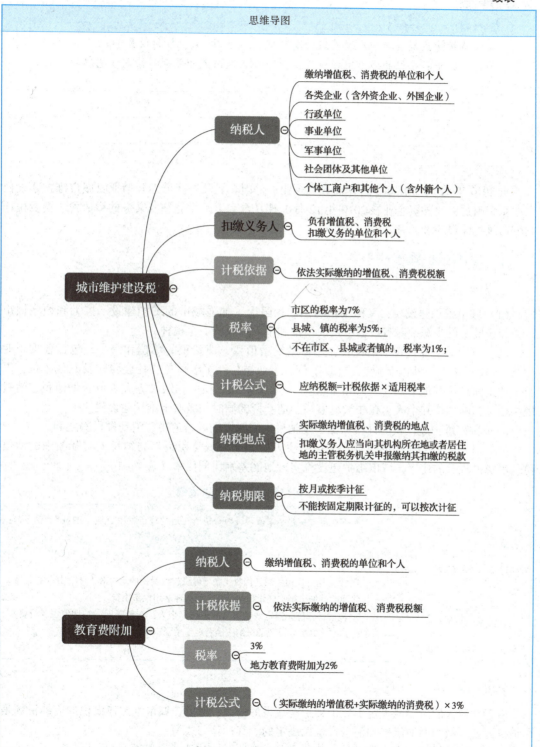

任务实施

自2010年12月1日起，对外商投资企业、外国企业及外籍个人开始征收城市维护建设税和教育费附加；对外资企业在2010年12月1日（含）之后发生纳税义务的增值税、消费税征收城市维护建设税和教育费附加。

7.1.1　城市维护建设税

1. 相关概念

（1）城市维护建设税，又称城建税，是我国为了加强城市的维护建设，扩大和稳定城市维护建设资金的来源，对有经营收入的单位和个人征收的一个税种。

（2）城市维护建设税的纳税人，是指缴纳增值税、消费税的单位和个人，包括各类企业（含外商投资企业、外国企业）、行政单位、事业单位、军事单位、社会团体及其他单位，以及个体工商户和其他个人（含外籍个人）。城市维护建设税的扣缴义务人为负有增值税、消费税扣缴义务的单位和个人，在扣缴增值税、消费税的同时扣缴城市维护建设税。

（3）城市维护建设税的计税依据，是纳税人实际缴纳的增值税、消费税税额之和。

（4）城市维护建设税的税率，是指纳税人应缴纳的城建税税额与纳税人实际缴纳的增值税、消费税税额的比率，城市维护建设税实行地区差别比例税率（表7－1）。

表7－1　城市维护建设税的税率

一般规定		特殊规定（按缴纳增值税、消费税所在地的规定税率就地缴纳城市维护建设税）
纳税义务人所在地	税率/%	1. 由受托方代扣代缴、代收代缴增值税、消费税的单位和个人，其代扣代缴、代收代缴的城市维护建设税按受托方所在地适用税率执行。 2. 流动经营等无固定纳税地点的单位和个人，在经营地缴纳增值税、消费税的，其城市维护建设税的缴纳按经营地适用税率执行
市区	7	
县城、镇	5	
不在市区、县城或者镇	1	

2. 税额计算

由于纳税人的所在地决定了城市维护建设税的税率，所以，城市维护建设税的应纳税额是由纳税人实际缴纳的增值税和消费税税额决定的。其计算公式为：

应纳税额 ＝（实际缴纳的增值税税额 ＋ 实际缴纳的消费税税额）× 适用税率

3. 纳税申报

（1）城市维护建设税纳税环节。城市维护建设税纳税环节实际就是纳税人缴纳增值税、消费税的环节。纳税人只要发生增值税、消费税的纳税义务，就要在同样的环节，分别计算缴纳城市维护建设税，但进口环节除外。

（2）城市维护建设税纳税期限。由于城市维护建设税是由纳税人在缴纳增值税、消费税时同时缴纳的，所以其纳税期限分别与增值税、消费税的纳税期限一致。根据增值税法和消费税法的规定，增值税、消费税的纳税期限分别为1日、3日、5日、10日、15日、1个月或者一个季度。增值税、消费税的纳税义务人的具体纳税期限，由主管税务机关根据纳税义务人应纳税额大小分别核定；不能按照固定期限纳税的，可以按次纳税。

（3）城市维护建设税纳税地点。城市维护建设税以纳税人实际缴纳的增值税、消费税税额为计税依据，分别与增值税、消费税同时缴纳。因此，纳税人缴纳增值税、消费税的地点，就是该纳税人缴纳城市维护建设税的地点。但是，下列情况除外。

①代扣代缴、代收代缴增值税、消费税的单位和个人，同时是城市维护建设税的代扣代缴、代收代缴义务人，其城市维护建设税的纳税地点在代扣代收地。

②跨省开采的油田，下属生产单位与核算单位不在同一省份的，其生产的原油，在油井所在地缴纳增值税，其应纳税款由核算单位按照各油井的产量和规定税率，计算汇拨各油井缴纳。因此，各油井应纳的城市维护建设税，应由核算单位计算，随同增值税一并汇拨油井所在地，由油井在缴纳增值税的同时一并缴纳城市维护建设税。

③对管道局输油部分的收入，由取得收入的各管道局于所在地缴纳增值税。因此，其应纳城市维护建设税，也应由取得收入的各管道局于所在地缴纳增值税时一并缴纳。

④对流动经营等无固定纳税地点的单位和个人，应随同增值税、消费税在经营地按适用税率缴纳城市维护建设税。

7.1.2　教育费附加

1. 相关概念

（1）教育费附加是由税务机关负责征收，同级教育部门统筹安排，同级财政部门监督管理，专门用于发展地方教育事业的预算外资金。

（2）教育费附加的纳税人是指税法规定征收增值税、消费税的单位和个人。

（3）教育费附加的计税依据是纳税人实际缴纳的增值税、消费税税额之和。

（4）教育费附加实行单一比例征收，计征比率为3%；地方教育费附加的计征比率为2%。

2. 税额计算

教育费附加的应纳税额是由纳税人实际缴纳的增值税和消费税税额决定的。其计算公式为：

应纳税额=（实际缴纳的增值税税额+实际缴纳的消费税税额）×征收税率

3. 纳税申报

纳税人纳税申报增值税、消费税的同时，申报、缴纳教育费附加。

▌任务实训

一、理论知识训练

1. 单项选择题

（1）某企业位于某市区，应该按（　　）的税率缴纳城市维护建设税。

A. 7%　　　　　　　B. 5%　　　　　　　C. 3%　　　　　　　D. 1%

（2）某市A企业，2021年10月实际缴纳增值税60万元，缴纳消费税40万元，计算该企业应缴纳的教育费附加是（　　　）万元。

A. 3　　　　　　　B. 1.8　　　　　　　C. 1.2　　　　　　　D. 1

2. 多项选择题

（1）城市维护建设税和教育费附加以实际缴纳的（　　　　）为计税依据。

A. 增值税　　　　　　B. 消费税　　　　　　C. 个人所得税　　　　D. 企业所得税

（2）城市维护建设税实行地区差别比例税率，具体的适用税率有（　　　　）。

A. 10%　　　　　　　B. 7%　　　　　　　C. 3%　　　　　　　D. 1%

（3）下列属于城市维护建设税纳税义务人的有（　　　　）。

A. 外国企业驻国内办事处　　　　　　　　B. 国有上市公司

C. 事业单位　　　　　　　　　　　　　　D. 外籍个人

二、综合能力训练

1. 用思维导图软件，画出城建税和教育费附加关系图。

2. 以办税员的身份解决公司的问题。

三、思政园地

扫描二维码并阅读《教育规划纲要中期评估义务教育专题评估报告》一文，思考九年义务教育为什么能实现全面普及，国家征税教育费附加是否可以加速这一进程。

阅读材料：教育规划纲要中期评估义务教育专题评估报告

任务评价

评价类目	评价内容及标准	分值	自己评分	小组评分	教师评分
学习态度	√ 全勤（5分）	10			
	√ 遵守课堂纪律（5分）				
学习过程	➤ 能说出本任务的学习目标（5分）	40			
	➤ 上课积极发言，积极回答"想一想"中的问题（5分）				
	➤ 掌握城市维护建设税及教育费附加的征税范围（10分）				
	➤ 知道城市维护建设税及教育费附加的各级税率（10分）				
	➤ 能够描述城市维护建设税及教育费附加的申报过程（10分）				
学习结果	◆ "理论知识训练"考评（2分×5＝10分）	50			
	◆ "综合能力训练"考评（10分×2＝20分）				
	◆ "思政园地"考评（20分）				
合计		100			
所占比例/%		100	30	30	40
综合评分					

任务 7.2　友好合约缔造者——契税

工作任务单及思维导图

工作任务	契税的申报	教学模式	任务驱动
建议学时	1	教学地点	一体化实训室
任务描述	假设你是某公司的办税员。你的同事李先生于 2021 年 3 月 4 日签订了购房合同，房子单价为 10 000 元/平方米，总价为 120 万元；你的同事黄先生在 2021 年 3 月 9 日购买了个人的第一套房，面积为 90 平方米，合同日期为 3 月 9 日。他们办理房产证时应该如何缴纳契税？		
学习目标	知识目标	1. 熟悉契税的概念； 2. 熟记契税的各级税率	
	能力目标	1. 掌握契税的计算方法； 2. 能够正确申报契税	
	思政目标	1. 树立坚定的服务信念，紧守职业底线； 2. 提升职业能力，成为精益求精的税务人	
KPI 指标	契税申报流程掌握到位		
思维导图			

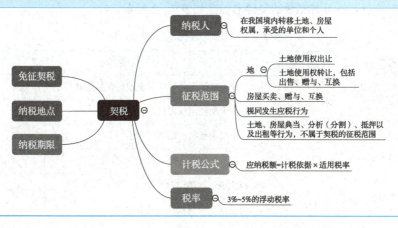

纳税人：在我国境内转移土地、房屋权属，承受的单位和个人

征税范围：
地 — 土地使用权出让
　　 土地使用权转让，包括出售、赠与、互换
房屋买卖、赠与、互换
视同发生应税行为
土地、房屋典当、分析（分割）、抵押以及出租等行为，不属于契税的征税范围

计税公式：应纳税额=计税依据×适用税率

税率：3%~5%的浮动税率

契税
免征契税
纳税地点
纳税期限

任务实施

❖ 想一想

2020 年政府工作报告提出，要坚定实施扩大内需战略。"7·30"会议在分析研究当前经济形势，部署下半年经济工作时进一步强调，要牢牢把握扩大内需这个战略基点，大力保护和激发市场主体活力，扎实做好"六稳"工作，全面落实"六保"任务。为什么要扩大内需？请从契税的角度发表你的看法。

_____

_____

_____

契税在我国历史悠久，最早起源于东晋的"估税"。新中国成立以后，废止了旧中国的契税。1950年4月，政务院颁布了《契税暂行条例》，沿用了40多年。为适应我国房地产政策实行的住房商品化、住房制度改革和土地所有权与使用权分离的新情况，建立稳定的房地产交易秩序，发挥税收的调节作用，增加财政收入，1997年7月7日，国务院重新颁布了《中华人民共和国契税暂行条例》（以下简称《契税暂行条例》），并于同年10月1日起开始实施。

7.2.1　契税相关概念

（1）契税是指不动产（土地、房屋）产权发生转移变动时，就当事人所订契约按产价的一定比例向新业主（产权承受人）征收的一次性税收。产权转移指的是财产所有权的转移，法律另有规定或者当事人另有约定的除外。财产所有权的转移，从财产交付时开始。承受方指的是购房人，因为购房人属于买卖合同中标的物受让方，故此有时称为承受方。

（2）契税的征税范围为境内转移的土地使用权和房屋所有权，具体包括以下内容。

①土地使用权。涉及土地使用权出让和土地使用权转让。其中，土地使用权转让，包括出售、赠与、互换。

②房屋买卖、赠与、互换。

③视同发生应税行为。以作价投资（入股）、偿还债务、划转、奖励等方式转移土地、房屋权属的，应当依法征收契税。将土地、房屋权属用于抵债时，土地、房屋权属将发生转移，属于契税的征税范围。

判断企业或个人是否需要缴纳契税的标准如表7-2所示。

表7-2　征收契税的判断标准

标准	具体情况	
一看权利性质	土地承包经营权和土地经营权的转移不征收契税	
二看行为	土地使用权出让、转让	征收
	房屋买卖、赠与、互换	征收
	以土地、房屋出租	不征收
	以土地、房屋作价投资（入股）	征收
	以土地、房屋抵债（偿还债务）	征收
	以土地、房屋抵押	不征收
	以划转、奖励的方式转移土地、房屋权属	征收
	土地、房屋典当、分拆（分割）	不征收
三看主体	承受方是契税的纳税义务人	

（3）契税的纳税义务人，是指在中华人民共和国境内转移土地、房屋权属，承受的单位和个人，即契税的纳税人应是土地使用权和房屋所有权的受让方、购买方、受赠方等。这里的单位是指企业单位、事业单位、国家机关、军事单位和社会团体以及其他组织；个人是指个体经营者及其他个人，包括中国公民和外籍人员。

（4）契税的计税依据，包括以下几种情况。

①土地使用权出让、出售、房屋买卖。以土地、房屋权属转移合同确定的不含增值税成交

价格，包括承受者应交付的货币以及实物、其他经济利益对应的价款作为计税依据。

②土地使用权互换、房屋互换。以互换的土地使用权、房屋价格的差额作为计税依据。

③土地使用权赠与，房屋赠与及其他没有价格的转移土地、房屋权属行为或纳税人申报的成交价格、互换价格差额明显偏低且无正当理由的。以税务机关参照土地使用权出售、房屋买卖的市场价格依法核定的价格作为计税依据。

④以划拨方式取得土地使用权，经批准转让房地产时补交契税。以补交的土地使用权出让费用或土地收益作为计税依据。

（5）契税采用比例税率，实行3%~5%的幅度税率。

7.2.2　契税应纳税额计算

契税应纳税额，依照《契税暂行条例》规定的税率和计税依据计算。计算公式为：

$$应纳税额 = 计税依据 \times 税率$$

7.2.3　契税优惠政策

根据《契税暂行条例》的规定，契税的免税具体包括以下情况。

（1）国家机关、事业单位、社会团体、军事单位承受土地、房屋权属用于办公、教学、医疗、科研、军事设施。

（2）非营利性的学校、医疗机构、社会福利机构承受土地、房屋权属用于办公、教学、医疗、科研、养老、救助。

（3）承受荒山、荒地、荒滩土地使用权用于农、林、牧、渔业生产。

（4）婚姻关系存续期间夫妻之间变更土地、房屋权属。

（5）法定继承人通过继承承受土地、房屋权属。

（6）依照法律规定应当予以免税的外国驻华使馆、领事馆和国际组织驻华代表机构承受土地、房屋权属。

7.2.4　契税纳税申报

（1）纳税义务发生时间。契税纳税义务发生时间，为纳税人签订土地、房屋权属转移合同的当日，或者纳税人取得其他具有土地、房屋权属转移合同性质凭证的当日。

（2）纳税期限。纳税人应当在依法办理土地、房屋权属登记手续前进行契税纳税申报。

（3）退税。在依法办理土地、房屋权属登记前，权属转移合同、权属转移合同性质凭证不生效、无效、被撤销或者被解除的，纳税人可以向税务机关申请退还已缴纳的税款，税务机关应当依法办理。

（4）纳税地点。契税由土地、房屋所在地的税务机关依法征收管理。

■ 任务实训

一、理论知识训练

1. 单项选择题

（1）国家征收契税是为了保障不动产（　　）的合法权益。

A. 所有人　　　　　B. 使用者　　　　　C. 租赁者　　　　　D. 销售方

（2）契税采用（　　）。

A. 复合税率　　　　B. 从量税率　　　　C. 比例税率　　　　D. 滑准税率

2. 多项选择题

（1）下列行为中，需要缴纳契税的有（　　　　）。

A. 房屋赠送　　　　　B. 房屋买卖　　　　　C. 房屋交换　　　　　D. 房屋租赁

（2）关于契税，下列说法正确的是（　　　　）。

A. 婚姻关系存续期间夫妻之间变更土地、房屋权属，免征契税

B. 国家机关承受房屋权属用于医疗，免征契税

C. 买房拆料或翻建新房，应照章征收契税

D. 法定继承人通过继承承受房屋权属，免征契税

（3）关于契税纳税义务发生时间，下列说法正确的有（　　　　）。

A. 签订房屋权属转移合同的当天

B. 取得具有产权转移合同性质凭证的当天

C. 实际取得房地产产权证的次日

D. 签订房屋权属转移合同的次日

二、综合能力训练

1. 用思维导图软件，画出契税的知识结构图。

2. 以办税员的身份帮助同事解决契税的相关问题。

三、思政园地

扫描二维码并阅读《"双循环"相互促进，高质量发展可期》
一文，思考国家实施双循环具有哪些意义。

阅读材料："双循环"相互促进，
高质量发展可期

任务评价

评价类目	评价内容及标准	分值	自己评分	小组评分	教师评分
学习态度	√ 全勤（5分）	10			
	√ 遵守课堂纪律（5分）				
学习过程	➢ 能说出本任务的学习目标（5分）	40			
	➢ 上课积极发言，积极回答"想一想"中的问题（5分）				
	➢ 掌握契税的征税范围（10分）				
	➢ 知道契税的各级税率（10分）				
	➢ 能够描述契税的申报过程（10分）				
学习结果	◆ "理论知识训练"考评（2分×5＝10分）	50			
	◆ "综合能力训练"考评（10分×2＝20分）				
	◆ "思政园地"考评（20分）				
合计		100			
所占比例/%		100	30	30	40
综合评分					

任务7.3 抑制房价小克星——房产税

工作任务单及思维导图

工作任务	房产税的申报	教学模式	任务驱动
建议学时	1	教学地点	一体化实训室
任务描述	假设你是某公司的办税员。该公司自2021年4月1日起将原值为500万元、占地面积为500平方米的厂房出租给某生产企业，租期为2年，每月租金为2万元（不含增值税）。请你根据以上资料进行房产税的申报。		
学习目标	知识目标	1. 熟悉房产税的概念； 2. 熟记房产税的各级税率	
	能力目标	1. 掌握房产税的计算方法； 2. 能够正确申报房产税	
	思政目标	1. 树立坚定的服务信念，紧守职业底线； 2. 提升职业能力，成为精益求精的税务人	
KPI指标	房产税申报流程掌握到位		
思维导图			

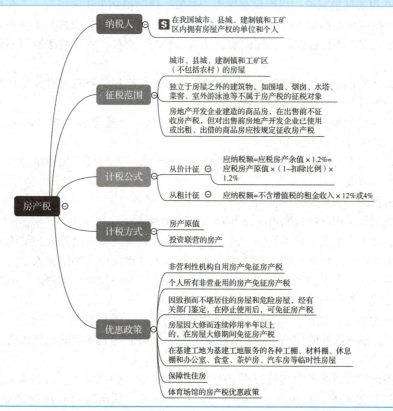

任务实施

　　现行房产税的基本规范，是 1986 年 9 月 15 日国务院颁布的《中华人民共和国房产税暂行条例》（以下简称《房产税暂行条例》），自同年 10 月 1 日起正式实施。房产税是大多数国家采用的税种，它具有承担增加地方财政收入以及调节分配等作用。房产税通过增加房产炒作成本，对投机客的心理和行为造成影响，迫使那些持有多套住房的人"吐出"一部分房子，扩大住房供应，抑制房价上涨。同时对出售行为征税，拿走炒房者的一块收益，迫使投机性购房需求减弱，从而达到抑制房价的作用。

7.3.1 房产税相关概念

　　（1）房产税是以房屋为征税对象，以房屋的计税余值或租金收入为计税依据，向产权所有人征收的一种财产税。

　　（2）房产税的征税范围。房产税在城市、县城、建制镇和工矿区征收，不包括农村。

　　①房产税的征税范围为城市、县城、建制镇和工矿区（不包括农村）的房屋。

　　②独立于房屋之外的建筑物，如围墙、烟囱、水塔、菜窖、室外游泳池等不属于房产税的征税对象。

　　③房地产开发企业建造的商品房，在出售前不征收房产税，但对出售前房地产开发企业已使用或出租、出借的商品房应按规定征收房产税。

　　（3）房产税的纳税义务人，是指在我国城市、县城、建制镇和工矿区内拥有房屋产权的单位和个人。具体规定如下。

　　①产权属于国家所有的，其经营管理的单位为纳税人；产权属于集体单位和个人的，集体单位和个人为纳税人。

　　②产权出典的，承典人为纳税人。

　　③房产出租的，房产产权所有人（出租人）为纳税人。

　　④产权所有人、承典人均不在房产所在地的，房产代管人或者使用人为纳税人。

　　⑤产权未确定以及租典纠纷未解决的，房产代管人或者使用人为纳税人。

　　⑥纳税单位和个人无租使用房产管理部门、免税单位及纳税单位的房产，由使用人（纳税单位和个人）代为缴纳房产税。

　　（4）房产税的计税依据，是房屋计税余值或租金收入。具体包括以下情况。

　　①以房产原值一次减除 10%～30% 后的余值为计税依据（具体扣除比例由省、自治区、直辖市人民政府确定）。

　　②以房屋出租取得的不含增值税租金收入为计税依据（包括货币收入和实物收入）。

　　（5）房产税的税率。我国现行房产税采用比例税率，依据房产的用途是自用还是出租，分为从价计征和从租计征，设置不同的税率。

①从价计征的，税率为1.2%。

②从租计征的，税率为12%。

对个人出租住房，不区分用途，按4%的税率征收房产税。对企事业单位、社会团体以及其他组织按市场价格向个人出租用于居住的住房，减按4%的税率征收房产税。

7.3.2 房产税应纳税额计算

(1) 从价计征。从价计征是按房产原值减除一定比例后的余值计征的。计算公式为：

$$应纳税额 = 应税房产余值 \times 1.2\% = 应税房产原值 \times (1 - 扣除比例) \times 1.2\%$$

(2) 从租计征。从租计征是按房产租金收入计征的。计算公式为：

$$应纳税额 = 不含增值税的租金收入 \times 12\% 或 4\%$$

7.3.3 房产税税收优惠

根据《房产税暂行条例》以及细则等有关规定，下列房产免征房产税。

1. 非营利性机构自用房产

(1) 国家机关、人民团体、军队自用的房产免征房产税。

(2) 由国家财政部门拨付事业经费（全额或差额）的单位（学校，医疗卫生单位，托儿所，幼儿园，敬老院以及文化、体育、艺术类单位）所有的，本身业务范围内使用的房产免征房产税。

(3) 宗教寺庙、公园、名胜古迹自用的房产免征房产税。

(4) 非营利性医疗机构、疾病控制机构和妇幼保健机构等卫生机构自用的房产免征房产税。

(5) 老年服务机构自用的房产免征房产税。

2. 住房

(1) 公共租赁住房免征房产税。

(2) 廉租住房经营管理单位按照政府规定价格，向规定保障对象出租廉租住房的租金收入，免征房产税。

3. 体育场馆

(1) 国家机关、军队、人民团体、财政补助事业单位、居民委员会、村民委员会拥有的体育场馆，用于体育活动的房产，免征房产税。

(2) 经费自理事业单位、体育社会团体、体育基金会、体育类民办非企业单位拥有并运营管理的体育场馆，符合相关条件的，其用于体育活动的房产，免征房产税。

(3) 企业拥有并运营管理的大型体育场馆，其用于体育活动的房产，减半征收房产税。

(4) 享受上述税收优惠体育场馆的运动场地，用于体育活动的天数不得少于全年自然天数的70%。

7.3.4 房产税纳税申报

(1) 房产税纳税义务发生时间。

①纳税人将原有房产用于生产经营，从生产经营当月起，缴纳房产税。

②纳税人将自行新建房屋用于生产经营，从建成之次月起，缴纳房产税。

③纳税人委托施工企业建设的房屋，从办理验收手续之次月起，缴纳房产税。纳税义务人在办理手续前，即已使用或出租、出借的，从当月起，缴纳房产税。

④纳税人购置新建的商品房，自房屋交付使用之次月起，缴纳房产税。

⑤纳税人购置存量房，自办理房屋权属转移、变更登记手续，从房地产权属登记机关签发权属证书之次月起，缴纳房产税。

⑥纳税人出租、出借房产，从交付出租、出借房产之次月起，缴纳房产税。

⑦房地产开发企业自用、出租、出借本企业建造的商品房，自房屋使用或交付使用之次月起，缴纳房产税。

（2）房产税纳税地点。房产税在房产所在地缴纳。房产不在同一地方的纳税人，应按房产的坐落地点，分别向房产所在地主管税务机关缴纳房产税。

（3）房产税纳税期限。房产税按年征收，分期缴纳。具体纳税期限由各省、自治区、直辖市人民政府确定。

■ 任务实训

一、理论知识训练

1. 单项选择题

（1）下列关于房产税的表述中，不正确的有（　　　）。

A. 房产税采用比例税率

B. 房产税的计税方法分为从价计征和从租计征两种

C. 按照房产的账面价值征税的，称为从价计征

D. 按照房产租金收入计征的，称为从租计征

（2）某企业在2021年3月投资3 000万元取得10万平方米的土地使用权，用于建造面积为8万平方米的厂房，建筑成本和费用为5 000万元，该厂房在2021年年底竣工验收并投入使用。对该厂房征收房产税时所确定的房产原值是（　　　）万元。

A. 8 000　　　　　　　B. 7 400　　　　　　C. 5 000　　　　　　D. 3 000

2. 多项选择题

（1）下列各项中，属于房产税征税范围的有（　　　　　）。

A. 位于县城的加油站　　　　　　　　　B. 建在室内的游泳池

C. 位于建制镇的居住用房　　　　　　　D. 位于市区的经营性用房

（2）房产税实行比例税率，其税率有（　　　　　）。

A. 20%　　　　　　　B. 12%　　　　　　C. 4%　　　　　　D. 1.2%

（3）下列关于房产税纳税义务发生时间的表述中，不正确的有（　　　　　）。

A. 纳税人自行新建房屋用于生产经营，从建成之月起缴纳房产税

B. 纳税人将原有房产用于生产经营，从生产经营之月起缴纳房产税

C. 纳税人出租房产，自交付出租房产之月起缴纳房产税

D. 房地产开发企业自用本企业建造的商品房，自房屋使用之月起缴纳房产税

二、综合能力训练

1. 用思维导图软件，画出房产税的知识结构图。

2. 以办税员的身份解决企业房产税的申报问题。

三、思政园地

扫描二维码并阅读《为什么国家要控制房价?》一文，思考国家可以通过哪些途径控制房价，国家征收房产税具有哪些意义。

阅读材料：为什么国家
要控制房价?

任务评价

评价类目	评价内容及标准	分值	自己评分	小组评分	教师评分
学习态度	√ 全勤（5分） √ 遵守课堂纪律（5分）	10			
学习过程	➢ 能说出本任务的学习目标（5分） ➢ 上课积极发言，积极回答"想一想"中的问题（5分） ➢ 掌握房产税的征税范围（10分） ➢ 知道房产税的各级税率（10分） ➢ 能够描述房产税的申报过程（10分）	40			
学习结果	◆ "理论知识训练"考评（2分×5＝10分） ◆ "综合能力训练"考评（10分×2＝20分） ◆ "思政园地"考评（20分）	50			
合计		100			
所占比例/%		100	30	30	40
综合评分					

任务7.4　源自荷兰的小花——印花税

工作任务单及思维导图

工作任务	印花税的申报	教学模式	任务驱动
建议学时	1	教学地点	一体化实训室
任务描述	假设你是一名税务稽查人员。2021年3月，你对某公司2020年下半年的印花税缴纳情况进行检查。通过与该公司财会人员的座谈，实地检查各类印花税凭证，了解到该公司购销环节均不订立书面合同，因此从未申报和缴纳印花税。该公司的财会人员很困惑：没有签订合同也要按规定贴花吗？		

续表

学习目标	知识目标	1. 熟悉印花税的概念； 2. 熟记印花税的各级税率
	能力目标	1. 掌握印花税的计算方法； 2. 能够正确申报印花税
	思政目标	1. 树立坚定的服务信念，紧守职业底线； 2. 提升职业能力，成为精益求精的税务人
KPI 指标	印花税申报流程掌握到位	

思维导图

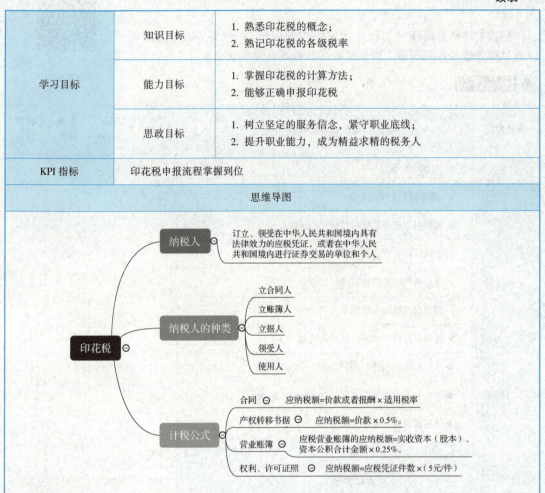

任务实施

❖ 想一想

　　印花税是对经济活动和经济交往中订立、领受具有法律效力的凭证的行为所征收的一种税。契税是指不动产（土地、房屋）产权发生转移变动时，就当事人所订契约按产价的一定比例向新业主（产权承受人）征收的一次性税收。它们有什么不同点？又有什么相同点？

_____

_____

_____

　　1624 年，荷兰政府发生经济危机，财政困难。当时执掌政权的统治者摩里斯为了解决财政问题，提出用增加税收的办法来解决支出的困难。他观察到人们在日常生活中使用契约、借贷凭证之类的单据很多，连绵不断，一旦征税，税源将很大；而且，人们还认为凭证单据由政府盖上印章，就成为合法凭证，在诉讼时可以有法律保障。因此，他提出对人们日常生活中的单据盖章获取税收。目前我国印花税的核算与申报依据的是《中华人民共和国印花税暂行条例》（以下简称《印花税暂行条例》）。

7.4.1　印花税相关概念

（1）印花税是对经济活动和经济交往中订立、领受具有法律效力的凭证的行为所征收的一种税。它因采用在应税凭证上粘贴印花税票作为完税的标志而得名。

（2）印花税的纳税义务人，是指订立、领受在中国境内具有法律效力的应税凭证，或者在中国境内进行证券交易的单位和个人。具体包括立合同人、立账簿人、立据人、领受人和使用人。

①应税凭证，是指"印花税税目税率表"规定的书面形式的合同、产权转移书据、营业账簿、许可证照。

②证券交易，是指在依法设立的证券交易所上市交易或者在国务院批准的其他证券交易场所转让公司股票和以股票为基础发行的存托凭证。

（3）印花税的征税范围。印花税共13个税目，具体征税范围归纳为以下几项。

①购销、加工承揽、建设工程勘察设计、建筑安装工程承包、财产租赁、货物运输、仓储保管、借款、财产保险、技术合同或具有合同性质的凭证。

②产权转移书据。产权转移书据包括财产所有权和版权、商标专用权、专利权、专有技术使用权等转移书据。

③营业账簿。营业账簿包括单位和个人记载生产经营活动的财务会计核算账簿。营业账簿按其反映内容不同，可分为记载资金的账簿和其他账簿。

④权利许可证照。权利许可证照包括政府部门颁发的房屋产权证、工商营业执照、商标注册证、专利证、土地使用证等。

⑤经财政部确定征税的其他凭证。印花税的征税范围采用正列举法，按列举税目征税。现实经济生活中的凭证名称虽然各异，但不论以何种形式或名称书立，只要其性质属于列举征税的范围，均应依法纳税。

印花税的征税范围还包括在境外书立、领受，但在我国境内使用且具有法律效力，受我国法律保护的凭证。

（4）印花税的计税依据及税率如表7-3所示。

（5）印花税的税率有两种形式，即比例税率和定额税率。现行印花税的比例税率分为4档，分别是0.05‰、0.3‰、0.5‰、1‰。在印花税的税目中，"权利许可证照"税目适用定额税率，均为按件贴花，税额为5元。

表7-3　印花税计税依据及税率

应税文书类型	计税依据及税率	备注
借款合同	借款金额的0.05‰	指银行及其他金融机构和借款人订立的借款合同，不包括银行同业拆借的借款合同
融资租赁合同	租金的0.05‰	——
租赁合同	租金的1‰	不包括企业与主管部门签订的租赁承包合同
承揽合同	支付报酬的0.3‰	——

续表

应税文书类型	计税依据及税率	备注
建设工程合同	支付价款的 0.3‰	包括勘察、设计、建筑、安装工程合同的总包合同、分包合同和转包合同
运输合同	运输费用的 0.3‰	指货运合同和多式联运合同，不包括管道运输合同
技术合同	支付价款、报酬或者使用费的 0.3‰	专利权转让、专利实施许可所书立的合同应属于"产权转移书据"； 一般的法律、会计、审计等方面的咨询不属于技术咨询，其所立合同不贴印花
保管合同	保管费的 1‰	包括作为合同使用的仓单、栈单（或称入库单）
仓储合同	仓储费的 1‰	—
产权转移书据	支付价款的 0.5‰	产权转移书据，包括土地使用权出让和转让书据；房屋等建筑物、构筑物所有权、股权（不包括上市和挂牌公司股票）、商标专用权、著作权、专利权、专有技术使用权转让书据。 应税产权转移书据的计税依据，为产权转移书据列明的价款，不包括增值税税款。 应税合同、产权转移书据未列明价款或者报酬的，按照下列方法确定计税依据。 （1）按照订立合同、产权转移书据时的市场价格确定；依法应当执行政府定价的，按照其规定确定。 （2）不能按上述规定的方法确定的，按照实际结算的价款或者报酬确定。
营业账簿	记载资金的账簿按实收资本和资本公积的合计金额 0.5‰减半征收	营业账簿中的其他账簿免征印花税

7.4.2　印花税应纳税额计算

印花税应纳税额，根据应纳税凭证的性质，分别按比例税率或者定额税率计算，其计算公式为：

$$应纳税额 = 应税凭证计税金额（或应税凭证件数）× 适用税率$$

7.4.3　印花税纳税申报

（1）印花税纳税义务发生时间。印花税应该在书立或领受时贴花，具体是指在合同签订、账簿启用和证照领受时贴花。

（2）印花税纳税地点。印花税一般实行就地纳税。对于在全国性商品物资订货会（包括展销会、交易会等）上所签订合同应缴纳的印花税，由纳税人回其所在地后及时办理贴花完税手续；对于在地方主办，不涉及省际关系的订货会、展销会上所签合同的印花税，其纳税地点由各省、自治区、直辖市人民政府自行确定。

我国印花税票为有价证券，面额有人民币 1 角、2 角、5 角、1 元、2 元、5 元、10 元、

50 元、100 元 9 种。

（3）印花税纳税期限。印花税纳税期限根据不同种类的凭证分别确定。经济合同和具有合同性质的凭证在合同正式签订时贴花；各种产权转移书据，在书据立具时贴花；各种营业账簿，在账簿正式启用时贴花；各种权利、许可证照，在证照领受时贴花。

（4）印花税纳税办法。纳税人不论采用哪一种纳税办法，均应妥善保存纳税凭证。印花税应税凭证的法定保管年限为 10 年。印花税采取以下 3 种纳税办法。

①自行贴花的纳税办法。纳税义务人在书立、领受或使用应税凭证时，应当自行计算应纳税额，自行购买印花税票，自行一次贴足印花税票并加以注销或划销。其一般适用于应税凭证较少或同一种凭证缴纳税款次数较少的纳税义务人。

②汇贴或汇缴的方法。其一般适用于应纳税额较大或者贴花频繁的纳税义务人。一份凭证应纳税额超过 500 元的，应向当地税务机关申请填写缴款书或完税凭证，将其中一联粘贴在凭证上或税务机关在凭证上加注完税标记代替贴花。

③委托代征方法。其主要是通过税务机关的委托，经由发出或者办理应税凭证的单位代为征收印花税税款。

任务实训

一、理论知识训练

1. 单项选择题

（1）2021 年 4 月，A 企业与某运输公司签订货物运输合同，记载货物价款为 100 万元，装卸费为 20 万元，运输费为 15 万元。A 企业按"货物运输合同"税目计算缴纳印花税的计税依据为（　　　）万元。

A. 135　　　　　　　B. 130　　　　　　　C. 100　　　　　　　D. 15

（2）印花税的汇贴方法中，一份凭证应纳税额超过（　　　）元的，应向当地税务机关申请填写缴款书或者完税证，将其中一联粘贴在凭证上或者由税务机关在凭证上加注完税标记代替贴花。

A. 2 000　　　　　　B. 1 500　　　　　　C. 1 000　　　　　　D. 500

2. 多项选择题

（1）下列合同中，按照印花税"产权转移书据"税目计征印花税的有（　　　　　）。

A. 构筑物所有权转让合同　　　　　　B. 非专利技术转让合同

C. 商标专用权转让合同　　　　　　　D. 土地使用权转让合同

（2）印花税应该在书立或领受时贴花，具体是指在（　　　　　）贴花。

A. 合同签订时　　　　　　　　　　　B. 账簿启用时

C. 证照领受时　　　　　　　　　　　D. 合同实施时

（3）下列印花税应税凭证中，属于按每件 5 元定额贴花的有（　　　　　）。

A. 借款合同　　　　　　　　　　　　B. 专利证

C. 融资租赁合同　　　　　　　　　　D. 工商营业执照

二、综合能力训练

1. 用思维导图软件，画出印花税的知识结构图。

2. 以税务稽查人员的身份为公司的财会人员讲解印花税的有关规定。

三、思政园地

扫描二维码并阅读《扰乱港股的印花税究竟是什么税?》一文，思考国家征收印花税有哪些意义。

阅读材料：扰乱港股的印花税究竟是什么税?

任务评价

评价类目	评价内容及标准	分值	自己评分	小组评分	教师评分
学习态度	√ 全勤（5分）	10			
	√ 遵守课堂纪律（5分）				
学习过程	➤ 能说出本任务的学习目标（5分）	40			
	➤ 上课积极发言，积极回答"想一想"中的问题（5分）				
	➤ 掌握印花税的征税范围（10分）				
	➤ 知道印花税的各级税率（10分）				
	➤ 能够描述印花税的申报过程（10分）				
学习结果	◆ "理知识训练"考评（2分×5=10分）	50			
	◆ "综合能力训练"考评（10分×2=20分）				
	◆ "思政园地"考评（26分）				
合计		100			
所占比例/%		100	30	30	40
综合评分					

任务 7.5　多占多缴守城人——城镇土地使用税

工作任务单及思维导图

工作任务	城镇土地使用税的申报	教学模式	任务驱动
建议学时	1	教学地点	一体化实训室
任务描述	假设你是某公司的办税员。该公司位于某小城市，在2021年4月账面实际拥有土地面积20 000平方米，经税务机关核定，该公司自办学校用地500平方米，公司无偿提供给当地派出所两间平房，占地200平方米，且这些用地与该公司其他用地明确区分。当地政府规定的城镇土地使用税为2.5元/平方米，并采取按年计征，分半年缴纳的方式征收。请问该公司2021年应缴纳多少城镇土地使用税?		

续表

学习目标	知识目标	1. 熟悉城镇土地使用税的概念； 2. 熟记城镇土地使用税的各级税率
	能力目标	1. 掌握城镇土地使用税的计算方法； 2. 能够正确申报城镇土地使用税
	思政目标	1. 树立坚定的服务信念，紧守职业底线； 2. 提升职业能力，成为精益求精的税务人
KPI 指标	城镇土地使用税申报流程掌握到位。	

思维导图

纳税人
- 城镇土地使用税由拥有土地使用权的单位或者个人缴纳
- 拥有土地使用权的纳税人不在土地所在地的，由代管人或者实际使用人缴纳
- 土地使用权未确定或者权属纠纷未解决的，由实际使用人纳税
- 土地使用权共有的，共有各方均为纳税人，由共有各方按实际使用土地的面积占总面积的比例分别缴纳

计税公式
- 年应纳税额=实际占用应税土地面积（平米数）×适用税额

纳税义务发生时间
- 纳税人购置新建商品房
- 纳税人购置存量房
- 纳税人出租、出借房产
- 以出让或转让方式有偿取得土地使用权的
- 纳税人新征用的耕地
- 纳税人新征用的非耕地

城镇土地使用税
- 纳税地点
- 纳税期限
- 优惠政策

任务实施

想一想

城镇土地使用税是指国家在城市、县城、建制镇、工矿区范围内，对使用土地的单位和个人，以其实际占用的土地面积为计税依据，按照规定的税额计算征收的一种税。开征城镇土地使用税，有利于通过经济手段加强对土地的管理，变土地的无偿使用为有偿使用，促进合理、节约使用土地，提高土地使用效益。

土地作为一种国家资源有什么价值？

_____

_____

_____

在同一个城镇，不同地段土地的"价值"相去甚远，市中心商业街的土地显然与市郊的工业用地有很大差别。因此，各地方政府在确定城镇土地使用税的单位税额时，要充分考虑这

一因素，根据土地不同的级别制定不同的单位税额。

7.5.1　城镇土地使用税相关概念

（1）城镇土地使用税是指国家在城市、县城、建制镇、工矿区范围内，对使用土地的单位和个人，以其实际占用的土地面积为计税依据，按照规定的税额计算征收的一种税。

（2）城镇土地使用税的纳税义务人，根据用地者的不同分为以下情形。

①城镇土地使用税由拥有土地使用权的单位或者个人缴纳。

②拥有土地使用权的纳税人不在土地所在地的，由代管人或者实际使用人缴纳。

③土地使用权未确定或者权属纠纷未解决的，由实际使用人缴纳。

④土地使用权共有的，共有各方均为纳税人，由共有各方按实际使用土地的面积占总面积的比例分别缴纳。

（3）城镇土地使用税的征税范围，是指城市、县城、建制镇和工矿区的国家所有集体所有的土地。

（4）城镇土地使用税以实际占用的土地面积为计税依据，分为以下几种情况。

①凡由省级人民政府确定的单位组织测定土地面积的，以测定的土地面积为准。

②尚未组织测定，但纳税人持有政府部门核发的土地使用证书的，以证书确定的土地面积为准。

③尚未核发土地使用证书的，应当由纳税人据实申报土地面积并据以纳税，待核发土地使用证书后再作调整。

（5）城镇土地使用税采用定额税率，即采用有幅度的差别税率，城镇土地使用税每平方米年税额标准具体规定如下。

①大城市：1.5～30元/平方米。

②小城市：0.9～18元/平方米。

③中等城市：1.2～24元/平方米。

④县城、建制镇、工矿区：0.6～12元/平方米。

（6）城镇土地使用税的征收必须借助法律形式进行。

7.5.2　城镇土地使用税应纳税额计算

城镇土地使用税应纳税额可以通过纳税义务人实际占用应税土地面积乘以该土地所在地段的适用税额求得。其计算公式为：

$$年应纳税额 = 实际占用应税土地面积（平方米）\times 适用税额$$

7.5.3　城镇土地使用税纳税申报

（1）城镇土地使用税纳税义务发生时间。

①纳税人购置新建商品房，自房屋交付使用之次月起，缴纳城镇土地使用税。

②纳税人购置存量房，自办理房屋权属转移、变更登记手续，房地产权属登记机关签发房屋权属证书之次月起，缴纳城镇土地使用税。

③纳税人出租、出借房产，自交付出租、出借房产之次月起，缴纳城镇土地使用税。

④以出让或转让方式有偿取得土地使用权的，应由受让方从合同约定交付土地时间的次月起缴纳城镇土地使用税；合同未约定交付土地时间的，由受让方从合同签订的次月起缴纳城镇土地使用税。

⑤纳税人新征用的耕地，自批准征用之日起满一年时开始缴纳城镇土地使用税。

⑥纳税人新征用的非耕地，自批准征用次月起缴纳城镇土地使用税。

⑦纳税人因房产、土地的实物或权利状态发生变化而依法终止城镇土地使用税纳税义务的，其应纳税款的计算应截止到房产、土地的实物或权利状态发生变化的当月月末。

（2）城镇土地使用税纳税期限。城镇土地使用税实行按年计算，分期缴纳的征收方法。具体缴纳期限由省、自治区、直辖市人民政府确定。一般分别按月、季或半年等不同的期限缴纳。纳税期限由各地方税务局自行确定。

（3）城镇土地使用税纳税地点。城镇土地使用税在土地所在地缴纳，纳税人缴纳城镇土地使用税时，须到土地所在地辖区的地税机关办理纳税申报和缴纳税款；拥有多处土地的纳税人应分别向土地所在地辖区的地税机关办理纳税申报和税款缴纳。纳税人使用的土地不属于同一省、自治区、直辖市管辖的，由纳税人分别向土地所在地的税务机关缴纳城镇土地使用税；在同一省、自治区、直辖市管辖范围内，纳税人跨地区使用的土地，其纳税地点由各省、自治区、直辖市地方税务局确定。

任务实训

一、理论知识训练

1. 单项选择题

（1）某公司在2021年占地100 000平方米，其中办公楼占地60 000平方米，公司内部绿化占地28 000平方米，公司附属医院占地12 000平方米，公司所在地城镇土地使用税年税额为每平方米2元。该公司2021年应缴纳的城镇土地使用税为（　　　　）元。

A. 100 000　　　　　B. 88 000　　　　　C. 72 000　　　　　D. 60 000

（2）某公司与某公立幼儿园共同拥有某建筑物的土地使用权。该建筑物占地面积为5 000平方米，建筑面积为50 000平方米，该公司与幼儿园的占用比例为4∶1，该公司所在市城镇土地使用税年税额为每平方米5元。该公司全年应缴纳城镇土地使用税（　　　　）元。

A. 25 000　　　　　B. 20 000　　　　　C. 5 000　　　　　D. 0

2. 多项选择题

（1）城镇土地使用税采用有幅度的差别税率，下列城镇土地使用税年税额正确的有（　　　　）。

A. 大城市，1.5～30元/平方米

B. 小城市，0.9～18元/平方米

C. 中等城市，1.2～24元/平方米

D. 县城、建制镇、工矿区，0.6～12元/平方米

（2）下列用地中，不需要缴纳城镇土地使用税的有（　　　　）。

A. 国家机关自用用地　　　　　　　　B. 宗教寺庙用地

C. 市政街道公共用地　　　　　　　　D. 盐矿的盐井用地

（3）下列关于城镇土地使用税纳税义务发生时间的表述中，不正确的有（　　　　）。

A. 纳税人新征用的非耕地，自批准征用之月起缴纳城镇土地使用税

B. 纳税人出租房产，自合同约定应付租金日期的当月起缴纳城镇土地使用税

C. 纳税人购置新建商品房，自房屋交付使用之月起缴纳城镇土地使用税

D. 纳税人新征用的耕地，自批准征用之月开始缴纳城镇土地使用税

二、综合能力训练

1. 用思维导图软件，画出城镇土地使用税的知识结构图。
2. 以办税员的身份解决公司城镇土地使用税的申报问题。

三、思政园地

扫描二维码并阅读《一张图看懂中国的高铁战略》一文，思考建设高铁与经济的发展有何关联。

阅读材料：一张图看懂
中国的高铁战略

■ 任务评价

评价类目	评价内容及标准	分值	自己评分	小组评分	教师评分
学习态度	√ 全勤（5分）	10			
	√ 遵守课堂纪律（5分）				
学习过程	➢ 能说出本任务的学习目标（5分）	40			
	➢ 上课积极发言，积极回答"想一想"中的问题（5分）				
	➢ 掌握城镇土地使用税的征税范围（10分）				
	➢ 知道城镇土地使用税的各级税率（10分）				
	➢ 能够描述城镇土地使用税的申报过程（10分）				
学习结果	◆ "理论知识训练"考评（2分×5＝10分）	50			
	◆ "综合能力训练"考评（10分×2＝20分）				
	◆ "思政园地"考评（20分）				
合计		100			
所占比例/%		100	30	30	40
综合评分					

任务7.6　多赚多缴割麦人——土地增值税

■ 工作任务单及思维导图

工作任务	土地增值税的申报	教学模式	任务驱动
建议学时	1	教学地点	一体化实训室
任务描述	假设你是某公司的办税员。该公司位于某县城，于2021年4月初签订土地转让合同，以转让方式取得1万平方米土地，其取得土地使用权支付1 000万元。该公司在2021年4月底对此地块进行三通一平建设，建设费用为200万元，并在当年签订合同，将三通一平后此地块的2/5转让给另一家企业，转让收入为500万元。请问该公司应缴纳的土地增值税是多少？		

续表

学习目标	知识目标	1. 熟悉土地增值税的概念； 2. 熟记土地增值税的各级税率
	能力目标	1. 掌握土地增值税的计算方法； 2. 能够正确申报土地增值税
	思政目标	1. 树立坚定的服务信念，紧守职业底线； 2. 提升职业能力，成为精益求精的税务人
KPI 指标	土地增值申报流程掌握到位	

思维导图

```
                    纳税人 ——— 转让国有土地使用权、地上建筑物
                              及其附着物并取得收入的单位和个人

                              转让国有土地使用权
                              出让国有土地使用权
                              转让地上建筑物及其附着物产权
                              合作建房，建成之后转让
                    征税范围    抵偿
                                                      用于职工福利、奖励、对外
                                                      投资、分配给股东或投资人、
                              房地产开发企业的开发产品 ——  抵偿债务、换取其他单位和
土地增值税                                              个人的非货币性资产等
                              纳税人建造普通标准住宅出售 —— 增值额超过扣除项目金额20%

                    计税公式 —— 增值额=不含增值税的房地产转让收入－扣除项目金额
                              增值率=增值额÷扣除项目金额×100%

                    税率 ——— 实行4级超率累进税率
                            应纳税额=增值额×适用税率－扣除项目金额×速算扣除系数

                    计算要点 —— 新建房
                              旧房及建筑物
```

任务实施

想一想

　　土地增值税作为我国唯一采用超率累进税率的税种，征收比例相当高，在房地产企业拿地成本中占有很高比例。

　　请同学们思考为什么国家要征收如此高昂的土地增值税。

_____

_____

_____

国务院于 1993 年 12 月 13 日制定颁布了《中华人民共和国土地增值税暂行条例》（以下简称《土地增值税暂行条例》），并于 1994 年 1 月 1 日起施行。1995 年 1 月 27 日，财政部颁布了《中华人民共和国土地增值税暂行条例实施细则》（以下简称《实施细则》），即日起施行。

7.6.1　土地增值税相关概念

（1）土地增值税，是指转让国有土地使用权、地上的建筑物及其附着物并取得收入的单位和个人，以转让所取得的收入（包括货币收入、实物收入和其他收入）减去法定扣除项目金额后的增值额为计税依据向国家缴纳的一种税赋，不包括以继承、赠予方式无偿转让房地产的行为。

①转让，是指把自己的东西或合法利益或权利让给他人，有产权、债权、资产、股权、营业、著作权、知识产权、经营权、租赁权等。

②增值额，是指纳税人转让房地产所取得的收入，减去取得土地使用权时所支付的土地价款、土地开发成本、地上建筑物成本及有关费用、销售税金等规定的扣除项目金额后的余额。

（2）土地增值税的纳税人为转让国有土地使用权、地上建筑物及其附着物并取得收入的单位和个人。

（3）土地增值税的征税范围具体包括以下内容。

①土地增值税只对"转让"国有土地使用权的行为征税，对"出让"国有土地使用权的行为不征税。

②土地增值税既对转让国有土地使用权的行为征税，也对转让地上建筑物及其他附着物产权的行为征税。

③土地增值税只对"有偿转让"的房地产征税，对以"继承、赠与"等方式无偿转让的房地产，不予征税。不予征收土地增值税的行为主要包括两种。

a. 房产所有人、土地使用人将房产、土地使用权赠与"直系亲属或者承担直接赡养义务人"。

b. 房产所有人、土地使用人通过中国境内非营利的社会团体、国家机关将房屋产权、土地使用权赠与教育，民政和其他社会福利、公益事业。

（4）土地增值税的计税依据，是纳税人转让房地产所取得的增值额，即纳税人转让房地产的收入减除税法规定的扣除项目金额后的余额。计算公式为：

$$增值额 = 房地产转让收入 - 扣除项目金额。$$

（5）土地增值税的税率。土地增值税实行 4 级超率累进税率，如表 7 – 4 所示。

表 7 – 4　土地增值税的税率

级数	增值额与扣除项目金额的比率	税率/%	速算扣除系数/%
1	不超过 50% 的部分	30	0
2	超过 50% 至 100% 的部分	40	5
3	超过 100% 至 200% 的部分	50	15
4	超过 200% 的部分	60	35

7.6.2　土地增值税应纳税额计算

根据《土地增值税暂行条例》的规定，土地增值税按照纳税人转让房地产所取得的土地增值额和规定的税率计算征收。其计算公式为：

土地增值税应纳税额 = Σ(每级距的土地增值额 × 适用税率)

在实际工作中，分步计算比较烦琐，一般可以采用速算扣除法计算，即

土地增值税应纳税额 = 土地增值额 × 适用税率 − 扣除项目金额 × 速算扣除系数

土地增值税计算的相关规定如表7-5所示。

表7-5 土地增值税计算的相关规定

项目		具体规定	
新建房（以房地产企业新建房项目为例）	取得土地使用权所支付的金额	地价款 + 相关费用和税金	
	房地产开发成本	包括土地征用及拆迁补偿费、前期工程费、建筑安装工程费、基础设施费公共配套设施费和开发间接费用等	
	房地产开发费用	利息支出能分摊能证明	利息 + 前2项之和 × 5%以内
		利息支出不能分摊或不能证明	前2项之和 × 10%以内
	与转让房地产有关的税金	城市维护建设税及教育费附加（【非房地产企业】城市维护建设税及教育费附加、印花税）	
旧房及建筑物	加计扣除	前2项之和 × 20%（【非房地产企业】无该扣除项目）	
	按评估价格扣除	扣除项目包括：旧房及建筑物的评估价格；取得土地使用权所支付的地价款和按国家统一规定缴纳的有关费用和税金；转让环节缴纳的税金	
	按购房发票金额计算扣除	适用情形	不能取得评估价格，但能提供购房发票，经当地税务部门确认
		扣除项目	按发票所载金额并从购买年度起至转让年度止，每年加计5%计算的金额；转让环节缴纳的税金，包括城市维护建设税及教育费附加、印花税、购房时缴纳的契税（需提供契税的完税证明）

7.6.3 土地增值税清算

（1）符合下列情形之一的，纳税人应当进行土地增值税清算。

①房地产开发项目全部竣工，完成销售的。

②整体转让未竣工决算房地产开发项目的。

③直接转让土地使用权的。

（2）符合下列情形之一的，主管税务机关可要求纳税人进行土地增值税清算。

①已竣工验收的房地产开发项目，已转让的房地产建筑面积占整个项目可售建筑面积的比例在85%以上，或该比例虽未超过85%，但剩余的可售建筑面积已经出租或自用的。

②取得销售（预售）许可证满3年仍未销售完毕的。

③纳税人申请注销税务登记，但未办理土地增值税清算手续的。

7.6.4 土地增值税纳税申报

（1）土地增值税的纳税期限。土地增值税的纳税人应在转让房地产合同签订后的7日内，

向房地产所在地主管税务机关办理纳税申报，并向税务机关提交房屋及建筑物产权、土地使用权证书，土地转让、房产买卖合同，房地产评估报告及其他与转让房地产有关的资料。纳税义务人因经常发生房地产转让而难以在每次转让后申报的，经税务机关审核同意后，可以按月或按季定期进行纳税申报，具体期限由主管税务机关根据情况确定。

（2）土地增值税的纳税地点。土地增值税的纳税人应向房地产所在地主管税务机关办理纳税申报，并在税务机关核定的期限内缴纳土地增值税。这里所说的"房地产所在地"，是指房地产的坐落地。纳税人转让的房地产坐落在两个或两个以上地区的，应按房地产所在地分别申报纳税。

在实际工作中，纳税地点的确定又可分为以下两种情况。

①纳税人是法人的，当转让的房地产坐落地与其机构所在地或经营所在地一致时，在办理税务登记的原管辖税务机关申报即可；当转让的房地产坐落地与其机构所在地或经营所在地不一致时，则应在房地产坐落地税务机关申报纳税。

②纳税人是自然人的，当转让的房地产坐落地与其居住所在地一致时，在其居住所在地税务机关申报纳税；当转让的房地产坐落地与其居住所在地不一致时，在办理过户手续所在地税务机关申报纳税。

■ 任务实训

一、理论知识训练

1. 单项选择题

（1）某公司为一般纳税人，该公司在2021年5月转让2019年自建的写字楼，取得含增值税收入1 000万元。土地增值税计算中为取得土地使用权所支付的金额为100万元，房地产开发成本为400万元，房地产开发费用为80万元（经税务机关批准可全额扣除），与转让房地产有关的税金为18.82万元（不含增值税和印花税），该公司选择一般计税方法。计算该公司应缴纳的土地增值税时，扣除项目的金额为（　　　　）万元。

A. 698.82　　　　B. 598.82　　　　C. 518.82　　　　D. 580

（2）土地增值税实行（　　　）级超率累进税率。

A. 6　　　　　　B. 5　　　　　　C. 4　　　　　　D. 3

2. 多项选择题

（1）土地增值税纳税人可以为（　　　　　　）。

A. 外资企业　　　　B. 集体企业　　　　C. 大学　　　　D. 农民

（2）下列各项中，需要缴纳土地增值税的是（　　　　　　）。

A. 与事业单位换房的外资企业

B. 合作建房后出售房产的合作企业

C. 转让国有土地使用权的企业

D. 将办公楼用于抵押的企业（处于抵押期间）

（3）下列情形中，纳税人应当进行土地增值税清算的有（　　　　　　）。

A. 直接转让土地使用权的

B. 整体转让未竣工决算房地产开发项目的

C. 房地产开发项目全部竣工并完成销售的

D. 取得销售（预售）许可证3年仍未销售完的

二、综合能力训练

1. 用思维导图软件，画出土地增值税的知识结构图。
2. 以办税员的身份解决公司土地增值税的计算问题。

三、思政园地

扫描二维码并阅读《漩涡中的"深房理"：粉丝 728 万买房，半年后被 660 万拍卖》一文，思考国家征收土地增值税的主要作用。

阅读材料：漩涡中的"深房理"：粉丝 728 万买房，半年后被 660 万拍卖

任务评价

评价类目	评价内容及标准	分值	自己评分	小组评分	教师评分
学习态度	√ 全勤（5分） √ 遵守课堂纪律（5分）	10			
学习过程	➤ 能说出本任务的学习目标（5分） ➤ 上课积极发言，积极回答"想一想"中的问题（5分） ➤ 掌握土地增值税的征税范围（10分） ➤ 知道土地增值税的各级税率（10分） ➤ 能够描述土地增值税的申报过程（10分）	40			
学习结果	◆ "理论知识训练"考评（2分×5＝10分） ◆ "综合能力训练"考评（10分×2＝20分） ◆ "思政园地"考评（20分）	50			
合计		100			
所占比例/%		100	30	30	40
综合评分					

任务7.7　一视同仁环保人——车船使用税

工作任务单及思维导图

工作任务	车船使用税的申报	教学模式	任务驱动
建议学时	1	教学地点	一体化实训室
任务描述	某船运公司在 2021 年 3 月购置机动船 5 艘，每艘净吨位为 2 000 吨，该船运公司适用的车船使用税为每吨 4 元，计算车船使用税应纳税额。		

续表

学习目标	知识目标	1. 熟悉车船使用税的概念； 2. 熟记车船使用税的各级税率
	能力目标	1. 掌握车船使用税的计算方法； 2. 能够正确申报车船使用税
	思政目标	1. 树立坚定的服务信念，紧守职业底线； 2. 提升职业能力，成为精益求精的税务人
KPI 指标	正确计算与申报车船使用税	
思维导图		

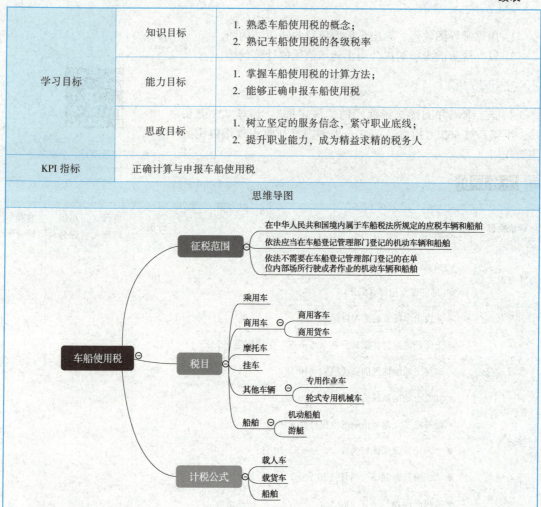

任务实施

想一想

　　湖南省株洲市的王先生今年已经 50 岁了，他的女儿小王在 2021 年 5 月买了一辆宝马汽车来孝敬辛苦一生的父亲，并把车险和车船使用税都交齐了，之后把手续文件给了王先生，并嘱咐他每年按时缴纳车险和车船使用税。王先生突然问道："车船使用税？车船使用税是什么啊？开车还要交税？"对这个问题小王无法回答，你可以帮小王回答一下吗？

　　车船使用税现行的主要法律依据是国务院颁布并于 2007 年 1 月 1 日起实施的《中华人民共和国车船税暂行条例》。2011 年 2 月 25 日，第十一届全国人大常委会第十九次会议通过了

《中华人民共和国车船税法》（以下简称《车船税法》），自2012年1月1日起施行。作为我国首部由暂行条例上升为法律的税法和第一部地方税法、财产税法，《车船税法》的颁布体现了税收法定原则，意味着我国地方税体系逐步得到健全和完善。我国对车船征税始于20世纪40年代，车船使用税是典型的从量税，根据船舶的吨位和车辆的排量来计征，作为对于环境的代偿在缴纳交通强制险时按年缴纳。

7.7.1　车船使用税相关概念

（1）车船使用税是对行驶于公共道路的车辆和航行于国内河流、湖泊或领海口岸的船舶，按照其种类（如机动车辆、非机动车辆、载人汽车、载货汽车等）、吨位和规定的税额计算征收的一种行为税。

①公共道路即公路，公路是指经公路主管部门验收认定的城间、城乡间、乡间能行驶汽车的公共道路。

②行为税是国家为了对某些特定行为进行限制或开辟某些财源而课征的一类税收。

（2）车船使用税的征税范围具体包括以下内容。

①依法应当在车船登记管理部门登记的机动车辆和船舶。

②依法不需要在车船登记管理部门登记的在单位内部场所行驶或者作业的机动车辆和船舶。

（3）车船使用税的纳税义务人，是指《车船税法》规定的车辆、船舶（以下简称车船）的所有人或者管理人。

（4）车船使用税的计税依据，按其征税对象的性质、计税标准分别为辆、整备质量每吨、净吨位、长度。

①按"辆"征收，主要适用于乘用车、商用车客车、摩托车。

②按"整备质量每吨"征收，主要适用于货车、挂车、专用作业车、轮式专用机械车。

③按"净吨位"征收，主要适用于机动船舶。

④按"长度"征收，主要适用于游艇。

（5）车船使用税的税率。车船使用税实行定额税率，即对应税车船规定单位固定税额。车船使用税的单位税额，采取幅度税额，即对各类车船分别规定一个最低到最高幅度的年税额，各省、自治区、直辖市人民政府可在国家规定的幅度范围内，结合本地区的实际情况，规定本地区的单位税额，具体如表7-6所示。

表7-6　车船使用税税目税额表

税目		计税标准	每年税额/元
乘用车［按发动机汽缸容量（排气量）分挡］	1.0升（含）以下	辆	270
	1.0升以上至1.6升（含）		390
	1.6升以上至2.0升（含）		450
	2.0升以上至2.5升		900
	2.5升以上至3.0升		1 800
	3.0升以上至4.0升		3 000
	4.0升以上		4 500

续表

税目		计税标准	每年税额/元
商用车	大型客车［核定载客人数在20（含）人以上］	辆	1 140
	中型客车（核定载客人数大于9人且小于20人）	辆	960
	货车	整备质量每吨	96
	挂车	整备质量每吨	按照货车税额的50%计算
其他车辆	专用作业车	整备质量每吨	96
	轮式专用机械车		96
摩托车		辆	120
机动船舶	净吨位不超过200吨的	净吨位	3
	净吨位超过200吨，但不超过2 000吨的		4
	净吨位超过2 000吨，但不超过10 000吨的		5
	净吨位超过10 000吨的		6
游艇	艇身长度不超过10米的	长度	600
	艇身长度超过10米，但不超过18米的		900
	艇身长度超过18米，但不超过30米的		1 300
	艇身长度超过30米的		2 000
	辅助动力帆艇		600

7.7.2　车船使用税税额计算

车船使用税实行从量定额征税方法。

（1）载人车项目（包括乘用车、摩托车、商用客车）计算公式。

$$应纳税额 = 辆数 × 适用年基准税额$$

（2）载货车项目计算公式。

①商用货车：应纳税额 = 整备质量吨位数 × 适用年基准税额。

②挂车：应纳税额 = 整备质量吨位数 × 适用年基准税额 × 50%。

③专用作业车和轮式专用机械车：应纳税额 = 整备质量吨位数 × 适用年基准税额。

（3）船项目计算公式。

①拖船、非机动驳船：应纳税额 = 净吨位数 × 机动船舶适用年基准税额 × 50%。

②其他机动船舶：应纳税额 = 净吨位数 × 适用年基准税额。

③游艇：应纳税额 = 艇身长度 × 适用年基准税额。

7.7.3　车船使用税优惠政策

（1）捕捞、养殖渔船，免征车船使用税。

（2）军队、武装警察部队专用的车船，免征车船使用税。

（3）警用车船，免征车船使用税。

（4）悬挂应急救援专用号牌的国家综合性消防救援车辆和国家综合性消防救援船舶，免征车船使用税。

（5）依照法律规定应当予以免税的外国驻华使领馆、国际组织驻华代表机构及其有关人员的车船，免征车船使用税。

（6）新能源车船，免征车船使用税。

（7）节约能源汽车，减半征收车船使用税。免征车船使用税的新能源汽车是指纯电动"商用车"、插电式（含增程式）混合动力汽车、燃料电池"商用车"。纯电动"乘用车"和燃料电池"乘用车"不属于车船使用税征税范围，对其不征车船使用税。

（8）授权省级政府规定的减免税项目：受地震、洪涝等严重自然灾害影响而纳税困难以及其他特殊原因确需减免税的车船，减征或免征车船使用税；公共交通车船，农村居民拥有并主要在农村地区使用的摩托车、三轮汽车和低速载货汽车，根据实际情况定期减征或者免征车船使用税。

7.7.4 车船使用税纳税申报

（1）车船使用税纳税义务发生时间，为取得车船所有权或者管理权的当月。当月，是以购买车船的发票或者其他证明文件所载日期的当月为准。纳税人未按规定到车船管理部门办理应税车船登记手续的，以车船购置发票开具时间所在的当月作为车船税纳税义务发生时间。对未办理应税车船登记手续且无法提供车船购置发票的，由主管地方税务机关核定纳税义务发生时间。

购置的新车船，购置当年的应纳税额自纳税义务发生的当月起按月计算。应纳税额为年应纳税额除以12再乘以应纳税月份数。

（2）车船使用税纳税期限。车船使用税按年申报缴纳，纳税年度自公历1月1日起至12月31日止。具体纳税期限由省、自治区、直辖市人民政府确定，由扣缴义务人代收代缴车车船使用税的，纳税人应当在购买机动车交通事故责任强制保险的同时缴纳车船使用税。

（3）车船使用税纳税地点。车船使用税由地方税务机关负责征收，纳税地点由省、自治区、直辖市人民政府根据当地实际情况确定。跨省、自治区、直辖市使用的车船，纳税地点为车船的登记地。保险机构应当在收取机动车第三者责任强制保险费时依法代收车船使用税，并将注明已收税款信息的机动车第三者责任强制保险单及保费发票作为代收税款凭证。纳税人在购买机动车交通事故责任强制保险时缴纳车船使用税的，不再向地方税务机关申报纳税。

任务实训

一、理论知识训练

1. 单项选择题

（1）A企业在2021年5月购入整备质量6吨的挂车3辆；10月，年初购进的1辆小轿车被盗，取得了公安机关证明，当地载货汽车车船使用税年税额为每吨60元，小轿车适用的车船使用税年税额为每辆300元，该企业2021年实际应缴纳车船使用税（　　）元。

A. 900　　　　　　B. 600　　　　　　C. 585　　　　　　D. 550

（2）下列有关车船使用税申报，符合税法规定的有（　　）。

A. 按月申报，年终汇算清缴　　　　　　B. 按季申报，年终汇算清缴

C. 按半年申报，年终汇算清缴　　　　D. 按年申报，分月计算，一次性缴纳

2. 多项选择题

（1）下列车辆，应缴纳车船使用税的有（　　　　）。

A. 挂车　　　　　　　　　　　　　B. 商用客车

C. 摩托车　　　　　　　　　　　　D. 游艇

（2）下列车船，在征收车船使用税的过程中，不是以"辆"为计税单位的有（　　　　）。

A. 机动船舶　　　　　　　　　　　B. 商用货车

C. 摩托车　　　　　　　　　　　　D. 低速货车

（3）下列车船，可以免征车船使用税的有（　　　　）。

A. 拖拉机　　　　　　　　　　　　B. 使用新能源的车辆

C. 养殖渔船　　　　　　　　　　　D. 武警专用车船

二、综合能力训练

1. 用思维导图软件，画出车船使用税的知识结构图。

2. 以税收管理员的口吻回答"想一想"中王先生提出的问题。

三、思政园地

扫描二维码并阅读《环保：汽车尾气污染到底有多严重?》一文，思考国家征收车船使用税的意义。

阅读材料：环保：汽车尾气污染到底有多严重?

任务评价

评价类目	评价内容及标准	分值	自己评分	小组评分	教师评分
学习态度	√ 全勤（5分）	10			
	√ 遵守课堂纪律（5分）				
学习过程	➤ 能说出本任务的学习目标（5分）	40			
	➤ 上课积极发言，积极回答"想一想"中的问题（5分）				
	➤ 掌握车船使用税的征税范围（10分）				
	➤ 知道车船使用税的各级税率（10分）				
	➤ 能够描述车船使用税的申报过程（10分）				
学习结果	◆ "理论知识训练"考评（2分×5＝10分）	50			
	◆ "综合能力训练"考评（10分×2＝20分）				
	◆ "思政园地"考评（20分）				
合计		100			
所占比例/%		100	30	30	40
综合评分					

任务7.8 购车小费收银员——车辆购置税

工作任务单及思维导图

工作任务	车辆购置税的申报	教学模式	任务驱动
建议学时	1	教学地点	一体化实训室
任务描述	刘小姐于2021年6月购置了一辆长安小轿车自用，支付了购车款150 000元（含增值税），购买专用工具支付了3 000元，支付了车辆装饰费7 000元，各项价款由汽车专营店统一开具了"机动车销售统一发票"，合计金额为160 000元。请问刘小姐应缴纳的车辆购置税是多少？		
学习目标	知识目标	1. 熟悉车辆购置税的概念； 2. 熟记车辆购置税的各级税率	
	能力目标	1. 掌握车辆购置税的计算方法； 2. 能够正确申报车辆购置税	
	思政目标	1. 树立坚定的服务信念，紧守职业底线； 2. 提升职业能力，成为精益求精的税务人	
KPI指标	车辆购置税申报流程掌握到位		

思维导图

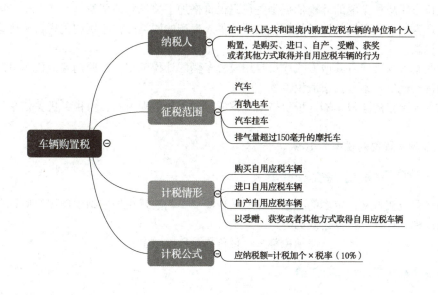

- 车辆购置税
  - 纳税人 —— 在中华人民共和国境内购置应税车辆的单位和个人
    购置，是购买、进口、自产、受赠、获奖或者其他方式取得并自用应税车辆的行为
  - 征税范围 —— 汽车
    有轨电车
    汽车挂车
    排气量超过150毫升的摩托车
  - 计税情形 —— 购买自用应税车辆
    进口自用应税车辆
    自产自用应税车辆
    以受赠、获奖或者其他方式取得自用应税车辆
  - 计税公式 —— 应纳税额=计税加个×税率（10%）

▌任务实施

> ❋ **想一想**
>
> 　　购买超豪华小汽车不但要承担高昂的消费税，还需要缴纳计税价格10%的车辆购置税。有人戏称超豪华小汽车也是交税大礼包。为什么要针对超豪华小汽车征收这么多的税？请同学们谈谈自己的看法。
>
> _____
>
> _____
>
> _____

　　2018年12月29日，中华人民共和国第十三届全国人民代表大会常务委员会第七次会议通过了《中华人民共和国车辆购置税法》（以下简称《车辆购置税法》），从2019年7月1日起施行。车辆购置税是消费者在购买车辆时随着购置款一起缴纳的一项支出。车辆购置税的计征方式决定了其税款随着购置费用的增加而增加的特性，并且必须在购车时全款支付。

7.8.1　车辆购置税相关概念

　　（1）车辆购置税是对在中国境内购置规定车辆的单位和个人征收的一种税，它由车辆购置附加费演变而来。

　　（2）车辆购置税的纳税义务人，为购置（包括购买、进口、自产、受赠、获奖或以其他方式取得并自用）应税车辆的单位和个人。

　　（3）车辆购置税的征税范围，包括汽车、摩托车、电车、挂车、农用运输车。

　　（4）车辆购置税的计税依据，具体分为以下几种情况。

　　①购买自用应税车辆的计税依据是纳税人实际支付给销售者的全部价款，不包括增值税税款。

　　②进口自用应税车辆的计税依据是关税完税价格加上关税和消费税。

　　③自产自用应税车辆的计税依据，按照纳税人生产的同类应税车辆的销售价格确定，不包括增值税税款。

　　④以受赠、获奖或者其他方式取得自用应税车辆的计税依据，按照购置应税车辆时相关凭证载明的价格确定，不包括增值税税款。

　　⑤纳税人申报的应税车辆计税价格明显偏低，又无正当理由的，由税务机关依法核定其应纳税额。

　　（5）车辆购置税的税率为10%。

7.8.2　车辆购置税应纳税额计算

　　车辆购置税实行从价定率的办法计算应纳税额，车辆购置税的应纳税额按照应税车辆的计税价格乘以税率计算。计算公式为：

$$应纳税额 = 计税价格 \times 税率(10\%)$$

7.8.3　车辆购置税优惠政策

　　享有免税政策的车辆类型如下。

　　（1）依照法律规定应当予以免税的外国驻华使馆、领事馆和国际组织驻华机构及其有关人员自用的车辆。

（2）中国人民解放军和中国人民武装警察部队列入装备订货计划的车辆。

（3）悬挂应急救援专用号牌的国家综合性消防救援车辆。

（4）设有固定装置的非运输专用作业车辆（如洒水车、高空作业车）。

（5）城市公交企业购置的公共汽电车辆。

7.8.4　车辆购置税纳税申报

（1）车辆购置税纳税义务发生时间。

①购买自用应税车辆的纳税义务发生时间为购买之日，即车辆相关价格凭证的开具日期。

②进口自用应税车辆的纳税义务发生时间为进口之日，即《海关进口增值税专用缴款书》或者其他有效凭证的开具日期。

③自产、受赠、获奖或者以其他方式取得并自用应税车辆的纳税义务发生时间为取得之日，即合同、法律文书或者其他有效凭证的生效或者开具日期。

（2）车辆购置税纳税地点。纳税人应到下列地点办理车辆购置税纳税申报。

①需要办理车辆登记的，向车辆登记地的主管税务机关申报纳税。

②不需要办理车辆登记的，单位纳税人向其机构所在地的主管税务机关申报纳税，个人纳税人向其户籍所在地或者经常居住地的主管税务机关申报纳税。

（3）车辆购置税纳税期限。纳税人应当自纳税务义务发生之日起60日内申报缴纳车辆购置税。

任务实训

一、理论知识训练

1. 单项选择题

（1）某汽车制造公司在2021年6月将自产轿车5辆转作本公司的固定资产，该汽车制造公司应纳车辆购置税的计税依据是（　　　　）。

A. 最高售价　　　　　　　　　　　　B. 最低售价

C. 平均售价　　　　　　　　　　　　D. 生产的同类应税车辆的销售价格

（2）车辆购置税适用的税率是（　　　　）。

A. 20%　　　　　　B. 15%　　　　　　C. 10%　　　　　　D. 5%

2. 多项选择题

（1）下列人员中，属于车辆购置税纳税人的是（　　　　　）。

A. 应税车辆购买者　　　　　　　　　B. 应税车辆受赠者

C. 应税车辆获奖者　　　　　　　　　D. 应税车辆进口者

（2）下列车辆中，可以免缴车辆购置税的是（　　　　　）。

A. 中国人民解放军列入装备订货计划的车辆

B. 悬挂应急救援专用号牌的国家综合性消防救援车辆

C. 设有固定装置的洒水车

D. 城市公交企业购置的公共汽电车辆

（3）下列各项中，不符合车辆购置税相关规定的有（　　　　　　）。

A. 购买自用排气量为200毫升的摩托车的计税依据是支付的全部价款，含增值税

B. 受赠使用车辆不征收车辆购置税

C. 纳税人进口自用应税车辆的计税价格，为关税完税价格

D. 纳税人自产自用应税车辆的计税价格，按照纳税人生产同类应税车辆的销售价格确定

二、综合能力训练

1. 用思维导图软件，画出车辆购置税的知识结构图。
2. 以税收管理员的身份解决刘小姐的问题。

阅读材料：杭州
飙车案始末

三、思政园地

扫描二维码并阅读《杭州飙车案始末》一文，思考国家征收车辆购置税的意义。

任务评价

评价类目	评价内容及标准	分值	自己评分	小组评分	教师评分
学习态度	√ 全勤（5分） √ 遵守课堂纪律（5分）	10			
学习过程	➤ 能说出本任务的学习目标（5分） ➤ 上课积极发言，积极回答"想一想"中的问题（5分） ➤ 掌握车辆购置税的征税范围（10分） ➤ 知道车辆购置税的优惠政策（10分） ➤ 能够描述车辆购置税的申报过程（10分）	40			
学习结果	◆ "理论知识训练"考评（2分×5＝10分） ◆ "综合能力训练"考评（10分×2＝20分） ◆ "思政园地"考评（20分）	50			
合计		100			
所占比例/%		100	30	30	40
综合评分					

任务7.9　农业用地保护者——耕地占用税

工作任务单及思维导图

工作任务	耕地占用税的申报	教学模式	任务驱动
建议学时	1	教学地点	一体化实训室
任务描述	假设你是一名税收管理员。A县在2021年按批次申请用地2 000亩①，其中耕地1 300亩、其他农用地700亩。因为该批次用地尚未确定具体用地人，所以由县国土部门代表政府统一办理了农用地转用批准文件。请问应如何认定耕地占用税的纳税人？		

---

① 1亩≈666.67平方米。

续表

学习目标	知识目标	1. 熟悉耕地占用税的概念； 2. 熟记耕地占用税的各级税率
	能力目标	1. 掌握耕地占用税的计算方法； 2. 能够正确申报耕地占用税
	思政目标	1. 树立坚定的服务信念，紧守职业底线； 2. 提升职业能力，成为精益求精的税务人
KPI 指标		正确计算与申报耕地占用税

思维导图

任务实施

❀ 想一想

李子柒等网红演绎田园生活唯美别致，引发大批富豪到农村圈地兴建别墅。
你对耕地被占用来建造豪宅的行为有什么看法？有什么办法阻止这种行为吗？

_____

_____

_____

1987 年 4 月 1 日，国务院颁布《中华人民共和国耕地占用税暂行条例》。2018 年 12 月 29 日第十三届全国人大常委会第七次会议通过了《中华人民共和国耕地占用税法》，自 2019 年 9 月 1 日起施行。耕地占用税是国家税收的重要组成部分，开征耕地占用税是为了合理利用土地资源，加强土地管理，保护农用耕地。其作用主要表现在，利用经济手段限制乱占滥用耕地行为，促进农业生产的稳定发展；补偿占用耕地所造成的农业生产力的损失，为大规模的农业综合开发提供必要的资金来源。

7.9.1　耕地占用税相关概念

（1）耕地占用税是对占用耕地建房或从事其他非农业建设的单位和个人征收的税。

（2）耕地占用税的征税范围，包括纳税人为建设建筑物、构筑物或从事其他非农业建设而占用的国家所有和集体所有的耕地。具体包括种植农作物耕地（曾用于种植农作物的耕地）、鱼塘、园地、菜地和其他农业用地，如人工种植草场和已开发种植农作物或从事水产养殖的滩涂等。

①耕地，是指用于种植农作物的土地。

②占用园地、林地、草地、农田水利用地、养殖水面、渔业水域滩涂以及其他农业用地建设建筑物、构筑物或者从事非农业建设的，按规定缴纳耕地占用税。

③占用上述农业用地建设直接为农业生产服务的生产设施的，不缴纳耕地占用税。

（3）耕地占用税的纳税义务人，为在我国境内占用耕地建设建筑物、构筑物或者从事非农业建设的单位和个人。单位，包括企事业单位、社会团体、国家机关、部队以及其他单位；个人，包括个体工商户、农村承包经营户以及其他个人。

（4）耕地占用税的计税依据，耕地占用税以纳税人占用的耕地面积为计税依据，以每平方米为计税单位，按照规定的适用税额一次性征收。

（5）耕地占用税的税率。耕地占用税实行有幅度的地区差别定额税率，税率具体标准如下。

①耕地极少地区，人均耕地不超过1亩的地区（以县、自治县、不设区的市、市辖区为单位，下同），每平方米为10~50元。

②耕地较少地区，人均耕地超过1亩，但不超过2亩的地区，每平方米为8~40元。

③耕地偏少地区，人均耕地超过2亩，但不超过3亩的地区，每平方米为6~30元。

④耕地富足地区，人均耕地超过3亩的地区，每平方米为5~25元。

（6）耕地占用税税率相关规定。

①各地区耕地占用税的适用税额，由省、自治区、直辖市人民政府根据人均耕地面积和经济发展等情况，在法定的税额幅度内提出，报同级人民代表大会常务委员会决定，并报全国人民代表大会常务委员会和国务院备案。各省、自治区、直辖市耕地占用税适用税额的平均水平，不得低于法定的平均税额。

②在人均耕地低于0.5亩的地区，省、自治区、直辖市可以根据当地经济发展情况，适当提高耕地占用税的适用税额，但提高的部分不得超过法定的当地适用税额的50%。

③占用基本农田的，应当按照法定的当地适用税额，加按150%征收。

④占用园地、林地、草地、农田水利用地、养殖水面、渔业水域滩涂以及其他农业用地建设建筑物、构筑物或者从事非农业建设的，适用税额可以适当低于本地区确定的适用税额，但降低的部分不得超过50%。

7.9.2　耕地占用税应纳税额计算

耕地占用税以纳税人实际占用的耕地面积为计税依据，以每平方米土地为计税单位，按适用的定额税率计税。其计算公式为：

$$应纳税额 = 纳税人实际占用的耕地面积（平方米） \times 适用税额$$

7.9.3　耕地占用税优惠政策

（1）军事设施、学校、幼儿园、社会福利机构、医疗机构占用耕地，免征耕地占用税。

①学校内经营性场所和教职工住房占用耕地的，按照当地适用税额缴纳耕地占用税。

②医疗机构内职工住房占用耕地的，按照当地适用税额缴纳耕地占用税。

（2）农村居民在规定用地标准以内占用耕地新建自用住宅，按照当地适用税额减半征收耕地占用税；其中农村居民经批准搬迁，新建自用住宅占用耕地不超过原宅基地面积的部分，免征耕地占用税。

（3）农村烈士遗属、因公牺牲军人遗属、残疾军人以及符合农村最低生活保障条件的农村居民，在规定用地标准以内新建自用住宅，免征耕地占用税。

（4）铁路线路、公路线路、飞机场跑道、停机坪、港口、航道、水利工程占用耕地，减按每平方米2元的税额征收耕地占用税。

7.9.4　耕地占用税纳税申报

（1）耕地占用税纳税义务发生时间。耕地占用税纳税义务发生时间为纳税人收到自然资源主管部门办理占用耕地手续的书面通知的当日。未经批准占用应税土地的，耕地占用税纳税义务发生时间为纳税人实际占地的当天。

（2）耕地占用税纳税期限。耕地占用税纳税人依照税收法律法规及相关规定，应在获准占用应税土地收到土地管理部门的通知之日起30日内向主管地税机关申报缴纳耕地占用税；未经批准占用应税土地的纳税人，应在实际占地之日起30日内申报缴纳耕地占用税。

（3）耕地占用税纳税地点。耕地占用税由税务机关负责征收。纳税人占用耕地或其他农业用地，应当在耕地或其他农业用地所在地申报纳税。涉及集中征收、跨地区占地需要调整纳税地点的，由省地税机关确定。

任务实训

一、理论知识训练

1. 单项选择题

（1）A企业占用林地200万平方米建造花园式厂房，所占耕地适用的定额税率为20元/平方米，该企业应缴纳耕地占用税（　　）万元。

A. 4 000　　　　　　　B. 2 000　　　　　　　C. 1 000　　　　　　　D. 0

（2）耕地占用税是以纳税人（　　）为计税依据。

A. 占用的耕地面积　　　　　　　　　　B. 占用的用地面积

C. 建筑物的面积　　　　　　　　　　　D. 占用的农业用地面积

2. 多项选择题

（1）下列属于耕地占用税的征收范围的有（　　　　）。

A. 占用菜地建设游乐园　　　　　　　　B. 占用耕地建设农田水利

C. 占用耕地建设服装厂　　　　　　　　D. 占用苗圃用地建房

（2）下列项目占用耕地，可以免征耕地占用税的是（　　　　）。

A. 幼儿园占用耕地　　　　　　　　　　B. 军事设施占用耕地

C. 养老院占用耕地　　　　　　　　　　D. 医院占用耕地

（3）根据税法，耕地占用税是对占用耕地（　　　　）的单位和个人，就其实际占用的耕地面积征收的一种税，它属于对特定土地资源占用课税。

A. 从事农业建设　　　　　　　　　　　B. 建设构筑物

C. 从事非农业建设　　　　　　　　　　D. 建设建筑物

二、综合能力训练

1. 用思维导图软件，画出耕地占用税的知识结构图。
2. 以税收管理员的身份解决 A 县的问题。

三、思政园地

扫描二维码并阅读《什么是圈地运动?》一文，思考如果当时设置耕地占用税会对历史产生怎样的影响。

阅读材料：什么是圈地运动?

■ 任务评价

评价类目	评价内容及标准	分值	自己评分	小组评分	教师评分
学习态度	√ 全勤（5 分）	10			
	√ 遵守课堂纪律（5 分）				
学习过程	➤ 能说出本任务的学习目标（5 分）	40			
	➤ 上课积极发言，积极回答"想一想"中的问题（5 分）				
	➤ 掌握耕地占用税的征税范围（10 分）				
	➤ 知道耕地占用税的各级税率（10 分）				
	➤ 能够描述耕地占用税的申报过程（10 分）				
学习结果	◆ "理论知识训练"考评（2 分×5＝10 分）	50			
	◆ "综合能力训练"考评（10 分×2＝20 分）				
	◆ "思政园地"考评（20 分）				
合计		100			
所占比例/%		100	30	30	40
综合评分					

任务7.10　地球资源吹哨人——资源税

■ 工作任务单及思维导图

工作任务	资源税的申报	教学模式	任务驱动
建议学时	1	教学地点	一体化实训室
任务描述	假设你是某油田的办税员。该油田为增值税一般纳税人，在 2021 年 7 月对外销售原油 20 000 吨，取得不含税销售额 50 万元，在开采原油过程中用于加热修井自用原油 100 吨，非生产自用原油 900 吨。根据税法规定，请计算该油田应缴纳的资源税税款。		

续表

学习目标	知识目标	1. 熟悉资源税的概念； 2. 熟记资源税的各级税率
	能力目标	1. 掌握资源税的计算方法； 2. 能够正确申报资源税
	思政目标	1. 树立坚定的服务信念，紧守职业底线； 2. 提升职业能力，成为精益求精的税务人
KPI 指标	正确计算与申报资源税	
思维导图		

任务实施

※ 想一想

习近平总书记指出，绿水青山就是金山银山。这为我们建设生态文明、建设美丽中国提供了根本准则。深刻认识和把握"绿水青山就是金山银山"理念的逻辑，及时总结推广生态文明建设实践的鲜活经验，对于当前加快生态文明体制改革，建设美丽中国具有重要的理论和现实意义。为什么说金山银山不如绿水青山？请同学们谈谈自己的看法。

_____

_____

_____

自 2014 年 12 月 1 日起，经国务院批准，为了促进资源节约集约利用和环境保护、规范资源税费制度，实施煤炭资源税从价计征改革，同时清理相关收费基金，并同时调整原油、天然气资源税相关政策。2016 年 5 月 9 日，财政部、国家税务总局发布《关于全面推进资源税改革的通知》。此次改革目标为清费立税、实施矿产资源从价计征。此次资源税改革与水资源税试点改革自 2016 年 7 月 1 日起实施。2018 年 3 月 30 日，国家税务总局发布《资源税征收管理规程》的公告，进一步规范资源税征收管理。

7.10.1　资源税相关概念

（1）资源税是以各种应税自然资源为课税对象，为了调节资源级差收入并体现国有资源有偿使用而征收的一种税。所有开采者开采的所有应税资源都应缴纳资源税；同时，开采中优等资源的纳税人还要相应多缴纳一部分资源税。

（2）资源税的征税范围。我国资源税的征税范围仅限于矿产品和盐。通过改革，逐步对水、森林、草场、滩涂等自然资源开征资源税。具体如下。

①原油，是指开采的天然原油，不包括人造原油。

②天然气，是指专门开采的或与原油同时开采的天然气，不包括煤矿伴生的天然气。

③煤炭，是指原煤，不包括洗煤、选煤及其他煤炭制品。

④其他非金属矿原矿，是指上述所列产品和井矿盐以外的非金属矿原矿。

⑤黑色金属矿原矿和有色金属矿原矿，是指纳税义务人开采后自用或销售的，用于直接入炉冶炼或作为主产品先入选精矿，再制造人工矿，最终入炉冶炼的金属矿原矿。

⑥海盐。纳税人开采或者生产应税产品，自用于连续生产应税消费品的，不缴纳资源税；自用于其他方面的，视同销售，缴纳资源税。

（3）资源税的纳税义务人，是指在中华人民共和国领域和中华人民共和国管辖的其他海域开发应税资源的单位和个人。这里所称单位，是指国有企业、集体企业、私营企业、股份制企业、其他企业和行政单位、事业单位、军事单位、社会团体及其他单位；这里所称个人，是指个体经营者和其他个人。

（4）资源税的计税依据。资源税按照"资源税税目税率表"（见表7-7）实行从价计征或者从量计征。以纳税人开发应税资源产品的销售额或者销售数量为计税依据。

"资源税税目税率表"中规定可以选择实行从价计征或者从量计征的，具体计征方式由省、自治区、直辖市人民政府提出，报同级人民代表大会常务委员会决定，并报全国人大常委会和国务院备案。

（5）资源税的税率。资源税采用比例税率或者定额税率两种形式。税目、税率依照"资源税税目税率表"执行。

表7-7　资源税税目税率表

序号	税目		征税对象	税率幅度
1	原油			5%~10%
2	天然气			5%~10%
3	煤炭			2%~10%
4	金属矿	稀土	轻稀土精矿	按地区执行不同的适用税率，其中内蒙古为11.5%，四川为9.5%，山东为7.5%
5			中重稀土精矿	27%
6		钨	精矿	65%
7		钼	精矿	11%
8		铁矿	精矿	1%~6%

序号	税目		征税对象	税率幅度
9	金属矿	金矿	金锭	1%~4%
10		铜矿	精矿	2%~8%
11		铝土矿	原矿	3%~9%
12		铅锌矿	精矿	2%~6%
13		镍矿	精矿	2%~6%
14		锡矿	精矿	2%~6%
15		未列举名称的其他金属矿产品	原矿或精矿	税率不超过20%
16	非金属矿	石墨	精矿	3%~10%
17		硅藻土	精矿	1%~6%
18		高岭土	原矿	1%~6%
19		萤石	精矿	1%~6%
20		石灰石	原矿	1%~6%
21		硫铁矿	精矿	1%~6%
22		磷矿	原矿	3%~8%
23		氯化钾	精矿	3%~8%
24		硫酸钾	精矿	6%~12%
25		井矿盐	氯化钠初级产品	1%~6%
26		湖盐	氯化钠初级产品	1%~6%
27		海盐	氯化钠初级产品	1%~5%
28		提取地下卤水晒制的盐	氯化钠初级产品	3%~15%
29		煤层（成）气	原矿	1%~2%
30		黏土、砂石	原矿	每吨或立方米0.1~5元
31		未列举名称的其他非金属矿产品	原矿或精矿	从量税率每吨或立方米不超过30元；从价税率不超过20%

7.10.2　资源税应纳税额计算

资源税实行从价计征或者从量计征。

实行从价计征的，应纳税额按照应税资源产品（以下简称应税产品）的销售额乘以具体适用的比例税率计算。计算公式如下：

$$应纳税额 = 应税产品的销售额 \times 适用的比例税率$$

实行从量计征的，应纳税额按照应税产品的销售数量乘以具体适用的定额税率计算。计算公式如下：

$$应纳税额 = 应税产品的销售数量 \times 适用的定额税率$$

（1）应税产品的销售额，按照纳税人销售应税产品向购买方收取的全部价款确定，不包括增值税税款。

（2）计入销售额中的相关运杂费用，凡取得增值税发票或者其他合法有效凭据的，准予从销售额中扣除。相关运杂费用，是指应税产品从坑口或者洗选（加工）地到车站、码头或者购买方指定地点的运输费用、建设基金以及随运销产生的装卸、仓储、港杂费用。

（3）纳税人申报的应税产品销售额明显偏低且无正当理由的，或者有自用应税产品行为而无销售额的，主管税务机关可以按下列方法和顺序确定其应税产品销售额。

①按纳税人最近时期同类产品的平均销售价格确定。

②以上方法无法确定的，按其他纳税人最近时期同类产品的平均销售价格确定。

③以上方法无法确定的，按后续加工非应税产品销售价格，减去后续加工环节的成本利润后确定。

④以上方法无法确定的，按应税产品组成计税价格确定。

其中，组成计税价格的计算公式为：

$$组成计税价格 = 成本 + 利润 + 资源税成本 \times (1 + 成本利润率) / (1 - 资源税税率)$$

7.10.3　资源税优惠政策

（1）法定免征。有下列情形之一的，免征资源税。

①开采原油以及在油田范围内运输原油过程中用于加热的原油、天然气。

②煤炭开采企业因安全生产需要抽采的煤成（层）气。

（2）法定减征。有下列情形之一的，减征资源税。

①从低丰度油气田开采的原油、天然气，减征20%资源税。

②高含硫天然气、三次采油和从深水油气田开采的原油、天然气，减征30%资源税。

③稠油、高凝油，减征40%资源税。

④从衰竭期矿山开采的矿产品，减征30%资源税。

⑤2018年4月1日—2021年3月31日，对页岩气，减征30%资源税。

⑥2014年12月1日—2023年8月31日，对充填开采置换出来的煤炭，减征50%资源税。

（3）有下列情形之一的，省、自治区、直辖市可以决定免征或者减征资源税。

①纳税人在开采或者生产应税产品的过程中，因意外事故或者自然灾害等原因遭受重大损失。

②纳税人开采共伴生矿、低品位矿、尾矿。

7.10.4　资源税纳税申报

（1）资源税纳税义务发生时间。

①纳税人销售应税产品，纳税义务发生时间为收讫销售款或者取得索取销售款凭据的当日。

②纳税人自用应税产品的，纳税义务发生时间为移送应税产品的当日。

③扣缴义务人代扣代缴税款义务发生时间，为支付首笔货款或者开具应支付货款凭据的当日。

（2）资源税纳税期限。资源税按月或者按季申报缴纳，不能按固定期限计算缴纳的，可以按次申报缴纳。以1个月或1个季度为一期纳税的，自期满之日起15日内申报纳税；按次申报缴纳的，应当自纳税义务发生之日起15日内，向税务机关办理纳税申报并缴纳税款。

（3）资源税纳税地点。纳税人应当在矿产品的开采地或者海盐的生产地缴纳资源税，资源税由税务机关征收管理；海上开采的原油和天然气资源税由海洋石油税务管理机构征收管理。

任务实训

一、理论知识训练

1. 单项选择题

（1）某矿场在2021年7月销售铜矿石原矿收取价款合计1 000万元，其中从坑口到车站的运输费用为70万元，随运销产生的装卸、仓储费用为30万元，均取得增值税发票。已知该矿山铜矿石原矿适用的资源税税率为6%。该矿场7月应纳资源税税额为（　　　）万元。

　A. 60　　　　　　　　B. 55.8　　　　　　C. 54　　　　　　　　D. 0

（2）根据资源税的规定，煤、地热资源税实行（　　　）。

　A. 从价征收　　　　　　　　　　　　　B. 复合征收

　C. 从量征收　　　　　　　　　　　　　D. 选择征收

2. 多项选择题

（1）下列属于资源税中的应税资源的有（　　　　）。

　A. 花岗岩　　　　　　　　　　　　　　B. 海盐

　C. 原油　　　　　　　　　　　　　　　D. 石灰岩

（2）下列属于资源税纳税人的有（　　　　）。

　A. 开采煤矿的国有企业　　　　　　　　B. 进口铁矿石的外贸企业

　C. 开采天然气的中外合作企业　　　　　D. 生产海盐的单位

（3）下列开采项目中，免征资源税的是（　　　　）。

　A. 煤炭开采企业因为安全生产需要抽采煤层气

　B. 开采原油以及在油田范围内运输原油过程中用于加热的原油

　C. 开采原油以及在油田范围内运输原油过程中用于加热的天然气

　D. 从衰竭期矿山开采矿产品

二、综合能力训练

1. 用思维导图软件，画出资源税知识结构图。

2. 以办税员的身份解决该油田缴纳资源税的问题。

三、思政园地

扫描二维码并阅读《习近平：绿水青山就是金山银山》一文，思考国家征收资源税的意义。

阅读材料：习近平：绿水青山就是金山银山

任务评价

评价类目	评价内容及标准	分值	自己评分	小组评分	教师评分
学习态度	√ 全勤（5分）	10			
	√ 遵守课堂纪律（5分）				
学习过程	➤ 能说出本任务的学习目标（5分）	40			
	➤ 上课积极发言，积极回答"想一想"中的问题（5分）				
	➤ 掌握资源税的征税范围（10分）				
	➤ 知道资源税的各级税率（10分）				
	➤ 能够描述资源税的申报过程（10分）				
学习结果	◆ "理论知识训练"考评（2分×5＝10分）	50			
	◆ "综合能力训练"考评（10分×2＝20分）				
	◆ "思政园地"考评（20分）				
合计		100			
所占比例/%		100	30	30	40
综合评分					

任务 7.11 平衡税制稳定剂——烟叶税

工作任务单及思维导图

工作任务	烟叶税的申报		教学模式	任务驱动
建议学时	1		教学地点	一体化实训室
任务描述	假设你是某烟草公司的办税员。该公司在2021年8月支付烟叶收购价款1 000万元，另向烟农支付了价外补贴10万元。请问该公司8月收购烟叶应缴纳的烟叶税是多少？			
学习目标	知识目标	1. 熟悉烟叶税的概念； 2. 熟记烟叶税的各级税率		
	能力目标	1. 掌握烟叶税的计算方法； 2. 能够正确申报烟叶税		
	思政目标	1. 树立坚定的服务信念，紧守职业底线； 2. 提升职业能力，成为精益求精的税务人		
KPI指标	烟叶税申报流程掌握到位			

续表

思维导图
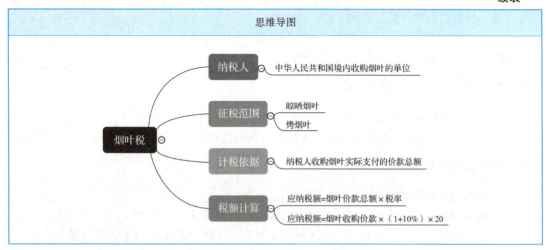

思维导图内容：

烟叶税
- 纳税人 —— 中华人民共和国境内收购烟叶的单位
- 征税范围 —— 晾晒烟叶 / 烤烟叶
- 计税依据 —— 纳税人收购烟叶实际支付的价款总额
- 税额计算 —— 应纳税额=烟叶价款总额×税率 / 应纳税额=烟叶收购价款×（1+10%）×20

▮ 任务实施

◈ **想一想**

　　烟叶税是原烟叶农业特产税的替代税种。《中华人民共和国烟叶税暂行条例》基本保持了原烟叶农业特产税的做法。烟叶税的征收范围、税率、纳税义务发生时间、纳税环节、纳税地点、纳税期限的规定与原烟叶农业特产税的规定基本相同，只是对纳税人、计税依据进行了微调，同时明确了烟叶税是地方税，其征收管理依照《中华人民共和国征收管理法》执行，并取消了原烟叶农业特产税征收附加的规定，规定烟叶税实行比例税率，税率为20%。请同学们思考为什么要用烟叶税替代烟叶农业特产税，将烟叶税划归为地方税。

_____

_____

_____

　　2006年5月18日，财政部、国家税务总局印发《关于烟叶税若干具体问题的规定》。2017年12月27日，第十二届全国人大常委会第三十一次会议通过了《中华人民共和国烟叶税法》，自2018年7月1日起施行。烟叶税的诞生既是税制改革的结果，也是国家对烟草实行"寓禁于征"政策的延续。农村税费改革后，基层政府的财力受到了较大的削弱，特别是对经济发展相对落后的西部地区来说更是雪上加霜。烟叶税通过增加烟叶种植成本和管控力度，起到与消费税相同的作用，同时烟叶税全部归于地方政府，可以起到稳定税制、平衡收支的作用。

7.11.1　烟叶税相关概念

（1）烟叶税是以纳税人收购烟叶的收购金额为计税依据征收的一种税。

（2）烟叶税的纳税义务人，是指在我国境内收购烟叶（晾晒烟叶、烤烟叶）的单位。

（3）烟叶税的征收范围，包括晾晒烟叶和烤烟叶。

（4）烟叶税的计税依据，是指纳税人收购烟叶实际支付的价款总额，包括纳税人支付给烟叶生产销售单位和个人的烟叶收购价款和价外补贴。其中，价外补贴统一按烟叶收购价款的10%计算。价款总额的计算公式如下：

$$价款总额 = 收购价款 \times (1 + 10\%)$$

（5）烟叶税实行比例税率，税率为20%。

7.11.2　烟叶税应纳税额计算

烟叶税应纳税额的计算公式为：

$$应纳税额 = 烟叶价款总额 \times 税率 = 收购价款 \times (1 + 10\%) \times 税率$$

7.11.3　烟叶税纳税申报

（1）烟叶税在烟叶收购环节征收。

（2）烟叶税纳税义务发生时间，为纳税人收购烟叶的当日。

（3）烟叶税按月计征，纳税人应当于纳税义务发生月终了之日起15日内申报纳税。

（4）纳税人收购烟叶，应当向烟叶收购地的主管税务机关申报纳税。

▋任务实训

一、理论知识训练

1. 单项选择题

（1）A烟草公司在2021年8月1日支付烟叶收购价款100万元，另向烟农支付了价外补贴8万元。该烟草公司8月收购烟叶应缴纳的烟叶税为（　　）万元。

A. 22　　　　　　　　B. 21.6　　　　　　　　C. 11　　　　　　　　D. 11.8

（2）烟叶税实行比例税率，税率为（　　）。

A. 40%　　　　　　　B. 30%　　　　　　　　C. 20%　　　　　　　D. 10%

2. 多项选择题

（1）烟叶税的征收范围包括（　　）。

A. 种植卷烟　　　　　B. 采摘卷烟　　　　　　C. 晾晒烟叶　　　　　D. 烤烟叶

（2）下列关于烟叶税的说法中，错误的有（　　）。

A. 烟叶税的计税依据为纳税人收购烟叶实际支付的价款总额

B. 烟叶税的纳税人为在我国境内种植烟草的单位

C. 纳税人应当向烟叶销售地的主管税务机关申报缴纳烟叶税

D. 价外补贴统一按烟叶收购价款的20%计算

（3）下列关于烟叶税纳税申报的描述中，正确的有（　　）。

A. 烟叶税的纳税义务发生时间为纳税人收购烟叶的当日

B. 烟叶税在烟叶收购环节征收

C. 烟叶税按月计征

D. 纳税人应当于纳税义务发生月终了之日起15日内申报纳税

二、综合能力训练

1. 用思维导图软件，画出烟叶税的知识结构图。

2. 以办税员的身份解决某烟草公司的烟叶税问题。

三、思政园地

扫描二维码并阅读《解读烟叶税政策的"四不变"对烟叶生产发展的影响》一文，思考我国征收烟叶税的意义。

阅读材料：解读烟叶税政策的"四不变"对烟叶生产发展的影响

任务评价

评价类目	评价内容及标准	分值	自己评分	小组评分	教师评分
学习态度	√ 全勤（5分）	10			
	√ 遵守课堂纪律（5分）				
学习过程	➤ 能说出本任务的学习目标（5分）	40			
	➤ 上课积极发言，积极回答"想一想"中的问题（5分）				
	➤ 掌握烟叶税的征税范围（10分）				
	➤ 知道烟叶税的税额计算方法（10分）				
	➤ 能够描述烟叶税的申报过程（10分）				
学习结果	◆ "理论知识训练"考评（2分×5＝10分）	50			
	◆ "综合能力训练"考评（10分×2＝20分）				
	◆ "思政园地"考评（20分）				
合计		100			
所占比例/%		100	30	30	40
综合评分					

任务7.12　地球母亲小卫士——环境保护税

工作任务单及思维导图

工作任务	环境保护税的申报	教学模式	任务驱动
建议学时	1	教学地点	一体化实训室
任务描述	假设你是某公司的办税员。该公司是一家钢铁生产企业，主要生产各种钢铁产品，该公司在2021年9月向大气直接排放二氧化硫、氟化物各5千克，一氧化碳、氯化氢各50千克。假设大气污染物每污染当量税额按环境保护税税目税额表最低标准1.2元计算。该公司只有一个排放口。请问该公司9月应缴纳的环境保护税是多少？		

学习目标	知识目标	1. 熟悉环境保护税的概念； 2. 熟记环境保护税的各级税率
	能力目标	1. 掌握环境保护税的计算方法； 2. 能够正确申报环境保护税
	思政目标	1. 树立坚定的服务信念，紧守职业底线； 2. 提升职业能力，成为精益求精的税务人
KPI 指标	正确计算与申报环境保护税	
思维导图		

任务实施

❖ **想一想**

吃炸鸡需要交税吗？有些人认为养鸡需要缴纳环境保护税，有些人认为鸡本来就生活在世界上，因此养鸡不需要交税。请同学们谈谈自己的看法。

环境保护税是由英国经济学家庇古最先提出的，并在欧洲各国施行。他认为应逐渐减少直接干预手段的运用，越来越多地采用生态税、绿色环保税等多种特指税种来维护生态环境，并提出要针对污水、废气、噪声和废弃物等突出的"显性污染"进行强制征税。从 2018 年 1 月 1 日起，《中华人民共和国环境保护税法》施行，填补了这一方面的空白。

7.12.1 环境保护税相关概念

（1）环境保护税，是指以保护环境为目的，针对污染破坏环境的特定行为征收税款的专门税种。

（2）环境保护税的纳税义务人，是指直接向环境排放应税污染物的企事业单位和其他生产经营者。

（3）环境保护税的征收范围，包括法定的大气污染物、水污染物、固体废弃物和噪声。

有下列情形之一的，不属于直接向环境排放污染物，不缴纳相应污染物的环境保护税。

①企事业单位和其他生产经营者向依法设立的污水集中处理、生活垃圾集中处理场所排放应税污染物的。

②企事业单位和其他生产经营者在符合国家和地方环境保护标准的设施、场所贮存或者处置固体废弃物的。

（4）环境保护税的计税依据，按照下列方法确定。

①应税大气污染物按照污染物排放量折合的污染当量数确定。

②应税水污染物按照污染物排放量折合的污染当量数确定。

③应税固体废弃物按照固体废弃物的排放量确定。

④应税噪声按照超过国家规定标准的分贝数确定。

（5）环境保护税的税率。环境保护税实行定额税率，具体如表7-8所示。

表7-8　环境保护税税目税率表

税目		计税单位	税额	备注
大气污染物		每污染当量	1.2~12元	—
水污染物		每污染当量	1.4~14元	—
固体废弃物	煤矸石	每吨	5元	—
	尾矿	每吨	15元	
	危险废物	每吨	1 000元	
	冶炼渣、粉煤灰、炉渣、其他固体废弃物（含半固态、液态废弃物）	每吨	25元	
噪声	工业噪声	超标1~3分贝	每月350元	一个单位边界上有多处噪声超标，根据最高一处超标声级计算应纳税额；当沿边界长度超过100米有两个以上噪声超标时，按照两个单位计算应纳税额。 一个单位有不同地点作业场所的，应当分别计算应纳税额，合并计征。 昼夜均超标的环境噪声，昼夜分别计算应纳税额，累计计征。 声源在一个月内超标不足15天的，减半计算应纳税额。 夜间频繁突发和夜间偶然突发厂界超标噪声，按等效声级和峰值噪声两种指标中超标分贝值高的一项计算应纳税额
		超标4~6分贝	每月700元	
		超标7~9分贝	每月1 400元	
		超标10~12分贝	每月2 800元	
		超标13~15分贝	每月5 600元	
		超标16分贝以上	每月11 200元	

7.12.2　环境保护税应用税额计算

环境保护税应纳税额按照下列方法计算。

应税大气污染物的应纳税额＝污染当量数×具体适用税额

应税水污染物的应纳税额＝污染当量数×具体适用税额

应税固体废弃物的应纳税额＝固体废弃物排放量×具体适用税额

应税工业噪声的应纳税额＝超过国家规定标准的分贝数对应的具体适用税额

7.12.3　环境保护税优惠政策

下列情形，暂予免征环境保护税。

（1）农业生产（不包括规模化养殖）排放应税污染物的。

（2）机动车、铁路机车、非道路移动机械、船舶和航空器等流动污染源排放应税污染物的。

（3）依法设立的城乡污水集中处理、生活垃圾集中处理场所排放相应应税污染物，不超过国家和地方规定的排放标准的。

（4）纳税人综合利用的固体废弃物，符合国家和地方环境保护标准的。

7.12.4　环境保护税纳税申报

（1）环境保护税纳税义务发生时间，为纳税人排放应税污染物的当日。

（2）环境保护税纳税地点。纳税人应当向应税污染物排放地的税务机关申报缴纳环境保护税。

（3）环境保护税纳税期限。环境保护税按月计算，按季申报缴纳。不能按固定期限计算缴纳的，可以按次申报缴纳。纳税人按季申报缴纳的，应当自季度终了之日起15日内，向税务机关办理纳税申报并缴纳税款。纳税人按次申报缴纳的，应当自纳税义务发生之日起15日内，向税务机关办理纳税申报并缴纳税款。

■ 任务实训

一、理论知识训练

1. 单项选择题

（1）某火锅公司通过安装水流量计测得2021年9月排放污水量为50吨，污染当量值为0.5吨。假设当地水污染物适用税额为每污染当量5元，该火锅公司当月应纳环境保护税税额为（　　　）元。

A. 500　　　　　　　　　　　　B. 250

C. 20　　　　　　　　　　　　　D. 0

（2）环境保护税实行（　　　）。

A. 比例税率　　　　　　　　　　B. 定额税率

C. 复合税率　　　　　　　　　　D. 选择税率

2. 多项选择题

（1）下列各种噪声中，不属于环境保护税征收范围的是（　　　　）。

A. 生活噪声　　　　　　　　　　B. 交通噪声

C. 建筑噪声　　　　　　　　　　D. 工业噪声

（2）下列应税污染物中，按照污染物排放量折合的污染当量数作为环境保护税计税依据的有（　　　　　）。

A. 大气污染物　　　　　　　　　　B. 水污染物

C. 工业噪声　　　　　　　　　　　D. 危险废弃物

（3）下列各项中，属于环境保护税纳税人的有（　　　　　）。

A. 依法设立的集中处理城乡污水的公司

B. 为废品收购公司处理固体废弃物的公司

C. 未经处理直接排放污水的某餐饮公司

D. 直接排放大气污染物的某钢铁厂

二、综合能力训练

1. 用思维导图软件，画出环境保护税的知识结构图。

2. 以办税员的身份解决某钢铁生产企业的环境保护税问题。

三、思政园地

扫描二维码并阅读《生态环保至关重要》一文，思考生态环保与人类存在什么关系，国家征收环境保护税具有哪些意义。

阅读材料：生态环保至关重要

■ 任务评价

评价类目	评价内容及标准	分值	自己评分	小组评分	教师评分
学习态度	√ 全勤（5分）	10			
	√ 遵守课堂纪律（5分）				
学习过程	➢ 能说出本任务的学习目标（5分）	40			
	➢ 上课积极发言，积极回答"想一想"中的问题（5分）				
	➢ 掌握环境保护税的征税范围（10分）				
	➢ 知道环境保护税的各级税率（10分）				
	➢ 能够描述环境保护税的申报过程（10分）				
学习结果	◆ "理论知识训练"考评（2分×5＝10分）	50			
	◆ "综合能力训练"考评（10分×2＝20分）				
	◆ "思政园地"考评（20分）				
合计		100			
所占比例/%		100	30	30	40
综合评分					

任务 7.13　港口看门老大爷——船舶吨税

工作任务单及思维导图

工作任务	船舶吨税的申报	教学模式	任务驱动
建议学时	1	教学地点	一体化实训室
任务描述	2021 年 11 月，B 国某运输公司一艘游艇驶入我国天津港，该游艇负责人无法提供净吨位证明文件，该游艇发动机功率为 3 000 千瓦，游艇负责人已向我国该海关领取了吨税执照，在港口停留期限为 30 天，B 国已与我国签订相互给予船舶税费最惠国待遇条款。请问该游艇负责人应向我国海关缴纳的船舶吨税是多少？（不超过 2 000 净吨位的船舶吨税适用优惠税率为 1.5 元/净吨）		
学习目标	知识目标	1. 熟悉船舶吨税的概念； 2. 熟记船舶吨税的各级税率	
	能力目标	1. 掌握船舶吨税的计算方法； 2. 能够正确申报船舶吨税	
	思政目标	1. 树立坚定的服务信念，紧守职业底线； 2. 提升职业能力，成为精益求精的税务人	
KPI 指标	正确计算与申报船舶吨税		
思维导图			

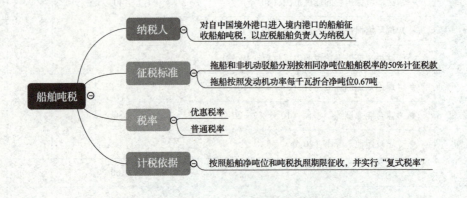

任务实施

❖ 想一想

2013 年 9 月和 10 月，中国国家主席习近平在出访中亚和东南亚国家期间，先后提出共建"丝绸之路经济带"和"21 世纪海上丝绸之路"的重大倡议。这些倡议被简称为共建"一带一路"倡议。2015 年 3 月 28 日，经国务院授权，国家发展和改革委员会、外交部、商务部联合发布了《推动共建丝绸之路经济带和 21 世纪海上丝绸之路的愿景与行动》；2017 年 5 月，推进"一带一路"领导小组办公室宣布了《共建"一带一路"：理念、实践与中国的贡献》。多年来，全球 100 多个国家和国际组织积极响应和支持，联合国大会和安理会多次将其纳入相关决议，"一带一路"建设逐渐从理念转化为行动，从愿景转变为现实，正被打造成为顺应经济全球化潮流的最广泛的国际合作平台，从而更好地造福各国人民。实施"一带一路"建设对我国经济有怎样的影响？请同学们谈谈自己的想法。

———————————————————————————————

———————————————————————————————

———————————————————————————————

1952 年 9 月 29 日，经政务院财经委员会批准，海关总署发布了《中华人民共和国海关船舶吨税暂行办法》。2011 年 11 月 23 日，国务院第 182 次常务会议通过了《中华人民共和国船舶吨税暂行条例》。2017 年 12 月 27 日，第十二届全国人大常委会第三十一次会议通过了《中华人民共和国船舶吨税法》，自 2018 年 7 月 1 日起施行。船舶吨税亦称"吨税"。外国船舶在本国港口行驶，使用了港口设施和助航设备，如灯塔、航标等，因此应该支付一定的费用。有的国家因此也称船舶吨税为"灯塔税"。外商租用的中国籍船舶、中外合营企业等使用的中国籍船舶和我国租用航行国外兼营沿海贸易的外国籍船舶，都应按照规定缴纳船舶吨税。

7.13.1 船舶吨税相关概念

（1）船舶吨税是海关代表国家交通管理部门在海关口岸对进出中国国境的船舶征收的用于航道设施建设的一种使用税。

（2）船舶吨税的纳税义务人。对自中国境外港口进入中国境内港口的船舶征收船舶吨税，以应税船舶负责人为纳税义务人。

（3）船舶吨税的计税依据。船舶吨税以船舶净吨位为计税依据。拖船按照发动机功率每千瓦折合净吨位 0.67 吨，无法提供净吨位证明文件的游艇按照发动机功率每千瓦折合净吨位 0.05 吨，拖船和非机动驳船分别按相同净吨位船舶税率的 50% 计征。

（4）船舶吨税的税率。船舶吨税按船舶净吨位的大小分等级设置为 4 个税目。船舶吨税采用定额税率，分为 30 日、90 日和 1 年 3 种不同的税率，具体分为两类：普通税率和优惠税率。适用优惠税率的船舶有以下情况。

①中华人民共和国国籍的应税船舶。

②船籍国（地区）与中华人民共和国签订含有相互给予船舶税费最惠国待遇条款的条约或者协定的应税船舶。

船舶吨税按照船舶净吨位和船舶吨税执照期限征收，并实行"复式税率"。我国现行吨税税目税率表如表 7-9 所示。

表7-9　船舶吨税税目税率表

税目 （按船舶净吨位划分）	税率/（元·净吨⁻¹）					
	普通税率（按执照期限划分）			优惠税率（按执照期限划分）		
	1年	90日	30日	1年	90日	30日
不超过2 000净吨	12.6	4.2	2.1	9.0	3.0	1.5
超过2 000净吨，但不超过10 000净吨	24.0	8.0	4.0	17.4	5.8	2.9
超过10 000净吨，但不超过50 000净吨	27.6	9.2	4.6	19.8	6.6	3.3
超过50 000净吨	31.8	10.6	5.3	22.8	7.6	3.8

7.13.2　船舶吨税应纳税额计算

船舶吨税按照船舶净吨位和船舶吨税执照期限征收，应税船舶负责人在每次申报纳税时，可以按照"船舶吨税税目税率表"选择申领一种期限的船舶吨税执照。应纳税额的计算公式为：

$$应纳税额 = 应税船舶净吨位 × 适用税率$$

7.13.3　船舶吨税优惠政策

以下船舶免征船舶吨税。

（1）应纳税额在人民币50元以下的船舶。

（2）自境外以购买、受赠、继承等方式取得船舶所有权的初次进口到港的空载船舶。

（3）船舶吨税执照期满后24小时内不上下客货的船舶。

（4）非机动船舶（不包括非机动驳船）。

（5）捕捞、养殖渔船。

（6）避难、防疫隔离、修理、改造、终止运营或者拆解，并不上下客货的船舶。

（7）军队、武装警察部队专用或者征用的船舶。

（8）警用船舶。

（9）依照法律规定应当予以免税的外国驻华使领馆、国际组织驻华代表机构及其有关人员的船舶。

（10）国务院规定的其他船舶。

7.13.4　船舶吨税纳税申报

（1）船舶吨税纳税义务发生时间。船舶吨税纳税义务发生时间为应税船舶进入境内港口的当日，应税船舶在船舶吨税执照期满后尚未离开港口的，应当申领新的船舶吨税执照，自上一执照期满的次日起续缴船舶吨税。

（2）船舶吨税纳税地点。应税船舶在进入港口办理入境手续时，应当向海关申报纳税，领取船舶吨税执照，或者交验船舶吨税执照（或者申请核验船舶吨税执照电子信息）。应税船舶在离开港口办理出境手续时，应当交验船舶吨税执照（或者申请核验船舶吨税执照电子信息）。

（3）船舶吨税纳税期限。应税船舶负责人应当自海关填发船舶吨税缴款凭证之日起15日内缴清税款。未按期缴清税款的，自滞纳税款之日起至缴清税款之日止，按日加收滞纳税款万分之五的税款滞纳金。

应税船舶到达港口前，经海关核准先行申报并办结出入境手续的，应税船舶负责人应当向海关提供与其依法履行船舶吨税缴纳义务相适应的担保；应税船舶到达港口后，按规定向海关申报纳税。

任务实训

一、理论知识训练

1. 单项选择题

（1）船舶吨税按船舶净吨位的大小分等级设置为（　　）个税目。

A. 7　　　　　　　　　　　　　　B. 6

C. 5　　　　　　　　　　　　　　D. 4

（2）应纳税额在人民币（　　）以下的船舶可以免征船舶吨税。

A. 1 000　　　　　　　　　　　　B. 500

C. 100　　　　　　　　　　　　　D. 50

2. 多项选择题

（1）下列从境外进入我国港口的船舶中，免征船舶吨税的是（　　　）。

A. 非机动船舶　　　　　　　　　　B. 警用船舶

C. 捕捞渔船　　　　　　　　　　　D. 非机动驳船

（2）下列关于船舶吨税的征收管理的表述，不正确的有（　　　）。

A. 因应税船舶违反规定造成少征或者漏征税款的，海关可以自应当缴纳税款之日起1年内追征税款，并加收滞纳金

B. 应税船舶发现多缴税款的，可以自缴纳税款之日起1年内以书面形式要求海关退还多缴的税款并加算银行同期活期存款利息

C. 海关发现多征税款的，应当在72小时内通知应税船舶办理退还手续，并加算银行同期活期存款利息

D. 海关发现少征或者漏征税款的，应当自应税船舶应当缴纳税款之日起3年内，补征税款

（3）船舶吨税的税率设置有（　　　）。

A. 普通税率　　　　　　　　　　　B. 优惠税率

C. 特惠税率　　　　　　　　　　　D. 协定税率

二、综合能力训练

1. 用思维导图软件，画出船舶吨税的知识结构图。

2. 以税务员的身份解决某游艇负责人的船舶吨税问题。

三、思政园地

扫描二维码并阅读《奋斗百年路，启航新征程》一文，思考国家建设自由港具有哪些意义，国家征收船舶吨税可以带来哪些好处。

阅读材料：奋斗百年路，
启航新征程

■ 任务评价

评价类目	评价内容及标准	分值	自己评分	小组评分	教师评分
学习态度	√ 全勤（5分） √ 遵守课堂纪律（5分）	10			
学习过程	➤ 能说出本任务的学习目标（5分） ➤ 上课积极发言，积极回答"想一想"中的问题（5分） ➤ 掌握船舶吨税的征税范围（10分） ➤ 知道船舶吨税的税额计算方法（10分） ➤ 能够描述船舶吨税的申报过程（10分）	40			
学习结果	◆ "理论知识训练"考评（2分×5＝10分） ◆ "综合能力训练"考评（10分×2＝20分） ◆ "思政园地"考评（20分）	50			
合计		100			
所占比例/%		100	30	30	40
综合评分					

项目实施

（1）城市维护建设税 ＝（50 － 20 ＋ 190 － 20）× 5% ＝ 10（万元），教育费附加 ＝（50 － 20 ＋ 190 － 20）× 3% ＝ 6（万元），地方教育费附加 ＝ 50 － 20 ＋ 190 － 20）× 2% ＝ 4（万元）。

（2）第二套改善型住房，面积 ≤ 90 平方米，应缴纳契税 ＝ 88 × 2% ＝ 1.76（万元）。

（3）1 － 3 月从价计征的房产税 ＝ 40 000 ×（1 － 20%）× 1.2% × 3 ÷ 12 ＝ 96（万元），4 － 12 月从价计征的房产税 ＝（40 000 － 8 000）×（1 － 20%）× 1.2% × 9 ÷ 12 ＝ 230.4（万元），4 － 12 月从租计征的房产税 ＝ 200 × 12% ＝ 24（万元），合计应纳房产税 ＝ 96 ＋ 230.4 ＋ 24 ＝ 350.4（万元）。

（4）应纳印花税 ＝（300 ＋ 100）× 0.25‰ ＋ 1 000 × 0.3‰ ＋ 1 000 × 0.05‰ ＝ 0.45（万元）。

（5）公园用地免征土地使用税，但经营用地不属于免税范围，酒店和游乐设施经营场所不属于免税范围，应缴纳城镇土地使用税 ＝（2 ＋ 1）× 2 ＝ 6（万元）。

（6）转让加油站应纳增值税 ＝（5 000 － 1 200）÷（1 ＋ 5%）× 5% ＝ 180.95（万元），应纳城市维护建设税及教育费附加 ＝ 180.95 ×（7% ＋ 3% ＋ 2%）＝ 21.71（万元），应纳印花税 ＝ 5 000 × 0.5‰ ＝ 2.5（万元），应纳城市维护建设税及教育费附加、印花税合计 ＝ 24.21（万元），扣除项目金额 ＝ 1 200 ×（1 ＋ 6 × 5%）＋ 23.21 ＝ 1 583.21（万元），土地增值税应纳税收入 ＝ 5 000 － 180.95 ＝ 4 819.05（万元），土地增值额 ＝ 4 819.05 － 1 583.21 ＝ 3 235.84（万元），增值率 ＝ 3 235.84 ÷ 1 583.21 × 100% ＝ 204.38%，应纳土地增值税 ＝ 3 235.84 × 60% － 1 583.21 × 35% ＝ 1 387.38（万元）。

（7）应纳车船税 ＝ 2 000 × 4 × 10 ÷ 12 × 5 ＝ 33 333.33（元）。

（8）应缴纳的车辆购置税 = 226 000 ÷（1 + 13%）× 10% = 20 000（元）。

（9）农村居民在规定用地标准内占用耕地新建住宅，按当地适用税额减半征收，李某应缴纳耕地占用税 = 200 × 25 ÷ 2 = 250（元）。

（10）油田范围内运输原油过程中用于加热的原油免征资源税，应缴纳资源税 =（7 000 + 10）× 5 000 × 8% = 2 804 000（元）。

（11）应纳烟叶税 =（200 + 20）× 20% = 44（万元）。

（12）固体废弃物的排放量 = 当期应税固体废弃物的生产量 − 储存量 − 处置量 − 综合利用量，固体废弃物的应纳环境保护税 = 600 × 5 +（300 − 50）× 15 = 6 750（元）。

（13）拖船按照发动机功率每 1 千瓦折合净吨位 0.67 吨，应缴纳船舶吨税 = 8 000 × 17.4 + 5 000 × 0.67 × 17.4 × 50% = 168 345（元）。